FORUM DEUTSCHE LITERATUR 6

Ana Kugli

Feminist Brecht? Zum Verhältnis der
Geschlechter im
Werk Bertolt
Brechts

m press »
Martin Meidenbauer Verlagsbuchhandlung

Die vorliegende Arbeit wurde 2004 von der Universität Karlsruhe als Dissertation angenommen und mit dem Prädikat »summa cum laude« ausgezeichnet.

Die Deutsche Bibliothek verzeichnet diese Publikation in der Deutschen Nationalbibliografie; detaillierte bibliografische Daten sind im Internet über http://dnb.ddb.de abrufbar.

© 2006 Martin Meidenbauer Verlagsbuchhandlung, München

Umschlagbild
Foto: Paul Hamann
Mit freundlicher Genehmigung des Bertolt-Brecht-Archivs, Akademie der Künste, Berlin.

Alle Rechte vorbehalten. Dieses Werk einschließlich aller seiner Teile ist urheberrechtlich geschützt. Jede Verwertung außerhalb der Grenzen des Urhebergesetzes ohne schriftliche Zustimmung des Verlages ist unzulässig und strafbar. Das gilt insbesondere für Nachdruck, auch auszugsweise, Reproduktion, Vervielfältigung, Übersetzung, Mikroverfilmung sowie Digitalisierung oder Einspeicherung und Verarbeitung auf Tonträgern und in elektronischen Systemen aller Art.

Gedruckt auf
chlorfrei gebleichtem, säurefreiem und alterungsbeständigem Papier (ISO 9706)

m-press ist ein Imprint der
Martin Meidenbauer Verlagsbuchhandlung

ISBN 3-89975-571-5

Verlagsverzeichnis schickt gern:
Martin Meidenbauer Verlagsbuchhandlung
Erhardtstr. 8
D-80469 München

www.m-verlag.net

Inhaltsverzeichnis

Siglenverzeichnis VI

1. Dichter in finsteren Zeiten 1
2. Zur Methodik dieser Arbeit 7
3. Aspekte bisheriger Interpretationen 11
   3.1 Zum Stand der Forschung – Ein chronologischer Überblick 11
   3.2 Brechts Biografie versus Brechts Werk 17
   3.3 Die ‚Stereotypie' und ‚Asexualität' der Frauenfiguren 26
   3.4 „Es ist doch nur Sauerei" – Brechts erotische Gedichte als ‚Pornografie' 49
4. Geschlechterverhältnis und Gesellschaft 57
   4.1 Die bürgerliche Ehe im Werk Brechts 57
      4.1.1 Die Ehe in bürgerlichen Familien 58
      4.1.2 Motive für die Heirat 62
      4.1.3 Die Frau als Ware 63
      4.1.4 Ehe und Klassenzugehörigkeit 66
      4.1.5 „Bis dass der Tod euch scheidet" – Witwen bei Brecht 67
   4.2 Bürgerliche Keuschheitsmoral und Monogamie 72
      4.2.1 Anspruch und Wirklichkeit 72
      4.2.2 Schwangerschaft und uneheliche Kinder 80
      4.2.3 „Das Weib soll sein an seiner Lust gemessen" 83
   4.3 Sprachlosigkeit und sprachliche Verklärung von Sex 86
   4.4 Die Kehrseite des bürgerlichen Wertesystems: Die Prostitution 92
   4.5 Die Vergänglichkeit der Liebe 104
   4.6 Die Liebe im Verfall 118
   4.7 Lichtblicke 129
   4.8 Von den Abhängigkeiten als Mutter und Tochter 136
   4.9 Männerbilder 144
5. Geschlechterverhältnis und politische Konstellation 165
   5.1 Liebe im NS-Staat 165
   5.2 Beziehungen in Zeiten des Krieges 173
6. Geschlechterverhältnis und Kunst 179
7. Verkannter Freund oder War Brecht ein Feminist? 189
8. Fazit 199
Literaturverzeichnis 201

Siglenverzeichnis

AB	Amsterdamer Beiträge zur neueren Germanistik
BHB	Brecht Handbuch in fünf Bänden. Hg. v. Jan Knopf. Stuttgart, Weimar. Bd. 1: Stücke. 2001. Bd. 2: Gedichte. 2001. Bd. 3: Prosa, Filme, Drehbücher. 2002. Bd. 4: Schriften, Journale, Briefe. 2003.
BJB	Brecht-Jahrbuch
COMMUNICATIONS	Communications from the International Brecht Society
FA	Frankfurter Anthologie. Gedichte und Interpretationen. Hg. v. Marcel Reich-Ranicki.
GBA	Bertolt Brecht: Werke. Große kommentierte Berliner und Frankfurter Ausgabe. Hg. von Werner Hecht, Jan Knopf, Werner Mittenzwei, Klaus-Detlef Müller. Berlin, Weimar, Frankfurt a.M. 1988-2000.
GLL	German Life and Letters
GQu	The German Quarterly
MONATSHEFTE	Monatshefte für deutschen Unterricht, deutsche Sprache und Literatur
WB	Weimarer Beiträge

1. Dichter in finsteren Zeiten

> Er sagte mir oft: „In fünfzig Jahren wird
> man mich verstehen, in fünfzig Jahren."[1]

Bekannt ist der Augsburger Schriftsteller Bertolt Brecht (1898-1956) vor allem als politischer Autor. Tatsächlich dichtete er in turbulenten Zeiten, die sich in seinem Werk spiegeln. Er erlebte zwei Weltkriege und fünf Staatsformen auf deutschem Boden: das Kaiserreich, die Weimarer Republik, die nationalsozialistische Diktatur sowie die zwei Staaten des geteilten Deutschland ab 1949. Schon lange vor 1933 warnte er vor den Nationalsozialisten, von denen er schließlich ins Exil getrieben wurde. Dort schrieb er weiterhin Texte, die sich gegen das verbrecherische Regime, aber auch gegen Gewalt und Krieg im Allgemeinen wandten. Über ein Jahrzehnt seines Lebens verbrachte er auf der Flucht, lebte in Ländern, deren Sprache er nicht beherrschte, hatte dort kaum Möglichkeiten zu publizieren und seinen Lebensunterhalt zu verdienen. Seine Arbeit galt in dieser Zeit und auch danach dem antifaschistischen Kampf.

Weil er 1948 den deutschen Staat im Osten dem im Westen vorzog, wurde er in der Bundesrepublik als Marxist eingestuft, was lange Zeit einen unvoreingenommen Blick auf sein Werk behinderte und Ausgangspunkt war für viele Kampagnen gegen ihn, die zum Ziel hatten, seine Stücke aus den westdeutschen Theatern zu verbannen. Später fand man in West-Deutschland eine andere Art, mit dem Phänomen ‚Brecht' zu verfahren: Man spaltete es auf in den Dichter, den man schätzte und dessen Werke Schulstoff waren, und den Kommunisten, den man bagatellisierte – was zur Folge hatte, dass Brecht als politischer Autor nicht ernst genommen und die (gesellschafts)politische Dimension seines Werks verkannt wurde.

Doch auch in der DDR wurde Brecht widersprüchlich wahrgenommen. Hier nahm man mit Unmut zur Kenntnis, dass er nicht der SED (sowie zeitlebens überhaupt keiner Partei) beigetreten und außerdem seit 1950 österreichischer Staatsbürger war. Im Gegensatz zur Bundesrepublik wurde hier aber der politische Brecht gewürdigt. Es war der poetische Brecht, der den DDR-Kulturfunktionären missfiel. Zwar bemühte man sich, Brecht als Vertreter des sozialistischen Realismus und als Nationaldichter zu vereinnahmen, seinen neuen Formen für das Theater brachte man aber nur wenig Verständnis entgegen. Weder die Orientierung an der Wirklichkeit, noch das Experimentieren mit darstellerischen Mitteln sagten in der DDR zu, wo

---

[1] Hans Bunge (Hg.): Brechts Lai-tu. Erinnerungen und Notate von Ruth Berlau. Darmstadt, Neuwied 1985, S. 134.

man nach den Maßstäben des sozialistischen Realismus in den 1950er Jahren verstärkt die Gestaltung eines positiven Helden mit sozialistischer Lebens- und Arbeitsmoral forderte und Formexperimente als Ausdrucksweise einer bürgerlichen ‚Dekadenzliteratur' verstand.
Sowohl für Brechts Widersacher im Osten als auch für die im Westen war eine Verhaltensweise typisch: Ihre Einwände richteten sich gegen die Person Brecht, seine Haltung zur DDR oder seine Auffassung von Kunst. Die Werke Brechts gerieten dabei an den Rand der Aufmerksamkeit und wurden höchstens als Gelegenheit verstanden, die eigenen Vorurteile zu bestätigen. Erst seit der Wiedervereinigung scheint ein freierer Umgang mit dem umstrittenen Autor möglich. Dies kommt vor allem seinem Werk zugute, dem man sich nun unbefangener nähern kann und dessen aktuelle Bezüge sich offener darlegen lassen als je zuvor.[2]
Im Hinblick auf das Geschlechterverhältnis in Brechts Werk ist das jedoch noch nicht gelungen. Überhaupt ist kaum zur Kenntnis genommen worden, dass viele der Arbeiten des politischen Dichters zugleich das Verhältnis von Männern und Frauen in unterschiedlichen sozialen Situationen thematisieren, Machtverhältnisse und deren Verschleierung in zwischengeschlechtlichen Beziehungen beleuchten und den Einfluss gesellschaftlicher und politischer Konstellationen auf diese erhellen. Brecht beschäftigte sich in allen Schaffensperioden mit dieser Materie und beschrieb mit ästhetischen Mitteln die gesellschaftlichen Mechanismen, die im privaten und öffentlichen Bereich zur Benachteiligung von Frauen durch Männer (zum Teil bis heute) führen – wobei diese Einschätzung der Brecht'schen Texte aus verschiedenen Gründen von der Forschung nicht geteilt wird. Das beruht auf einer Reihe von Vorurteilen, die sich hartnäckig in der Sekundärliteratur halten: die Frauenfiguren in den Stücken Brechts seien stereotyp und/oder asexuell gestaltet, einige Gedichte werden als pornografisch eingestuft. Die Einwände gründen sich hierbei zum einen auf das mangelnde Verständnis seiner Theatertheorie, zum anderen auf Missbilligungen, die man der Person Brecht anlastet, etwa seine Arbeitsweise oder seine zahlreichen Beziehungen zu Frauen. Hierin ist die Problematik mit der allgemeinen Rezeptionsgeschichte Brechts vor 1989 vergleichbar. Denn seine Werke gerieten in den Strudel dieser Diskussionen und wurden nur flüchtig geprüft, um mit einzelnen Textstellen den eigenen Standpunkt über den Autor vermeintlich zu belegen.

---

[2] Zur Rezeptionsgeschichte nach 1989 vgl. auch Jost Hermand: Aufs Körperliche reduziert. Der „arme b.b." nach 1989. In: Ders.: „Das Ewig-Bürgerliche widert mich an". Brecht-Aufsätze. O.O.u.J. (Theater der Zeit, Recherchen 8), S. 312-330.

Exemplarisch soll an zwei Deutungen zu Brechts *Der gute Mensch von Sezuan* die Problematik näher aufgezeigt werden. Im Mittelpunkt des Stücks steht die mittellose Prostituierte Shen Te, die mit Hilfe dreier Götter einen Tabakladen eröffnet. Bald muss sie erkennen, dass der neugewonnene Besitz ihr auch viele Bittsteller beschert, die Shen Te angesichts deren Armut abzuweisen nicht das Herz hat. Da sie einerseits ihren Ruf als ‚Engel der Vorstädte' genießt, andererseits soviel Großmut nicht finanzieren kann, gibt sie sich zeitweise als ihr Vetter Shui Ta aus. In der Maske des Shui Ta gelingt es ihr, hartherzig und kalt zu agieren, den eigenen Profit auf Kosten anderer zu sichern. Shen Tes ursprünglicher Plan, den Vetter nur gelegentlich einzusetzen, misslingt, immer wieder ist sie gezwungen, Shui Ta zu spielen, bis sie schließlich nur noch in der Rolle des profitorientierten und rücksichtslosen Mannes auftritt. Dieser Wandel ist zu einem großen Teil durch Shen Tes Geliebten Sun beeinflusst, der sie schamlos ausnutzt, sowie durch ihre Schwangerschaft, durch die sich Shen Te in der Pflicht sieht, ihre eigene Existenz für das Kind mit allen Mitteln abzusichern.

Gert Ueding behauptet in seinem Artikel *„Der gute Mensch von Sezuan"*[3] von 1984, dass es sich bei den Figuren des Stücks um „Typen" handelt, „bei denen ein bestimmter Hauptzug fast mechanisch die Handlungen bestimmt"[4]. In Shen Te sieht er „die gute und selbstlose Kurtisane der literarischen Tradition"[5] gestaltet. Tatsächlich ist Shen Te nur zu Beginn als Prostituierte gekennzeichnet, mit dem Geldgeschenk der Götter steigt sie sogleich zur Tabakladenbesitzerin auf. Außerdem ist Shen Te keineswegs als ausschließlich gut und selbstlos zu charakterisieren, da sie in der Rolle des Shui Ta gewissenlos und grausam handelt. Uedings Missverständnis des Texts gründet darauf, dass er Shen Te und Shui Ta als „selbständige dramatische Personen" versteht, die sich nur „virtuell"[6] zu einer Figur zusammensetzen. Dem „Typus des guten, hilfsbereiten Menschen" sieht er den „Typus des bösen, hartherzigen Menschen"[7] gegenübergestellt, ohne sich zu vergegenwärtigen, dass beide Rollen durch nur eine Figur verkörpert werden. Insofern ist eine Deutung von Shen Te und Shui Ta als jeweils eigenständiger Charakter nicht haltbar.

Der Aufsatz von Ueding macht deutlich, welche Schwierigkeiten sich bei Interpretationen ergeben, die Brechts Theatertheorie nur peripher zur

---

[3] Gert Ueding: „Der gute Mensch von Sezuan". In: Brechts Dramen. Neue Interpretationen. Hg. v. Walter Hinderer. Stuttgart 1984, S. 178-193.
[4] Ebd., S. 183.
[5] Ebd.
[6] Ebd., S. 185.
[7] Ebd., S. 183.

Kenntnis nehmen und sie bei der Deutung seiner Texte nicht einbeziehen. Brechts Kunst orientiert sich an der Wirklichkeit und den Widersprüchen dieser Wirklichkeit, deshalb „ist [es] eine zu große Vereinfachung, wenn man die Taten auf den Charakter und den Charakter auf die Taten abpaßt; die Widersprüche, welche Taten und Charakter wirklicher Menschen aufweisen, lassen sich so nicht aufzeigen", hält Brecht im *Kleinen Organon für das Theater* fest[8]. Entsprechend finden sich in seinen Stücken keine Charaktere im üblichen Sinne, gezeigt werden Figuren, die sich zu gesellschaftlichen Umständen und Geschehnissen verhalten. Die Handlungsweisen der Figuren ergeben sich aus ihrem gesellschaftlichen Kontext, aus den sich verändernden (und änderbaren) Situationen, in denen sie sich befinden, sie sind nicht in einem feststehenden Charakter prädisponiert. Scheinbar Individuelles zeigt Brecht so als gesellschaftlich bestimmt. Brecht war Materialist und sah den Begriff des autonom über sich bestimmenden Individuums in Frage gestellt, vielmehr reagiert der Mensch nach Brechts Auffassung als „kampfdurchtobte Vielheit" (*[Das Individuum. Die Kausalität]*; GBA 22, S. 691) permanent auf seine Umgebung, die sich aus der Geschichte, den politischen und gesellschaftlichen Verhältnissen konstituiert.[9] Gewissermaßen ist Shui Ta die Reaktion Shen Tes auf die Umstände, die sich aus ihrem kleinen Besitz ergeben. Die Figuren im *Guten Menschen* demonstrieren, wie gesellschaftliches Zusammenleben den Einzelnen zur Übernahme von sozialen Rollen zwingt, die ihm eigentlich fremd sind. Freilich kommt man zu dieser Einschätzung der Figuren nur, wenn man den Text genau liest und ihn so, wie er ist, als gültig anerkennt, statt ihn nach eigenen Kriterien wie Charakteren oder klassischen Handlungsverläufen[10] abzufragen.

Aus einem völlig anderen Blickwinkel nimmt Carl Pietzcker das Stück wahr, dem er in seinem 1988 erschienenen Buch *„Ich kommandiere mein*

---

[8] Bertolt Brecht: Kleines Organon für das Theater. In: Ders.: Werke. Große kommentierte Berliner und Frankfurter Ausgabe. Hg. von Werner Hecht, Jan Knopf, Werner Mittenzwei, Klaus-Detlef Müller. Berlin, Weimar, Frankfurt a.M. 1988-2000. Bd. 23, S. 65-97; hier S. 85. Im Folgenden wird diese Ausgabe innerhalb des Texts zitiert als GBA mit Bandnummer, Seitenzahlen und Versangaben. Wird mehrfach aus einem Band zitiert, erscheinen nur die Seitenzahlen bzw. Versangaben.

[9] Vgl. genauer bei Ana Kugli: Kleines Organon für das Theater. In: BHB 3, S. 316-330; hier S. 327.

[10] Eben solche muss Ueding als Vergleichsmaßstab anwenden, wenn er von Brechts Stück als einem statischen spricht, in dem er „keine dramatische Steigerung" erkennt (Ueding: „Der gute Mensch von Sezuan", S. 185).

Herz"[11] ein ganzes Kapitel einräumt. Ausführlich erläutert er, dass innerhalb des *Guten Menschen „auf der Ebene des Unbewußten ein nahezu vaterloses Spektrum von Mutter-Sohn-Interaktionen*"[12] vorzufinden ist. Eine „väterliche Instanz", die vor „dieser gefährlichen Mutterwelt [...] triangulierend retten" könnte, sei nur in den Göttern auszumachen, die dieser Aufgabe aber nicht nachkommen.[13] Pietzcker bezieht die vaterlose Welt des Stücks auf Brechts problematisches Verhältnis zum eigenen Vater und führt als Belege Tagebuchaufzeichnungen des jungen Brecht an.[14] Er schließt damit von einer Beobachtung im Stück auf einen vermeintlichen persönlichen Konflikt des Autors und legt nahe, dass dieser den Schreibanlass darstellte – innerhalb des Texts, so scheint dann ersichtlich, verarbeitete Brecht unbewusst den psychischen Defekt, der durch die fehlende Triangulierung entstanden war.
Als „Muttersohn", so konstatiert Pietzcker einige Seiten weiter, sei Brecht blind gewesen „für patriarchalische Momente bürgerlicher Herrschaft", weshalb er „Shen Te, der Frau den nährenden, leidenden und liebenden Part zuteilt, Shui Ta, dem Mann aber den kalten, rationalen und kämpferischen"[15]. Das wiederum belege, dass Brecht „ganz im bürgerlichen Geschlechterrollenschema [verharrt], das sogar in der bürgerlichen Gesellschaft seiner Zeit schon umstritten war"[16]. Auch hier benutzt Pietzcker den Text – genauer: seine Auslegung des Textes –, um auf den Autor Brecht rückzuschließen: Brecht habe Frauen so und Männer so dargestellt, daraus lässt sich ableiten, dass er Frauen so und Männer so gesehen habe. Wie Ueding geht Pietzcker offenbar davon aus, dass Shen Te und Shui Ta unabhängig voneinander betrachtet werden können. Da es sich bei Shui Ta de facto um Shen Te handelt, wird das bürgerliche Geschlechterrollenschema nicht etwa bestätigt, sondern als überholt demonstriert: Die Frau kann ohne weiteres in die Rolle des Mannes schlüpfen, nicht einmal ihr Geliebter schöpft Verdacht. Die psychologisierenden Rückschlüsse auf den Autor haben bei Pietzcker eine genaue Lektüre des Textes überlagert – das ist kennzeichnend für den psychoanalytischen Deutungsansatz, der folgend noch ausführlicher beleuchtet wird.

---

[11] Carl Pietzcker: „Ich kommandiere mein Herz". Brechts Herzneurose – ein Schlüssel zu seinem Leben und Schreiben. Würzburg 1988.
[12] Ebd., S. 218.
[13] Ebd., S. 225.
[14] Vgl. ebd.
[15] Vgl. ebd., S. 243.
[16] Ebd.

Wie diese beiden Deutungen des *Guten Menschen von Sezuan* veranschaulichen, gehen die Interpreten mit vorgefassten Annahmen an die Texte heran: Ueding sucht nach Charakteren, statt die Figuren im Handlungskontext zu betrachten, und Pietzcker interessiert sich mehr für den Autor Brecht als für den Text. Viele der bisherigen Urteile der Forschung kommen auf ähnliche Weise zustande. Der erste Teil dieser Arbeit setzt sich deshalb ausführlich mit den Standpunkten über Brechts Frauenfiguren u.a. in der Sekundärliteratur auseinander, bevor im zweiten Teil auf das Verhältnis der Geschlechter im Werk genauer eingegangen wird. Zunächst wird aber erläutert, wie innerhalb dieser Arbeit theoretisch und methodisch mit den Texten Brechts verfahren wird.

2. Zur Methodik dieser Arbeit

Viele der bisherigen Untersuchungen zu den Frauenfiguren in Brechts Werken bedienen sich vornehmlich einer psychoanalytischen Methode, argumentieren mit biografischen Elementen aus dem Leben des Autors, gelegentlich auch mit seiner ‚Intention', die man dem jeweiligen Werk zu entnehmen können glaubt. Bezeichnenderweise reflektiert und expliziert kaum eine der genannten Arbeiten die ihr zugrunde liegenden Methoden oder theoretischen Einflüsse.

Tatsächlich fällt es nicht einfach, sich im „heutigen methodologischen Warenhauskatalog"[1] zurechtzufinden und die eigene Herangehensweise an literarische Texte innerhalb der bisherigen Traditionen[2] zu verorten. Bei vielen der literaturwissenschaftlichen Methoden entsteht der Eindruck, es handle sich bei ihnen „nicht um Erklärungs-, sondern um Integrations-, wenn nicht um Eroberungsverfahren, bei denen es darum geht, ständig neue Bestätigungsfälle der vorausgesetzten Theorie zu produzieren oder den Text einfach an gängige Schlagworte anzukoppeln"[3]. Dies trifft in besonderem Maße auf die psychoanalytische Methodik der Textinterpretation zu, die die Lebensgeschichte des Autors als konstitutiv für den Text begreift (vgl. Kapitel 3.2).

Die Bezugnahme auf eine vermeintliche ‚Intention des Autors' ist bedenklich, weil kaum überprüfbar ist, mit welcher Absicht ein Schriftsteller einen Text verfasst hat – selbst wenn er sich dazu explizit äußert, in Form einer Tagebuchaufzeichnung etwa, bleibt immer noch offen, ob ihm die Umsetzung seiner Absicht im Text gelungen ist. Außerdem ist fraglich, inwiefern die Meinung des Autors über seinen Text für die Deutung überhaupt als maßgeblich gelten kann. Doch diese Problematik wird von den Interpreten, die mit der ‚Intention des Autors' argumentieren, in der Regel nicht thematisiert, vielmehr behaupten sie einfach, dass ihre Deutung des Texts in der

---

[1] Harald Fricke: Methoden? Prämissen? Argumentationsweisen! Überlegungen zur Konkurrenz wissenschaftlicher Standards in der Literaturwissenschaft. In: Vom Umgang mit Literatur und Literaturgeschichte. Positionen und Perspektiven nach der „Theoriedebatte". Hg. v. Lutz Danneberg und Friedrich Vollhardt. Stuttgart 1992, S. 211-227; hier S. 216.

[2] Vgl. Rainer Baasner: Methoden und Modelle der Literaturwissenschaft. Eine Einführung. Berlin 1996. / Viktor Zmegac (Hg.): Methoden der deutschen Literaturwissenschaft. Eine Dokumentation. Frankfurt a.M. 1971. / Lutz Danneberg/Friedrich Vollhardt (Hg.): Vom Umgang mit Literatur und Literaturgeschichte. Positionen und Perspektiven nach der „Theoriedebatte". Stuttgart 1992.

[3] Karl Eibl: Sind Interpretationen falsifizierbar? In: Vom Umgang mit Literatur und Literaturgeschichte. Positionen und Perspektiven nach der „Theoriedebatte". Hg. v. Lutz Danneberg und Friedrich Vollhardt. Stuttgart 1992, S. 169-183; hier S. 172.

Absicht des Autors lag. Dabei ist die ‚Intention des Autors' spätestens seit Umberto Ecos Ausführungen eine zweifelhafte Kategorie geworden. Eco entwirft in seinen Aufsätzen *Intentio Lectoris*[4] und *Die Interpretationsarbeit*[5] die überzeugende Trichotomie von ‚intentio auctoris', ‚intentio operis' und ‚intentio lectoris'.[6] Er unterscheidet damit die Intention des Autors (intentio auctoris), die er für „unerreichbar" hält, von der Intention des Lesers (intentio lectoris), die er für „fragwürdig"[7] erklärt, weil sie von der Lebens- und Leseerfahrung der Leser, textunabhängigen Assoziationen oder Emotionen, nicht zuletzt auch von Erwartungen und Prognosen über noch nicht gelesene Texte oder Textteile[8] geprägt ist. In diesem Sinne sind Versuche, aus einem Text auf die Intention des Autors zu schließen, als Projektionen der intentio lectoris auf die nur in sehr seltenen Fällen verfügbare intentio auctoris zu bewerten.

Als einzig verbindliche Ebene für eine wissenschaftliche Interpretation sieht Eco die intentio operis, also die Intention, die vom Text tatsächlich vermittelt wird. Sich auf Augustinus' *De doctrina christiana* berufend, hält er fest, dass „eine Interpretation die an einem bestimmten Punkt eines Textes plausibel scheine, [...] nur dann akzeptabel [sei], wenn sie von einer anderen Stelle des Textes bestätigt oder zumindest nicht in Frage gestellt werde. Das meine ich mit intentio operis."[9] Folglich besteht für Eco die Aufgabe der Interpretation „im Aufstellen einer Vermutung über die intentio operis. Diese Vermutung muß vom Komplex des Textes als einem organischen Ganzen bestätigt werden."[10]

Diesen Einordnungen Ecos folgend, gilt innerhalb dieser Untersuchung der Text als einzig gültige Basis der Interpretation. (Auto-)Biografische Details aus dem Leben des Autors werden nicht als relevante Bezüge für die Deutung des Textes anerkannt. Sinnvoll erscheint allerdings, das literarische Werk prinzipiell in seinem historischen Kontext zu untersuchen, was für die Vorgehensweise bedeutet, die Erstfassung der jeweiligen Texte (und

---

[4] Umberto Eco: Intentio Lectoris. Anmerkungen über die Semiotik der Rezeption. In: Ders.: Die Grenzen der Interpretation. München 1992, S. 25-55.
[5] Umberto Eco: Die Interpretationsarbeit. In: Ders.: Die Grenzen der Interpretation. München 1992, S. 137-279.
[6] Vgl. Eco: Intentio Lectoris, S. 35-39.
[7] Eco: Die Interpretationsarbeit, S. 158. Zur Unterscheidung von intentio auctoris und intentio lectoris vgl. auch S. 148-152.
[8] Vgl. dazu Eibl: Sind Interpretationen falsifizierbar?, S. 177.
[9] Eco: Intentio Lectoris, S. 48.
[10] Ebd., S. 49.

nicht die Ausgabe letzter Hand) zu verwenden. Nur in begründeten Ausnahmefällen wird hiervon abgewichen.
Jedes Werk wird entsprechend Ecos Ausführungen als organisches Ganzes betrachtet und möglichst neutral untersucht, d.h. sachlich und ohne eine von vornherein festgelegte Erwartung eines bestimmten Ergebnisses. Eruiert werden soll bei den Stücken und den Prosawerken, welche Position die jeweilige Figur innerhalb der fiktiven Welt innehat, in welchem Verhältnis sie zu anderen Figuren steht, wie sie von den anderen Figuren behandelt oder charakterisiert wird, wie sie handelt, wie sie sich im Laufe des Geschehens entwickelt und wie diese Entwicklung motiviert ist. Ergänzende Einzelaspekte werden an den zahlreichen Gedichten Brechts überprüft, die der Thematik gewidmet sind. Erst in einem zweiten Schritt werden die Deutungen der Texte an realistische Bezüge zur bürgerlichen Gesellschaft, wie sie sich zu Brechts Lebenszeit gestaltete, rückgebunden, um so einen Zusammenhang zur „Wirklichkeit" (GBA 23, S. 74) herzustellen, die bei Brecht immer den Ausgangspunkt für seine Texte bildete[11].
Im Mittelpunkt dieser Arbeit steht das Verhältnis der Geschlechter, wie es sich im Werk Bertolt Brechts präsentiert. Der Textkorpus setzt sich aus der repräsentativen Anzahl von 16 Stücken, über 60 Gedichten und nahezu 30 Prosatexten zusammen, die aus allen Schaffensphasen des Autors stammen[12], sodass diese Arbeit den Anspruch erhebt, die wesentlichen Brecht-Primärtexte zu behandeln, die zur vorliegenden Thematik von Bedeutung sind.
Die Ergebnisse der einzelnen Textanalysen werden thematisch gegliedert. Wie zu zeigen sein wird, ist das Geschlechterverhältnis in Brechts Werk immer als von äußeren Faktoren beeinflusst dargestellt, so durch das gesellschaftliche System (Kapitel 4), die politische Konstellation (Kapitel 5) oder sogar die Kunst (man könnte auch sagen: die Medien; Kapitel 6). Aspekte werden dabei im Einzelnen sein: die bürgerliche Ehe und die Keuschheitsmoral sowie deren Kehrseite, die Prostitution, ferner die Auswirkungen dieses ‚organisierten Geschlechtsverkehrs'; außerdem andere Formen sozialer Abhängigkeit von Frauen, etwa als Mutter oder Tochter. Auch die Liebe im NS-Staat und im Krieg wird als gesonderter Gesichtspunkt herausgearbeitet werden. Aufgrund der Schieflage in der Forschungsliteratur sollen die Frauenfiguren im Mittelpunkt dieser Untersuchung stehen. Dennoch lassen die bisherigen Interpretationen erkennen, dass man diese nicht isoliert betrachten und bewerten darf, sondern sie zu den anderen Figuren ihrer imaginären Welt in Beziehung

---

[11] Vgl. dazu Kugli: Kleines Organon für das Theater, S. 325.
[12] Der älteste Text stammt aus dem Jahr 1913, der jüngste aus Brechts Todesjahr 1956.

setzen muss. Deshalb erläutert Kapitel 4.9 Männerbilder in Brechts Werk. Während der Primärtextanalyse fiel auf, dass sich zwischen den Texten Brechts und der viel später entstandenen Literatur der Frauenbewegung bzw. der feministischen Theorie Parallelen erkennen lassen. Der Schlussteil dieser Arbeit stellt deshalb inhaltliche Bezüge zwischen den Werken Brechts und den Erkenntnissen der feministischen Forschung von den frühen 1970er Jahren bis heute her. Wie zu belegen sein wird, hat Brecht in seiner Darstellung des Geschlechterverhältnisses einige wesentliche Ergebnisse moderner Feministinnen vorweggenommen (z.B. die Trennung von öffentlichem und privatem Bereich, die Entbiologisierung der Mutterschaft, Mittäterschaft von Frauen etc.).

Der Analyse des Geschlechterverhältnisses in Brechts Werk geht ein Einblick in die bisherige Forschungsliteratur voraus. Nach einer chronologisch gegliederten Übersicht zum Forschungsstand werden die bislang vertretenen Meinungen und Argumentationsweisen zu Brechts Frauenfiguren und zur Darstellung von Sexualität in seinem Werk überprüft.

3. Aspekte bisheriger Interpretationen
Eine Untersuchung über das Verhältnis der Geschlechter im Werk Bertolt Brechts, wie sie im Folgenden intendiert ist, liegt bislang in vergleichbarer Weise nicht vor. Abgesehen von Hans Kaufmanns Aufsatz *Brecht, die Entfremdung und die Liebe. Zur Gestaltung der Geschlechterbeziehung im Werk Brechts* aus dem Jahre 1965[1], der sich vorrangig mit der Interpretation einzelner Liebesgedichte beschäftigt, gibt es keine wissenschaftliche Publikation, die dieser Thematik Aufmerksamkeit schenkt. Einzig den Frauenfiguren innerhalb des Brecht'schen Werks sind eine Reihe von Monografien und Aufsätzen gewidmet. Auf diese soll nachfolgend näher eingegangen werden (Kapitel 3.1), zum einen, um verwertbare Ergebnisse vorangehender Arbeiten für die eigene Untersuchung zu sichern, zum anderen um offenzulegen, dass auch eine seriöse Auseinandersetzung mit der Beschreibung der Frau in Brechts Werk ein Desiderat der Forschung darstellt. Besonders problematisch ist, dass mehrere der Veröffentlichungen Einzelheiten aus der Biografie Brechts, so z.B. seine Arbeitsweise und seine privaten Beziehungen zu Frauen, als Ausgangsbasis für die Beurteilung der Frauenfiguren in den Werken heranziehen, weshalb eine nähere Betrachtung dieser Materie erforderlich erscheint (Kapitel 3.2). Anschließend wird der ‚Hauptvorwurf' der Forschung, Brechts Frauenfiguren seien als Stereotype gestaltet, an den Texten Brechts näher untersucht. Diskutiert wird außerdem die Einschätzung der Frauenfiguren als ‚asexuell' (Kapitel 3.3). Kapitel 3.4 wird sodann klären, ob Brechts erotische Lyrik, wie in der Forschung vielfach behauptet, als pornografisch zu bewerten ist.

3.1 Zum Stand der Forschung – Ein chronologischer Überblick
Grundsätzlich lässt sich festhalten, dass selbst die Frage, wie Brecht Frauen in seinen Werken gezeigt hat, die Forschung lange Zeit nicht beschäftigte. Erst 1973 legte Fritz J. Raddatz mit seinem Aufsatz *Ent-weibliche Eschatologie*[2] eine erste Auseinandersetzung mit der Thematik vor. Innerhalb der nachfolgenden zehn Jahre erschienen hauptsächlich amerikanische Arbeiten zu diesem Themenkomplex, die sich prinzipiell von den deutschsprachigen, die ab 1983 folgten, durch eine neutralere Herangehensweise und eine pragmatischere Anwendung der Ergebnisse unterschieden. In jüngerer

---
[1] Hans Kaufmann: Brecht, die Entfremdung und die Liebe. Zur Gestaltung der Geschlechterbeziehung im Werk Brechts. In: WB 11 (1965), S. 84-101.
[2] Fritz J. Raddatz: Ent-weibliche Eschatologie. Bertolt Brechts revolutionärer Gegenmythos. In: Bertolt Brecht. II. Sonderband aus der Reihe Text + Kritik. Hg. v. Hans Ludwig Arnold. München 1973, S. 152-159.

Zeit lösten sich die Analysen zunehmend von dogmatischen feministischen Ansätzen[3] und ermöglichten einen klareren Blick auf den Gegenstand. Eine erste ausführliche Untersuchung zu den Frauenfiguren in Brechts Werk legte die Amerikanerin Mary Cronin 1974 vor.[4] Hauptsächlich beschränkt sie sich auf die Beleuchtung des politischen bzw. historischen Entstehungshintergrunds der Figuren in den Stücken. Sie geht davon aus, dass die Frauengestalten den politischen Entwicklungsstand ihres Autors widerspiegeln und zieht entsprechend Rückschlüsse vom Werk auf den Autor. Cronin schlägt des Weiteren eine Typen-Einteilung der Figuren vor.
Laureen Nussbaum bietet in ihrer 1977 abgeschlossenen Dissertation *The Image of Woman in the Work of Bertolt Brecht*[5] einen grundlegenden Überblick bezüglich des Komplexes ‚Frau' im Werk Brechts. Neben den Dramen zieht sie auch Fragmente, Gedichte und einen Teil der Prosa heran, stellt zudem oft interessante Bezüge zwischen Werken unterschiedlicher Gattungen her. Nussbaums Arbeit ist gekennzeichnet durch einen unvoreingenommen Blick auf die Texte, der angesichts des Entstehungsjahrs bemerkenswert erscheint. Stellenweise bietet sie statt Interpretationen nur Inhaltsangaben, dennoch sind die meisten Deutungen als differenziert zu bewerten.
Eine für die Entstehungszeit ebenfalls erstaunlich pragmatische Betrachtungsweise gelang Sara Lennox in ihrem 1978 erschienenen Aufsatz *Women in Brecht's Works*[6], in welchem die Autorin zu bestimmen versucht, inwiefern Brecht „remains trapped in stereotypes"[7]. Sie kommt zu dem

---

[3] Feministinnen der 1960er und 1970er Jahre behaupteten, Literatur sei an der systematischen Unterdrückung der Frau beteiligt, da in literarischen Werken durch verzerrte Frauenbilder und sexistische Strukturen die patriarchalische Geschlechterideologie gestützt würde (vgl. beispielsweise Kate Millett: Sexus und Herrschaft. Die Tyrannei des Mannes in unserer Gesellschaft. München 1971). Diese Vorstellung ist durch die Rezeptionsästhetik und Rezeptionsforschung seit Ende der 1970er Jahre relativiert worden; in vielen Untersuchungen wird aber auch zu späteren Zeitpunkten unerbittlich an der Behauptung festgehalten (mit der der Leserin jedwedes Reflexionsvermögen abgesprochen wird), so das vorliegende Thema betreffend bei Ute Wedel: Die Rolle der Frau bei Bertolt Brecht. Frankfurt a.M., Bern 1983 (Europäische Hochschulschriften I, Bd. 673).
[4] Mary J. Cronin: The Politics of Brecht's Women Characters. Brown University 1974 (Faksimile-Druck durch University Microfilms International. Ann Arbor, London 1978).
[5] Laureen Nussbaum: The Image of Woman in the Work of Bertolt Brecht. University of Washington 1977 (Faksimile-Druck durch University Microfilms International. Ann Arbor 1983).
[6] Sara Lennox: Women in Brecht's Works. In: New German Critique 14 (1978), S. 83-96.
[7] Ebd., S. 83.

Schluss, dass die Frauen in den frühen Stücken als Sexobjekte oder Belastungen für ihre Liebhaber dargestellt seien, später hauptsächlich als Trägerinnen marxistischer Erkenntnisziele eingesetzt würden[8]. Zwei Arten von stereotypen Figuren sieht Lennox vorherrschen: die Mutter und die Kindfrau. Sie unterstellt Brecht, keine machtvollen Frauen geschaffen zu haben: Sie seien entweder Mütter, die ihr Leben dem Wohlergehen ihres Sohnes widmen (und, so schlussfolgert sie, entsprechend entsexualisiert wirkten) oder noch Kind, zu jung, unschuldig und unbedarft, um die gesellschaftliche Stellung des Mannes zu gefährden[9]. Dennoch vertritt Lennox die Ansicht, dass Brecht – entgegen seiner „conscious intentions" – den Frauenfiguren in seinen Werken „in rudimentary form"[10] Anlagen gegeben habe, die über die geschlechtsspezifischen Schablonen hinausreichten. Sie plädiert deshalb dafür, Brechts Werke nicht ganz zu verwerfen, sondern sie für die Konzeption eines ‚weiblichen Sozialismus' fruchtbar zu machen, Brechts Ansichten über Frauen aber gleichzeitig auf dem „historical trashheap"[11] zu entsorgen, auf den diese gehörten. Tatsächlich wurde besonders in den Vereinigten Staaten von feministischer Seite so mit Brecht verfahren: Man nutzte Elemente des epischen Theaters u.ä., blieb im Grunde aber der Auffassung, Brecht habe Frauenfiguren unzureichend dargestellt.[12] Bernard Fenns 1982 erschienenes Werk *Characterisation of Women in the Plays of Bertolt Brecht*[13] ist der ‚Images of Women'-Forschung zuzuordnen, die in den 1970er Jahren in den USA en vogue war. Die Arbeit wirkt im Vergleich zu Nussbaums Werk oder Lennox' Aufsatz oberflächlich und allgemein. Vor Beginn der Analyse widmet Fenn ein gesondertes Kapitel dem Thema ‚Frauen in Brechts Leben', das er dann aber nicht zum Werk in

---

[8] Ebd., S. 85f.
[9] Ebd., S. 89.
[10] Ebd., S. 84.
[11] Ebd., S. 96.
[12] Vgl. z.B. Karen Laughlin: Brechtian theory and American feminist theatre. In: Reinterpreting Brecht: his influence on contemporary drama and film. Hg. v. Pia Kleber und Colin Visser. Cambridge 1990, S. 147-160. / Meg Mumford: ‚Dragging' Brecht's Gestus Onwards: A Feminist Challenge. In: Bertolt Brecht – Centenary Essays. Hg. v. Steve Giles und Rodney Livingstone. Amsterdam 1998 (German Monitor 41), S. 240-257. / Denise Varney: Performing Sexual Difference: a Feminist Appropriation of Brecht. In: BJB 26 (2001), S. 126-141. / Elizabeth Sakellaridou: Feminist Theater and the Brechtian Tradition: A Retrospect and a Prospect. In: BJB 27 (2002), S. 179-198.
[13] Bernard Fenn: Characterisation of Women in the Plays of Bertolt Brecht. Frankfurt a.M., Bern 1982 (Europäische Hochschulschriften I, Bd. 383). Zur Kritik an dieser Art von Untersuchungen vgl. Jutta Osinski: Einführung in die feministische Literaturwissenschaft. Berlin 1998, S. 44.

Beziehung setzt. Er interpretiert die Stücke Brechts oberflächlich und kommt oftmals über das Stadium der Inhaltsangabe nicht hinaus. Ein Jahr später erschien Ute Wedels Monografie *Die Rolle der Frau bei Bertolt Brecht*, die der so genannten patriarchatskritischen Frauenbildforschung zugeordnet werden kann[14]. Wedel betont, dass ihrer Analyse ein Ansatz zugrunde läge, der „das Geschlecht vor Klassenzugehörigkeit (sozialer Herkunft) [...] zu etablieren versucht"[15]. Damit legt sie Maßstäbe an, die außerhalb des historischen Kontexts der Brecht'schen Werke liegen. Sie vertritt die Ansicht, dass „männlich-patriarchalische Herrschaft [...] sich nicht nur im direkten Umgang mit Frauen, sondern – indirekt – auch durch z.b. künstlerische Gestaltung fiktiver Frauenfiguren [äußert]"[16], d.h. sie nimmt an, dass Autoren Frauenfiguren so darstellen, wie sie Frauen sehen bzw. in der Realität haben wollen. Eine naturalistische oder ironische Figurenzeichnung schließt sie damit aus. Als Prüfstein definiert sie:

> Gegenüber Versuchen, die Frau auf statisch biologische Bestimmungen ihrer Weiblichkeit, auf ihre (weibliche) ‚Natur' zu reduzieren, betonen emanzipatorische Frauendarstellungen den Rollencharakter der Weiblichkeit und somit ihre – über die traditionellen Rollenzuschreibungen hinausgehende – Veränderbarkeit.[17]

Obwohl sie mit dieser Aussage sehr präzise die Frauenfiguren bei Brecht beschreibt (vgl. Kapitel 3.3 und 4), kommt Wedel zu einem völlig entgegengesetzten Schluss. Nach eingehender Analyse der Jugendtagebücher[18] Brechts, die seine misogyne Einstellung zwar bestätigen mögen[19], allerdings als Ausgangsbasis für eine wissenschaftliche Erforschung der literarischen Texte fragwürdig erscheinen, untersucht sie die Frauenfiguren des dramatischen Frühwerks. Diese sieht sie weitgehend auf ihre Sexualität fixiert. Biografische Bezüge stellt Wedel, wo möglich, ausdrücklich her – Brechts private Beziehungen zu Frauen sind ihrer Ansicht nach „notwendige Hintergrundinformationen"[20]. Bemerkenswert ist dabei das Verhältnis von Sexualbiografieerforschung und Textuntersuchung: Während das

---

[14] Vgl. Osinski: Einführung, S. 169.
[15] Wedel: Rolle der Frau, S. 2.
[16] Ebd., S. 3.
[17] Ebd., S. 36.
[18] Ebd., S. 49-60.
[19] Dennoch bleibt auch hier die Frage zu stellen, inwiefern die persönliche Abwertung einer Frau in einer spezifischen historischen Konstellation – so entwürdigend und geschmacklos sie sein mag – zur Mentalität eines Autors verallgemeinert werden darf.
[20] Wedel: Rolle der Frau, S. 7.

Kapitel zu den Frauenfiguren 41 Seiten umfasst, werden den Frauen in Brechts Leben 64 Seiten gewidmet. Ganze sechs Stücke liegen Wedels Arbeit zugrunde. Wedels abschließendes Urteil bezüglich den Dramen Brechts lautet: „Die Vision der aktiven, durchschauenden, falsche Wege der Nachahmung der Mächtigen überwindenden Frau ist im Werk des sozialistischen ‚Stückeschreibers' Bertolt Brecht nicht gestaltet"[21]. Sie erwähnt nicht, dass der Stückeschreiber ebenso wenig einen ‚aktiven, durchschauenden, falsche Wege der Nachahmung der Mächtigen überwindenden Mann' gestaltet hat, erkennt also nicht, dass Brecht allgemein nur selten gesellschaftliche Visionen darstellte, nicht zuletzt, weil nach seiner Theorie des epischen Theaters die Identifikation der Zuschauer[22] mit den Figuren unbedingt zu vermeiden war[23].

Wedel versteht ihre Arbeit als ‚ideologiekritisch' und definiert als

> Charakteristikum jeglicher Ideologie [...] ihr Eingebundensein in ein System von Begrenzungen, die mit bestimmten historisch-gesellschaftlichen Teilstrukturen korrespondieren. Ideologien sind jedoch unfähig, dieses Eingebundensein in Begrenzungen zu reflektieren und zu thematisieren. Ideologische Systeme lassen – aufgrund ihrer Funktion als unbegrenzter Katalog von Antworten zur Bewältigung von Widerspruchssituationen – in sich keine Widersprüche zu.[24]

Diese Definition trifft auf Wedels eigene Untersuchung zu: Sie reflektiert und thematisiert die Begrenzungen ihres Wertesystems nicht, betrachtet die Texte mit einer vorgefassten Meinung, die ihr der Antwortkatalog ihrer ideologischen Position zur Verfügung stellt, und ist zu keiner Differenzierung von Widersprüchen fähig. Wedel zieht aus Brechts Privatleben den Schluss, dass er Frauen verachtet und Figuren entsprechend frauenverachtend gestaltet habe, einen eventuell gegebenen Widerspruch zwischen Brecht als ‚Mann' und Brecht als ‚Autor' will sie offenbar nicht gelten lassen. Die ‚Beweise', die ihrer Ansicht nach gegen die Texte sprechen, führt

---

[21] Ebd., S. 162. Sabine Kebir vergleicht die in der feministischen Forschung häufig formulierte Forderung nach der Darstellung einer ‚starken Frau' mit dem Postulat des sozialistischen Realismus, Autoren sollten einen ‚positiven Helden' auf der Bühne gestalten, vgl. Sabine Kebir: Ein akzeptabler Mann? Brecht und die Frauen. Berlin ²1998, S. 60f.
[22] Um eine gute Lesbarkeit zu gewährleisten, wird in dieser Arbeit statt der Beidnennung das generische Maskulinum im Plural verwendet.
[23] Vgl. Kugli: Kleines Organon für das Theater, S. 326.
[24] Wedel: Rolle der Frau, S. 2.

sie nicht aus den Texten selbst an, sondern aus Brechts Privatleben – und stilisiert dabei Brechts Partnerinnen zu bedauernswerten Opfern.

Gisela Ritchies Werk *Der Dichter und die Frau*[25] (1989) bedient sich ebenfalls eines biografisch orientierten Ansatzes, der Schwerpunkt liegt hierbei aber auf Brecht als Marxist; zum Teil untersucht sie auch Einflüsse, die andere Autoren auf Brecht hatten. Sie analysiert die Frauenfiguren der großen Dramen teils sehr überzeugend – weil sie die Klischees der vorangehenden Forschungsliteratur nicht wiederholt –, teils aber auch abstrus und ohne ihre Behauptungen am Text zu belegen. So sieht sie als Vorbild für eine Vielzahl der Brecht'schen Frauengestalten entweder Rosa Luxemburg oder Clara Zetkin. Um sich ein Bild von der Dubiosität der Beweisführung machen zu können, sei ein Beispiel angeführt. Sie begründet, dass Kattrin aus der *Mutter Courage* „Züge Rosa Luxemburgs" trage, folgendermaßen: „Wie aus der Biographie Rosas hervorgeht, liebte sie Kinder und wünschte sich ein Baby"[26] – dies trifft mit Sicherheit noch auf zahllose andere Frauen zu. Oftmals versucht sie zu beweisen, dass die Figuren „dem Leben nachgeschaffen"[27] seien, versäumt allerdings zu erörtern, inwiefern das Leben als Kriterium zur Beurteilung von Kunst eine Rolle spielt.[28] Ritchie geht also nicht wie Wedel von einer idealisierten, sondern von einer naturalistischen Figurengestaltung durch den Autor aus, lässt damit aber – und hierin ist sie Wedel vergleichbar – alle anderen Möglichkeiten, eine Figur zu entwickeln, unberücksichtigt.

Von einer neutralen Ausgangslage aus untersucht Angelika Führich in ihrem Band *Aufbrüche des Weiblichen im Drama der Weimarer Republik*[29] (1992) jene Stücke Brechts, die vor dem Exil entstanden sind. Dabei betrachtet sie die Texte differenziert, wenn auch vereinzelt fragwürdig erscheint, dass sie mit Verflechtungen von Biografie des Autors und Werk argumentiert oder Forschungsmeinungen wie die Stereotypie und die Asexualität der Frauenfiguren als gegeben übernimmt.

---

[25] Gisela F. Ritchie: Der Dichter und die Frau. Literarische Frauengestalten durch die Jahrhunderte. Bonn 1989.
[26] Ebd., S. 278.
[27] Ebd., S. 240. Ähnlich argumentiert sie auch auf S. 216 f., S. 238 u.a.
[28] Vgl. zum Verhältnis von Kunst und Realität Rudolf Lüthe: Fiktionalität als konstitutives Element literarischer Rezeption. In: Orbis Litterarum 29 (1974), S. 1-15.
[29] Angelika Führich: Aufbrüche des Weiblichen im Drama der Weimarer Republik. Brecht – Fleißer – Horváth – Gmeyner. Heidelberg 1992 (Reihe Siegen. Beiträge zur Literatur-, Sprach- und Medienwissenschaft, Bd. 109).

Dagegen ist Herbert Frenkens 1993 erschienenes Werk *Das Frauenbild in Brechts Lyrik*[30] als fragwürdig einzustufen. Zwar unternimmt der Autor den interessanten Versuch, Leitbilder und -motive in Brechts Lyrik systematisch zu erfassen. Dabei aber setzt Frenken den „wahren Brecht"[31] mit dem lyrischen Ich der Gedichte gleich, benötigt zur Analyse des Mutterbilds in der Brecht'schen Lyrik ein einleitendes Kapitel über Brechts Mutter, die er in jeder Mutterfigur des lyrischen Frühwerks als Urbild sieht[32], um schließlich Brechts Texte an der „Realität seiner Frauenbeziehungen"[33] zu messen. Inwiefern Werk und Biografie in eins gesetzt werden können, reflektiert er ebenso wenig wie den Entstehungszusammenhang der Texte. Eine der aktuellsten Publikationen, die sich den Frauenfiguren bei Brecht widmet, ist der Aufsatz *Metonymic Cohabitation* von Martin und Erika Swales[34]. Die Autoren halten fest, dass man es bei Brecht mit „a paradox" zu tun habe: Einerseits sei er „an extraordinarily ruthless exploiter of women", andererseits habe er „some of the greatest roles for women in the whole of twentieth-century Europen theatre" geschaffen, seine „most moving poems are about women".[35] In den Gedichten und Stücken, auf die sie eingehen, registrieren sie bei den Frauenfiguren eine Nähe zum „material universe as such"[36], was sie als „an utterly traditional stereotype"[37] deuten.

3.2 Brechts Biografie versus Brechts Werk
Kritik an der Art und Weise, wie Brechts Texte entstanden, wurden häufig und noch zu Lebzeiten des Autors geäußert. So beanstandete der Theaterkritiker Alfred Kerr im Mai 1929, dass Brecht in der *Dreigroschenoper* Villon-Übersetzungen von K. L. Ammer verwendet hatte[38], eine Tatsache,

---

[30] Herbert Frenken: Das Frauenbild in Brechts Lyrik. Frankfurt a.M., Berlin 1993 (Kölner Studien zur Literaturwissenschaft, Bd. 5).
[31] Ebd., S. 101.
[32] Ebd., S. 124-132.
[33] Ebd., S. 180.
[34] Martin und Erika Swales: Metonymic Cohabitation: On Women Figures in Brecht. In: GLL 53 (2000), S. 387-393.
[35] Ebd., S. 387.
[36] Ebd.
[37] Ebd., S. 388.
[38] Vgl. dazu Werner Hecht: Brecht Chronik 1898-1956. Frankfurt a.M. 1997, S. 266. Später wurden Brechts Plagiate auch wissenschaftlich als solche untersucht, so z.B. von Thomas K. Brown: Brecht's Thievery. In: Perspectives and Personalities. Studies in Modern German Literature. Honoring Claude Hill. Hg. v. Ralph Ley, Maria Wagner, Joanna M. Raytch und Kenneth Hughes. Heidelberg 1978, S. 70-88.

die Brecht nicht etwa bestritt, sondern vielmehr mit seiner inzwischen sprichwörtlich gewordenen „grundsätzlichen Laxheit in Fragen geistigen Eigentums" (*[Eine Erklärung Brechts]*; GBA 21, S. 316) begründete. Mittlerweile sind Übernahmen fremder Werke in eigene Texte unter dem Begriff Intertextualität theoretisch in der Literaturwissenschaft fundiert und auch im Bezug auf Brechts Werk genauer untersucht worden[39].
Misstrauisches Augenmerk wurde zudem auf Brechts kollektive Arbeitsweise gerichtet, die umso anrüchiger erschien, als sie im Lichte der polygamen Lebensweise des Schriftstellers betrachtet wurde und für die Beurteilung seiner Werke bedeutsam anmutete. Besonders John Fuegi hob die Gegebenheit, dass Brechts Texte mit Hilfe von Mitarbeiterinnen entstanden, die oftmals auch Geliebte des Autors waren, hervor. Er deutet den Umstand, dass Brecht seine Werke inmitten einer Gemeinschaft von Mitarbeiterinnen und Mitarbeitern (wobei Fuegi letztere allzu gerne nicht erwähnt) arbeitsteilig produzierte, als Ausbeutung von Frauen, die sexuell an Brecht gebunden waren.
Dieser These widmet er seine 1994 erschienene Monografie *Brecht and Company. Sex, Politics, and the Making of the Modern Drama*, die 1997 als erweiterte und berichtigte deutsche Fassung unter dem Titel *Brecht & Co.* erschien[40]. Auf nahezu 1000 Seiten führt Fuegi in seinem Buch aus, dass Brecht ein Betrüger und Lügner gewesen sei, der sich seine Texte von Mitarbeiterinnen schreiben ließ, die er beschlief, statt ihnen eine materielle oder ideelle Entlohnung zu gewähren (letztere wäre in Form von ‚Ruhm und Ehre' durch Namensnennung möglich gewesen).
80 Prozent der *Dreigroschenoper* habe Elisabeth Hauptmann verfasst[41], der Kleistpreis 1922 sei Brecht zugesprochen worden, weil es ihm gelungen sei, Herbert Ihering zu manipulieren[42], und überhaupt „konnte Brecht seine Partner im Geschäfts- wie im Geschlechtsverkehr fast nach Belieben verführen und sang und schlief sich in Berlin nach oben"[43], worauf sich sein späterer Erfolg begründet habe. Fuegi benutzt fortwährend Textbelege als Beweise für das Innenleben des Autors Brecht, dem er etwa bei der Deutung des Gedichts *Erinnerung an die Marie A.* allerhand Frauenfeindlich-

---

[39] Vgl. Marja-Leena Hakkarainen: Das Turnier der Texte. Stellenwert und Funktion der Intertextualität im Werk Bertolt Brechts. Frankfurt a.M., Berlin 1994 (Europäische Hochschulschriften I, Bd. 1436).
[40] John Fuegi: Brecht & Co. Biographie. Autorisierte erweiterte und berichtigte deutsche Fassung von Sebastian Wohlfeil. Hamburg 1997.
[41] Ebd., S. 25, S. 275.
[42] Ebd., S. 163.
[43] Ebd., S. 140.

keit nachzuweisen können glaubt.⁴⁴ Kritisiert wird außerdem die *Große kommentierte Berliner und Frankfurter Ausgabe* der Brecht'schen Werke, in der „rechtzeitig zur Jahrtausendwende ein unanfechtbares Genie" präsentiert werde, was sich daran erkennen ließe, dass die Mitarbeiter „ins Kleingedruckte" verbannt worden seien.⁴⁵ Gemeint ist damit der ausführliche Kommentar der Ausgabe, die sich als historisch-kritische versteht und im Regelfall von mündigen Lesern verwendet wird, die die Funktion des ‚Kleingedruckten' erfassen und es entsprechend zu benutzen wissen.
Fuegis Mutmaßungen bezüglich der ‚Ausbeutung' konnten sich aufgrund ihrer vermarktungsfähigen Struktur zwar einer überdurchschnittlichen Kenntnisnahme der Öffentlichkeit erfreuen, stießen aber in der Fachwelt auf Ablehnung. Eine Autorengruppe bestehend aus John Willet, James K. Lyon, Siegfried Mews und Hans Christian Norregaard stellte, ausgehend von der Erstausgabe von 1994, eine fast neunzig Seiten umfassende Fehlerliste⁴⁶ zusammen, die ausschließlich Verstöße gegen grundlegende wissenschaftliche Prinzipien festhält wie z.B. falsche (d.h. aus dem Kontext gerissene) Zitate, fehlerhafte Übersetzungen, Behauptungen ohne Belege und Ähnliches. Lyon vermerkt hierzu: „In over 30 years in the profession I have not read an allegedly scholarly book on any subject I knew well that fell so short of minimum standards of serious scholarship."⁴⁷
Die Korrekturen der zahlreichen Fehler in der deutschen Ausgabe verdanken sich hauptsächlich den Einsprüchen und Hinweisen, auf die die oben genannten Autoren (und auch andere Brecht-Forscher) Fuegi aufmerksam gemacht haben. Dieter Wöhrle hält in seiner Rezension zur deutschen Ausgabe süffisant fest, dass Fuegi seinen „eigenen gebetsmühlenartig vorgetragenen Forderungen, Nachweise über die geistige Urheberschaft eines Gedankens, Zitates oder einer Formulierung gehörten unbedingt transparent gemacht", keineswegs nachkomme.⁴⁸ „Nun ja, es wäre auch tatsächlich ein wenig amüsant, wenn sich etwa folgende Hinweise in einer Biographie Brechts fänden: ‚Die Angabe, der Schwarzwald liege nicht in Bayern, verdanke ich James K. Lyon' [...]".⁴⁹ Wöhrle beanstandet, dass zahlreiche Feh-

---

[44] Vgl. ebd., S. 108f.
[45] Ebd., S. 900f.
[46] John Willet/James K. Lyon/Siegfried Mews/Hans Christian Norregaard: A Brechtbuster Goes Bust: Scholarly Mistakes, Misquotes, and Malpractices in John Fuegi's *Brecht and Company*. In: BJB 20 (1995), S. 259-367; hier 269-358.
[47] Ebd., S. 260.
[48] Dieter Wörle: Wieviel Wahrheit verträgt eine Brecht-Biographie? In: Dreigroschenheft 2/1998, S. 60-65; hier S. 61.
[49] Ebd.

ler auch in der deutschen Fassung nicht korrigiert seien und Fuegi erschreckend unseriös mit Fakten umgehe.[50] Auch Jost Hermand sieht bei Fuegi „eine sensationslüsterne Schlüssellochperspektive"[51] vorherrschen. Hans-Jörg Knobloch hält in seinem Aufsatz von 1995 im Hinblick auf die Erstausgabe fest, dass nicht nur Fuegis Fehler ärgerlich seien, „sondern sein durchgängiges Verdrehen, Verzerren und Entstellen von Fakten und Texten"[52]. So müsse Fuegi etwa nicht nur prüfen, welche Mitarbeiter wie viel zu Brechts Texten beigetragen haben, sondern auch, „wie hoch der Anteil Brechts an Werken anderer zu veranschlagen ist"[53]. Zudem betont er, dass nicht zuletzt die Art der Darstellung in Fuegis Buch Anlass zur Kritik biete: „Eine derartige Sprache war bisher in der Literaturwissenschaft nicht üblich; sie läßt über ihre Vulgarität hinaus auch eine Haßerfülltheit des Autors erkennen, die starke Zweifel an seiner wissenschaftlichen Objektivität weckt."[54] Knobloch relativiert seine negative Einschätzung des Werks durch die Aussage, dass Fuegi gegen die bis dahin glorifizierenden Ansichten über den Schriftsteller Bertolt Brecht angeschrieben habe[55].
Die Kritik an Fuegis Werk war zu einem Großteil vernichtend, nicht zuletzt, weil Fuegi, so z.B. Karasek, eine „erschreckende Unkenntnis von Theaterpraxis, wo Stücke in Gemeinschaftsarbeit von Dramaturgen, Regisseuren, Assistenten, Schauspielern bearbeitet, übersetzt, bei Proben verändert und angepaßt werden"[56], beweise.
Als positive Auswirkung der Fuegi'schen Publikation kann angemerkt werden, dass Brechts Mitarbeiterinnen und ihre Verdienste an den Texten

---

[50] Ebd., S. 62.
[51] Hermand: Aufs Körperliche reduziert, S. 319.
[52] Hans-Jörg Knobloch: Brecht: Der Mann, der Dichter und seine Biographen. In: Heinrich Mann-Jahrbuch 13 (1995), S. 127-148; hier S. 141.
[53] Ebd., S. 137. Vgl. dazu auch Sabine Kebir: Der große Vergnügungspark. In: neue deutsche literatur 50 (2002), H. 5, S. 154-161.
[54] Knobloch: Brecht, S. 140f.
[55] Ebd., S. 140-145.
[56] Hellmuth Karasek: Von Brecht vollbracht? In: Der Spiegel 1994, H. 38, S. 210-214; hier S. 211. Exemplarisch seien als weitere ablehnende Kritiken genannt: Erika Munk: *Brecht & Company*: A Review Essay. In: BJB 20 (1995), S. 239-246. / James K. Lyon: Collective Productivity – Brecht and His Collaborators. In: BJB 21 (1996), S. 1-18. / Sabine Kebir: „Koketter Männlichkeitswahn" oder „Gute Teamarbeit"? Brecht und die Frauen (II). In: Frankfurter Hefte (1998), H. 1, S. 51-56. / Auf die Plagiatsvorwürfe geht inhaltlich ausführlicher ein: Jan Knopf: Gelegentlich: Poesie. Ein Essay über die Lyrik Bertolt Brechts. Frankfurt a.M. 1996, S. 39-59.

verstärkt in den Blickpunkt der Forschung rückten.[57] Auch die kollektive Arbeitsweise wird inzwischen eingehender reflektiert und zumeist positiv beurteilt[58] (wobei die Thematik durchaus schon vor *Brecht and Company* untersucht worden und zu Ergebnissen gekommen ist[59], die Fuegi hätte zur Kenntnis nehmen müssen). Die Mitarbeiterinnen Brechts zu Opfern zu stilisieren, wird den Frauen ohnehin nicht gerecht.[60] Vielmehr muss man nach den Möglichkeiten fragen, die die Kulturindustrie der Weimarer Republik Frauen überhaupt zugestanden hat.[61] Für die Mitarbeiterinnen war es durchaus einträglicher, Texte unter dem ‚Label' Brecht zu verkaufen, statt sie unter dem eigenen Namen zu veröffentlichen, da sich Werke von Frau-

---

[57] Vgl. Gerda Marko: „So erwirbt der Apfel seinen Ruhm, indem er gegessen wird ...". Bert Brecht und Marieluise Fleißer, Elisabeth Hauptmann, Margarete Steffin, Ruth Berlau. In: Schreibende Paare. Liebe, Freundschaft, Konkurrenz. Hg. v. ders. Zürich, Düsseldorf 1995, S. 171-191. / Hiltrud Häntzschel: Brechts Frauen. Reinbek bei Hamburg 2002. – Zu Elisabeth Hauptmann: Astrid Horst: Prima inter pares. Elisabeth Hauptmann – Die Mitarbeiterin Bertolt Brechts. Würzburg 1992. / Paula Hanssen: Elisabeth Hauptmann. Brecht's Silent Collaborator. Bern 1995 (New York University Ottendorfer Series, Neue Folge, Bd. 46). / Sabine Kebir: Ich fragte nicht nach meinem Anteil. Elisabeth Hauptmanns Arbeit mit Bertolt Brecht. Berlin 1997. – Zu Helene Weigel: Werner Hecht: Helene Weigel. Eine große Frau des 20. Jahrhunderts. Frankfurt a.M. 2000. / Sabine Kebir: Helene Weigel. Abstieg in den Ruhm. Eine Biographie. Berlin 2002. – Zu Ruth Berlau: BJB 30 (2005). – Allerdings belegen einige Publikationen, dass die Beschäftigung mit den Mitarbeiterinnen lange vor Fuegis Veröffentlichung einsetzte, so z.B. Michael Töteberg: Porträt einer Mitarbeiterin. In: Merkur 30 (1976), S. 695-700 [zu Margarete Steffin]. / Ders.: Abhängigkeit und Förderung. Marieluise Fleißers Beziehungen zu Bertolt Brecht. In: Text + Kritik. Hg. v. Hans Ludwig Arnold, Bd. 64: Marieluise Fleißer. München 1979, S. 74-87.
[58] Vgl. beispielsweise Knobloch, Brecht, S. 135-140. / Gudrun Tabbert-Jones: The Construction of the Sexist and Exploiter Bertolt Brecht. In: BJB 20 (1995), S. 249-256. / Christine Kiebuzinska: Brecht and the Problem of Influence. In: A Bertolt Brecht Reference Companion. Hg. v. Siegfried Mews. Westport, London 1997, S. 47-69. / Thomas Wegmann: Marken, Medien und Management. Vorschläge zur Lektüre eines Klassikers. In: Bertolt Brecht (1898-1956). Hg. v. Walter Delabar und Jörg Döring. Berlin 1998 (Memoria 1), S. 11-29. / Tom Kuhn: Bertolt Brecht and Notions of Collaboration. In: Bertolt Brecht – Centenary Essays. Hg. v. Steve Giles und Rodney Livingstone. Amsterdam 1998 (German Monitor 41), S. 1-18.
[59] So z.B. Ursula Wiedenmann: Frauen im Schatten. Mitarbeiterinnen und Mitautorinnen. Das Beispiel der literarischen Produktion Bertolt Brechts. In: Deutsche Literatur von Frauen. Hg. v. Gisela Brinker-Gabler, Bd. 2. München 1988, S. 393-400; hier S. 394-398.
[60] Vgl. Kebir: Ich fragte nicht nach meinem Anteil, S. 9.
[61] Vgl. Kebir: Ein akzeptabler Mann?, S. 74.

en auf dem damaligen Markt kaum durchsetzen konnten.[62] Entgegen Fuegis Behauptungen förderte Brecht die eigene schriftstellerische Arbeit der Mitarbeiter und stellte für sie Kontakte zu Verlagen oder Bühnen her.[63] Nicht zuletzt hat Brecht Frauen als gleichwertige Mitarbeiterinnen akzeptiert und ihre schriftstellerische Arbeit ernst genommen zu einer Zeit, in der Frauen der öffentlichen Meinung zufolge als Männern intellektuell und geistig unterlegen galten.[64]

Die bisherigen Ausführungen zu Brechts Biografie und Arbeitsweise wären im Grunde für eine Arbeit zum vorliegenden Thema nicht von Belang. Die Notwendigkeit, auf sie einzugehen, begründet sich in der Tatsache, dass ein Großteil der bisherigen Forschungsliteratur Brechts private Beziehungen zu Frauen zur Beurteilung der Frauenfiguren in den Werken heranzieht. Überhaupt herrscht in den Sekundärwerken Unreflektiertheit vor, wenn es um das Verhältnis von Autor und der von ihm erdachten Figuren und Rollen geht. Aussagen, die man Brechts Texten entnimmt, werden mit seiner ‚eigenen Meinung' gleichgesetzt, ohne zu erfassen, dass literarische Kunstfiguren Haltungen vorführen, die eben diese kritisch hinterfragen und durchaus im Gegensatz zu der vom Autor vertretenen ‚Meinung' stehen können – wobei sich ohnehin die Frage stellt, inwiefern die ‚Meinung' des Autors für die Interpretation seines Texts eine Rolle spielt (vgl. Kapitel 2).

Bevorzugt bei der Deutung von Gedichten wird das lyrische Ich in der Sekundärliteratur, unabhängig aus welcher Zeit sie stammt[65], mit Brecht gleichgestellt. Selbst die wenigen Aufsätze, die die Schwierigkeiten bezüglich der Identität von lyrischem Ich und Autor thematisieren, verstricken sich in Widersprüche, so etwa Werner Frick in seinem Aufsatz *„Ich, Bertolt Brecht ...". Stationen einer poetischen Selbstinszenierung* aus dem Jahr

---

[62] Vgl. Tabbert-Jones: Construction of the Sexist, S. 252.
[63] Vgl. Klaus Völker: Induktive Liebe, extensive Mitarbeit. In: Nach Brecht. Ein Almanach 1992 vom BrechtZentrumBerlin. Hg. v. Inge Gellert. Berlin 1992, S. 76-100; hier S. 93.
[64] Vgl. Tabbert-Jones: Construction of the Sexist, S. 254. / Kebir: Ein akzeptabler Mann?, S. 73.
[65] Vgl. exemplarisch: Kaufmann: Brecht, die Entfremdung und die Liebe, S. 95 (1965). / Alfred Behrmann: „Denn wir vergaßen ganz, daß du vergehst". Zu Brechts Sonett *Entdeckung an einer jungen Frau*. In: Gedichte und Interpretationen. Hg. v. Harald Hartung. Bd. 5: Vom Naturalismus bis zur Jahrhundertmitte. Stuttgart 1983, S. 266-276; hier S. 267 (1983). / Frenken: Das Frauenbild in Brechts Lyrik, S. 74 (1993). / Kebir: Ein akzeptabler Mann?, S. 30 (1998).

1999.[66] Frick wendet sich in diesem „Porträt- und Selbstporträt-Gedichten" zu, worunter er jene Gedichte versteht, „deren Ich-Aussage oder deren sonstiger personaler Bezug [...] einem je bestimmten und einzelnen Ich gilt, das in manchen Fällen [...] identisch ist mit dem individuellen, historisch-biographischen Ich des Autors"[67]. Wie man allerdings mit objektivierbaren Maßstäben (und um solche geht es in der Wissenschaft) ermittelt, in welchen Fällen das lyrische Ich mit dem Autor-Ich in eins gesetzt werden kann, wird nicht ausgeführt. Allein der Versuch steht schon in unmittelbarem Gegensatz zum Untertitel des Aufsatzes, der festhält, dass es um ‚poetische Selbstinszenierung' geht – nun, wenn etwas inszeniert wird, so weiß man vom Theater, dann ist es eben nicht identisch mit Wirklichkeit. Immerhin führt Frick aus, dass man in den Gedichten nicht erfährt, wie Brecht wirklich war, aber man könne eine je nach Schaffensperiode „unterschiedlich gestylte Wunsch-Ich-Figur" kennenlernen, eine „Kunst-Figur"[68] – welche Wirklichkeitsreferenz diese dann aber zum historisch-biografischen Ich des Autors haben soll, das beantwortet Fricks Aufsatz nicht. Unbeachtet bleibt außerdem, dass ‚Bertolt Brecht' als Name einer Person nicht existierte, sondern ein Kunstprodukt war, die ‚Marke' des Eugen Berthold Friedrich Brecht heißenden Autors – was es unmöglich macht, das ‚Ich, Bertolt Brecht' als ernst gemeinte literarische Autobiografie zu verstehen.
Doch auch in der Prosa und in den Dramen wird Brecht mit Erzählern und Figuren gleichgesetzt, die zudem sehr unterschiedlich sind, das Spektrum reicht von Baal[69] bis zum Keuner[70]. Selbst Leokadja Begbick aus dem Stück *Mann ist Mann* soll Brecht „zu dem Sprachrohr seiner Ansichten gemacht" haben.[71] Auch Brechts Mutter gilt vereinzelt als reale Vorlage

---

[66] Werner Frick: „Ich, Bertolt Brecht". Stationen einer poetischen Selbstinszenierung. In: Brechts Lyrik – neue Deutungen. Hg. v. Helmut Koopmann. Würzburg 1999, S. 9-47.
[67] Ebd., S. 14.
[68] Ebd., S. 16.
[69] Vgl. Führich: Aufbrüche des Weiblichen, S. 16.
[70] Vgl. Günter Anders: Bertolt Brecht. Geschichten vom Herrn Keuner. In: Merkur 9 (1979), S. 882-892; hier S. 882f.
[71] Ritchie: Der Dichter und die Frau, S. 226.

von Mutterfiguren wie Baals Mutter[72], die *Unwürdige Greisin* wird häufig als Brechts eigene Großmutter verstanden[73]. Die Basis dieser Deutungen, die Brechts Biografie zu seinen Texten ins Verhältnis setzen, ist in der psychoanalytischen Literaturwissenschaft verankert, die das literarische Werk als „Ausdruck einer psychischen Konfliktstruktur"[74] begreift. Postuliert wird ein Zusammenhang der „psychischen Problematik" der Künstler und „ihrer kreativen Arbeit"[75], als Motive für das Schreiben werden folglich etwa die Bewältigung eines frühen seelischen Traumas, das Bedürfnis nach Ergänzung eines narzisstischen Defizits oder männlicher Gebärneid genannt[76]. Das Verhältnis von Interpret und Text wird explizit mit der „Therapiesituation" verglichen[77], „Ziel ist die Rekonstruktion eines latenten Textes"[78], der gewissermaßen das ‚wahre Gesicht' des Autors enthüllen soll. Entsprechend wird Biografisches zur „psychobiographische[n] (Re-)Konstruktion der inneren und äußeren Vita des Autors im Dienste der Werkdeutung benutzt" – oder aber die Texte werden „als Dokumente der inneren Entwicklung des Autors" herangezogen[79]. „Die Psyche, die sich im Lauf der Lebensgeschichte gebildet hat, verarbeitet im Kunstwerk [...] Momente dieser Lebensgeschichte"[80], so die Annahme, wobei „unbewußte Phantasien zur Ausbildung poetischer Bilder, ja des ganzen Textes beitragen"[81].

Viele Interpreten von Brechts Werken suchen latente Aussagen in den Texten, die über unbewusste, verdrängte, zumeist sexuelle Wünsche des Autors angeblich Aufschluss geben. Oftmals liegt der Deutung der Texte die Vor-

---

[72] Vgl. Helge Jordheim: Gefährdeter Nihilismus. Eine Analyse der Mutterfigur in Brechts „Baal". In: Zweifel – Fragen – Vorschläge. Bertolt Brecht anläßlich des Einhundertsten. Hg. v. Thomas Jung. Frankfurt a.M. 1999 (Osloer Beiträge zur Germanistik 23), S. 99-111; hier S. 102f. / Fenn: Characterisation of Women, S. 60f.

[73] Vgl. Helmut Linnenborn: Bertolt Brecht: Die unwürdige Greisin. In: Der Deutschunterricht 10 (1958), H. 6, S. 100-107; hier S. 101.

[74] Walter Schönau/Joachim Pfeiffer: Einführung in die psychoanalytische Literaturwissenschaft. Stuttgart, Weimar ²2003, S. 90.

[75] Ebd., S. 3.

[76] Ebd., S. 12.

[77] Ebd., S. 86.

[78] Helga Gallas: Psychoanalytische Positionen. In: Literaturwissenschaft. Ein Grundkurs. Hg. v. Helmut Brackert und Jörn Stückrath. Reinbek bei Hamburg 1994, S. 593-606; hier S. 595.

[79] Schönau/Pfeiffer: Einführung, S. 88.

[80] Carl Pietzcker: Einführung in die Psychoanalyse des literarischen Kunstwerks am Beispiel von Jean Pauls „Rede des toten Christus". Würzburg 1983, S. 87.

[81] Ebd., S. 85.

stellung zugrunde, Brecht nutze das Schreiben als Selbsttherapie, als „Bewältigungsversuch eines noch aktuellen Konflikts"[82], er sublimiere sein „Leiden"[83] in seinen Texten. So enthalten die Werke, wie Sabine Kebir für die Gedichte Brechts festhält, „– wenn auch oft auf verschlungenen Pfaden – doch die Persönlichkeit des Autors enthüllende Züge"[84]. Als ‚Beweise' werden biografische Einzelheiten aus dem Leben Brechts angeführt, die die aus den Texten abgeleiteten Einstellungen belegen sollen. In der Auslegungspraxis wird auch umgekehrt verfahren: Anschauungen, die man der Biografie entnehmen zu können glaubt, werden mit Hilfe der erst dann betrachteten Texte belegt. Gelegentlich wird Brecht so, wenn man sich mit seinen Texten oder der Gestaltung der Frauenfiguren partiell doch einverstanden zeigt, unterstellt, er habe ‚unbewusst' gegen die eigene Überzeugung angeschrieben. So formuliert etwa Lennox, Brecht habe entgegen seiner „conscious intentions" den Frauenfiguren in seinen Werken im Ansatz Anlagen mitgegeben, die über die geschlechtsspezifischen Schablonen hinausreichten.[85] Und Sieglinde Lug, die für den *Guten Menschen* festhält, Brecht habe hier die Klischees von Männern und Frauen als konstruierte entlarvt, lässt offen, ob dem Autor dies „consciously or not"[86] gelungen sei. Der psychoanalytische Deutungsansatz geht vornehmlich von einem Autor aus, der seine unterdrückten Einstellungen oder Fantasien unbewusst und unreflektiert zu Papier bringt. Die Aufgabe einer Interpretation liegt folglich darin, das ‚wahre Ich' des Autors zu entdecken, den Autor durch seinen Text verstehen zu lernen. Außer Acht gelassen wird bei dieser Auslegungsweise, dass ein Autor Texte bewusst produzieren, die Mechanismen seiner Gesellschaft kritisch reflektieren und seine Erkenntnisse entsprechend willentlich in seine Texte einarbeiten, also als denkender Produzent statt als Es-gesteuertes Medium aufgefasst werden kann – und sollte, will man für Literatur eine gesellschaftliche Relevanz beanspruchen.

---

[82] Kebir: Ein akzeptabler Mann?, S. 36. Vgl. auch Kirsten Boie-Grotz: Brecht – der unbekannte Erzähler. Die Prosa 1913-1934. Stuttgart 1978, S. 56.
[83] Renate Voris: Inszenierte Ehrlichkeit. Bertolt Brechts ‚Weiber-Geschichten'. In: BJB 12 (1983), S. 79-95; hier S. 82. Den Höhepunkt dieser psychoanalytischen Herangehensweise bildet die Abhandlung des Freiburger Literaturwissenschaftlers Pietzcker, der Brechts Herzneurose als Schlüssel zu dessen Leben und Werk betrachtet (Pietzcker: „Ich kommandiere mein Herz").
[84] Kebir: Ein akzeptabler Mann?, S. 13.
[85] Lennox: Women in Brecht's Works, S. 84. Eine Argumentation, die sich nicht nur auf eine ‚Intention des Autors' stützt, sondern obendrein auf eine, die dem Autor selbst nicht bewusst war, wirft die Frage der wissenschaftlichen Nachprüfbarkeit auf.
[86] Sieglinde Lug: The „good" woman demystified. In: COMMUNICATIONS 14 (1984), H. 1, S. 3-16; hier S. 7.

Selbst in der psychoanalytisch argumentierenden Literatur finden sich Hinweise auf die Diskrepanz zwischen Brecht als Autor und Brecht als Person, was bei der beschriebenen Herangehensweise ein und dasselbe bedeuten müsste. So stellt Klaus Theweleit fest, dass Brecht Prostituierten in seinen Stücken meist einen wichtigen Platz einräumt, den Ausdruck ‚Hure' im persönlichen Gebrauch aber abwertend verwendet habe.[87] Dies belegt, dass der Autor Brecht Begriffe, die er privat in Auseinandersetzungen dahingeworfen haben mag, für seine Texte reflektiert sowie bewusst und funktional (in diesem Falle: als spöttische Gleichsetzung der Hure mit der bürgerlichen Ehefrau – was wohl kaum als eine latente Botschaft seines Es gedeutet werden kann) innerhalb des jeweiligen Kontexts eingesetzt hat.

3.3 Die ‚Stereotypie' und ‚Asexualität' der Frauenfiguren
Da Brecht oftmals als erotischer Nimmersatt und Ausbeuter der emotional oder sexuell von ihm abhängigen Frauen gesehen wurde, projiziert der Großteil der bisherigen Forschungsliteratur entsprechend des psychoanalytischen Deutungsansatzes diese Bewertung auf die Figuren in seinen Werken und kommt zu dem Schluss, dass die Frauengestalten als ‚Typen' charakterisierbar seien. Besonders in der feministischen Literatur wird zudem festgestellt, dass die Frauenfiguren traditionelle weibliche Eigenschaften betonten und sexuellen Klischees entsprächen.
Nach Gero von Wilperts *Sachwörterbuch der Literatur* bezeichnet der Begriff Typus eine „bestimmte überindividuell unveränderl[iche] Figur mit feststehenden Merkmalen, die [...] in ihrer Art nach Alter, Beruf und Stand festgelegt ist und in den verschiedensten Stücken in gleicher Weise und gleicher Funktion wiederkehrt"[88]. Das *Metzler Literatur Lexikon* definiert Typus als „Gestalt ohne individuelle Prägung, vielmehr Verabsolutierung einer für bestimmte Stände, Berufe oder Altersstufen charakteris[tischen] Eigenschaft"[89]. Bezogen auf Brechts Werk ist der Begriff Typus sehr unterschiedlich und nicht immer im Sinne der angeführten Definition verwendet worden. Manche Untersuchungen unterstellen Brechts Frauenfiguren Stereotypie und Unveränderlichkeit, ohne den Ausdruck Typus zu verwenden, andere teilen die Frauenfiguren zwar in ‚Typen' ein, meinen damit aber keineswegs eine rigorose Bewertung.

---

[87] Klaus Theweleit: Männerphantasien, Bd. 1. Frankfurt a.M. 1977, S. 206f.
[88] Gero von Wilpert: Sachwörterbuch der Literatur. Stuttgart [7]1989, S. 975.
[89] Metzler Literatur Lexikon. Begriffe und Definitionen. Hg. v. Günther und Irmgard Schweikle. Stuttgart [2]1990, S. 478.

Der Stückeschreiber selbst hat den Begriff Typus bezogen auf sein Werk vereinzelt verwendet. Allerdings steht dieser bei ihm in folgendem Zusammenhang: „Historisch bedeutsam (typisch) sind Menschen und Geschehnisse, die nicht die durchschnittlich häufigsten oder am meisten in die Augen fallenden sein mögen, die aber für die Entwicklungsprozesse der Gesellschaft entscheidend sind." (*Das Typische*; GBA 23, S. 141) Brechts Verwendung des Begriffs als ‚historisch bedeutsam' ist sehr eigenwillig, zumal er als typisch jene auffasst, die innerhalb einer historischen Situation entscheidende Impulse geben – was für seinen Typus-Begriff bedeutet, dass er je nach historischer Situation unterschiedlich verstanden werden muss. Dies steht im Gegensatz zu den lexikalischen Definitionen, die Typen als ahistorische Kategorien begreifen, die von konkreten (gesellschaftlichen) Umständen unabhängig sind.

Bereits der erste Aufsatz, der sich mit den Frauenfiguren Brechts auseinander setzt, zählt die Kategorien „Dirne oder Heilige, Mutter, Kämpferin und Genossin"[90] auf, Raddatz geht aber nicht näher darauf ein, ob die Figuren in einem stereotypen Sinne begriffen werden oder nicht. Cronin teilt die Figuren in die Kategorien „calculating woman", „idealists", „revolutionaries and mothers", „the blind realist", „the ‚good' woman"[91] ein. Nussbaum differenziert weitergehend und unterscheidet „sweethearts, prostitutes, fiancées and brides, partners, heroines, mothers" sowie gesondert Grusche, die sie als „the synthesis"[92] bezeichnet. Den beiden letztgenannten Autorinnen ist gemeinsam, dass sie zwar den Begriff Typus verwenden, die Typeneinteilung aber nur zur Strukturierung ihrer Interpretationen benutzen und ihn nicht anwenden, um bei den Figuren Stereotypie nachzuweisen. Entgegengesetzt verhält es sich mit Hellmuth Karaseks Werk *Bertolt Brecht. Der jüngste Fall eines Theaterklassikers*, in welchem der Autor ein ganzes Kapitel unter die Überschrift *Huren, Jungfrauen, Mütter*[93] stellt. In diesem schreibt er den Frauenfiguren eine typisierende Darstellung zu, ohne den Ausdruck Typus selbst zu verwenden. Sara Lennox benutzt den Begriff als solchen ebenfalls nicht, spricht aber von „stereotypical figures"[94], die sie insbesondere in den Mutter- und Kindfrau-Figuren[95] verwirk-

---

[90] Raddatz: Ent-weiblichte Eschatologie, S. 155.
[91] Cronin: The Politics of Brecht's Women Characters, Inhaltsverzeichnis.
[92] Nussbaum: The Image of Woman, S. 11.
[93] Hellmuth Karasek: Bertolt Brecht. Der jüngste Fall eines Theaterklassikers. München 1978, S. 59-70.
[94] Lennox: Women in Brecht's Works, S. 86.
[95] Auch Klaus Völker sieht in den Werken Brechts „Kinder und Mütter" agieren, vgl. Völker: Induktive Liebe, S. 91.

licht sieht. Vornehmlich kritisiert sie, dass die Frauenfiguren als „demonstration objects rather than subjects in their own right"[96] dargestellt seien. Sich auf Karasek beziehend, stellt auch Ute Wedel fest, dass die „protagonistischen Frauenfiguren des Brechtschen Werkes [...] auf ein eng begrenztes Spektrum von Frauen-Typen reduzierbar"[97] seien. In den Protagonistinnen sei „die Frau als Garantin des Guten angesprochen: sie verkörpert [...] die positiven menschlichen Werte: Geduld, Zärtlichkeit, Liebe, Güte"[98]. Wedel verwendet ‚Typus' also im Sinne der lexikalischen Definition.

Neuere Untersuchungen zur Thematik, wie z.B. Führich, referieren die „stereotype Konzeption der Frauenfiguren"[99] als feststehendes Urteil der Forschung, ohne die Problematik zu erörtern. Führich behauptet, Brecht habe im Spätwerk „entpersonalisierte weibliche Typen"[100] konzipiert, sie hinterfragt den Begriff aber nicht und bietet keine Definition an. Frenken sieht in den Gedichten eine „Typisierung" vorherrschen, die bei den Mutterfiguren „allgemeinliterarischen Klischees" gleichkäme.[101]

Bemerkenswert sind in diesem Zusammenhang auch einige Untersuchungen zu Einzeltexten oder -aspekten, die mit der Stereotypie der Figuren argumentieren. So ist Sarah Bryant-Bertail in einem Aufsatz zur *Mutter Courage* aus dem Jahr 1983 der Ansicht, die Frauenfiguren seien Schablonen („pattern"[102]) zuordenbar. Sie nennt: „the naive girl", „the prostitute", „the entrepreneur" und „the martyr-mother"[103]. Dann führt sie aus, dass manche Figuren sich aus einem „pattern" in ein anderes entwickeln (z.B. Shen Te) – was angesichts der Definition von Schablone (oder Typus), bei der man von der Unveränderlichkeit der Figur ausgeht, widersinnig erscheint.

Gert Ueding behauptet in seinem eingangs bereits ausführlicher diskutierten Artikel *„Der gute Mensch von Sezuan"* von 1984, dass es sich bei den Figuren um „Typen" handelt, „bei denen ein bestimmter Hauptzug fast mechanisch die Handlungen bestimmt"[104]. Wie man angesichts Shen Tes Hin- und Hergerissensein zwischen Güte und Ausbeutung, Liebe und Verratensein und den damit verbundenen Wendungen den Handlungsverlauf als

---

[96] Lennox: Women in Brecht's Works, S. 91.
[97] Wedel: Rolle der Frau, S. 157.
[98] Ebd., S. 158.
[99] Führich: Aufbrüche des Weiblichen, S. 13.
[100] Ebd., S. 14.
[101] Frenken: Das Frauenbild in Brechts Lyrik, S. 151.
[102] Sarah Bryant-Bertail: Women, Space, Ideology: Mutter Courage und ihre Kinder. In: BJB 12 (1983), S. 43-61; hier S. 46.
[103] Ebd., S. 45.
[104] Gert Ueding: „Der gute Mensch von Sezuan", S. 183.

„mechanisch" beurteilen kann, belegt Ueding allerdings nicht an Textbeispielen. Die Figuren, allen voran Shen Te, handeln „typisch, nicht individuell zwiespältig"[105], behauptet Ueding weiter. Was, wenn nicht (buchstäblich!) Zwiespältigkeit, kennzeichnet Shen Tes Handeln? Uedings Missverständnis des Texts gründet darauf, dass er Shen Te und Shui Ta als „selbständige dramatische Personen" versteht, die sich nur „virtuell"[106] zu einer Figur zusammensetzen.

Renate Fischetti, die sich in einem Aufsatz mit der *Seeräuberjenny* befasst, kommt zu dem Schluss, dass „Brecht might be accused of sticking with old-fashioned sexist stereotypes"[107]. Die von ihm gestalteten Frauenfiguren zeigten „women as objects of desire or idolatry"[108]. Zwar scheine das Lied auf den ersten Blick die revolutionäre Tat einer unterprivilegierten Frau zu beschreiben, sie benötige aber die Hilfe von Männern, um den Zustand der Unterdrückung zu beenden und sie tue dies mit bösartiger Grausamkeit: „In sum it presents us with the age-old myth of the bad woman, a myth we find in all manifestations of patriarchal culture and which is an affront to women of all times."[109]

Einige Interpreten teilen zwar die gängige Meinung, Brechts Frauenfiguren seien stereotyp angelegt, stellen dann aber innerhalb einer konkreten Textanalyse fest, dass bei den selbst untersuchten Figuren eine differenziertere Beurteilung erforderlich sei. So hält Kathleen L. Komar in einem 1988 publizierten Aufsatz in Bezug aus Lennox' Typeneinteilung ihre Zustimmung fest, bemerkt aber dann für die Courage, die im Zentrum ihres Artikels steht: „I find myself in disagreement with many of her [Lennox'] points when I reflect on them in reference to Mother Courage"[110]. Tatsächlich scheine die von ihr behandelte Figur der Marketenderin „to possess a good deal of that complexity and problematization that Lennox feels is lacking in Brecht's literary women"[111]. Obwohl sie den Widerspruch zwischen gängiger Forschungsmeinung und der Unhaltbarkeit dieser angesichts der Überprüfung am Text erkennt und benennt, zieht Komar daraus

---

[105] Ebd.
[106] Ebd., S. 185.
[107] Renate Fischetti: A Feminist reading of Brecht's Pirate Jenny. In: COMMUNICATIONS 14 (1985), H. 2, S. 29-33; hier S. 31.
[108] Ebd., S. 32.
[109] Ebd., S. 30.
[110] Kathleen L. Komar: Paradigm Change: The Female Paradigm in Brecht's *Mutter Courage und ihre Kinder* and Christa Wolf's *Kassandra*. In: Euphorion 82 (1988), S. 116-126; hier S. 118.
[111] Ebd.

nicht den Schluss, dass die Typeneinteilung der Brecht'schen Frauenfiguren generell in Frage gestellt werden muss.
Im Folgenden wird die Typus-Hypothese an Brechts Texten überprüft. Hierzu werden zwei der häufigsten Frauentypen in Brechts Werk, das ‚Opfer' und die ‚Mutter', heuristisch angenommen. Anhand von Beispielen wird dann diskutiert, inwiefern die lexikalische Definition auf die Frauengestalten zutrifft. Unter einem Typus wird demnach eine Figur mit feststehenden Eigenschaften verstanden, die überindividuell erscheint und sich nicht verändern kann. Demzufolge müsste man an den Frauenfiguren, die zu einem Typus gehören, zeigen können, dass ihre Gemeinsamkeiten überwiegen, sie kaum individuell geprägt sind und dass sie als unveränderlich dargestellt werden.
In einigen Werken Brechts werden die Frauenfiguren Opfer der Männer, die sie lieben. Eines der eindringlichsten Beispiele in dieser Hinsicht ist das dramatische Werk *Baal*, das von der Forschung nahezu einhellig als das „bei weitem [...] frauenfeindlichste Stück Brechts"[112] beurteilt wird, weshalb die Frauenfiguren des Stücks hier exemplarisch untersucht werden[113]. Der Lyriker Baal ist ein rücksichtsloser Egomane[114], ein „Sichausleber und [...] Andreausleber" (GBA 26, S. 323), der sich bewusst den Normen und Konventionen seiner Gesellschaft entzieht.[115] Er glaubt nicht an ein Leben nach dem Tod und will sich deshalb alle Bedürfnisse schon zu Lebzeiten erfüllen: „Ich glaube an kein Fortleben und bin aufs Hiesige angewiesen." (GBA 1, S. 55) Da er die Strafe eines Gottes nicht fürchtet und auf die An-

---

[112] Wedel: Rolle der Frau, S. 129.

[113] Der folgenden Analyse wurde die zweite Fassung des Stücks von 1919 zugrunde gelegt.

[114] Diese Bewertung ist nicht ausschließlich negativ zu verstehen, da sie im historischen Kontext des Stücks gedeutet werden muss, vgl. Mittenzwei: „Die von der bürgerlichen Gesellschaft überanstrengte und schließlich ganz vom Krieg besetzte Kategorie der Pflicht denunziert jedes Glücksverlangen, jeden Anspruch auf Lebensgenuß. [...] Gegen die bedenkenlose Pflichterfüllung setzt Brecht die bedenkenlose Ichsucht." (Werner Mittenzwei: Das Leben des Bertolt Brecht oder Der Umgang mit den Welträtseln, Bd. 1. Frankfurt a.M. 1987, S. 73).

[115] Unsachlich wurde die Figur Baal in der Forschung mit dem Autor gleichgesetzt, der das Stück als „private Identitätssuche" angelegt haben soll, der Text sei somit „Selbst-Therapie des Spätpubertierenden" (so Klaus H. Kiefer: „Erklären Sie mal das Gedicht!" Probleme mit „Baals Lied". In: GQu 67 (1994), S. 500-512; hier S. 501). Helge Jordheim betont, die „Biographie als interpretatorisches Paradigma" habe „in der Literatur zu Brechts Baal geradezu kanonische Geltung erlangt" (Jordheim, Gefährdeter Nihilismus, S. 102). Freilich enthebt das nicht davon, die an der Biografie orientierte Analyse kritisch zu reflektieren, vgl. Kapitel 2 und 3.2.

erkennung der bürgerlichen Gesellschaft keinen Wert legt, setzt Baal sich nicht mit den Konsequenzen seines skrupelloses Handelns auseinander, das für seine Mitmenschen oftmals schwere Folgen hat.
Frauen bringt Baal ausschließlich sexuelles Interesse entgegen; er verklärt die körperliche Lust geradezu: „Es gibt keinen schöneren Genuß als den Körper eines jungen Weibes." (S. 28) Sexualität ohne moralische Einschränkungen ist für Baal eine intensive Form des Naturerlebens[116] und Ausdruck des Aufbegehrens gegen die von der bürgerlichen Gesellschaft postulierte Monogamie[117]. Er versteht zwar, welche ernsthaften Folgen sexuelles Vergnügen – zumindest für die Frau – bedeuten kann: „Es muß aus ihr heraus unter Qual, was sie mit Wollust empfing [...]. Darum ist es kein Spiel" (ebd.), dennoch interessiert ihn nicht, wie es den Frauen ergeht, wenn er mit ihnen fertig ist. Seine Zuneigung lässt nach, sobald er seine Neugier gestillt hat: „denn wenn du sie genommen hast, bleibt nichts von ihr als ein Haufen Fleisch, der immer begehrt" (ebd.).
Den Frauenfiguren im *Baal*, die im Verlauf des Stücks alle Opfer ihres Geliebten werden, ist gemeinsam, dass sie sich von ihrem Partner eine innerhalb der bürgerlichen Parameter funktionierende Beziehung wünschen, dieser aber zu einer solchen nicht in der Lage ist. Baals Anziehung auf die Frauen beruht gerade auf seinem unkonventionellen und rücksichtslosen Lebensstil, an dem sie schließlich zerbrechen. Alle Frauen geben außerdem vor, Baal zu lieben. Allerdings erscheint diese Liebe unmotiviert, unverständlich und mutet masochistisch an. Die Liebesäußerungen klingen zudem sehr klischeehaft. Eine Analyse der einzelnen Frauengestalten soll diese Aspekte verdeutlichen.
Baal hat sich mit Emmi – der Frau seines Vorgesetzten, die ihm gesellschaftlich entsprechend überlegen ist – in einer Branntweinschenke verabredet, einem Ort, der unter ihrem Niveau ist, denn laut Regieanweisung ist sie „*gut gekleidet*" (S. 30). Offen und selbstbewusst verleiht sie ihrem Ärger Ausdruck, dass Baal sie in ein solches Lokal führt: „Wie kannst du mich hierher bestellen! [...] Das ist geschmacklos.", „Willst du mich lächerlich machen?", „Du bist unverschämt." (Ebd.) Baals Geschmacklosigkeiten stellen in ihrem Verhältnis keine Ausnahme dar: „So war er immer." (S. 31) Emmi wird von Baal gedemütigt: „Na, so trink doch wenigstens, wenn du sonst nichts kannst!" (Ebd.) In diesem Punkt widerspricht sie ihm nicht, begibt sich eher in eine Opferhaltung: „Ich kann doch nichts dafür ..." (ebd.).

---

[116] Jürgen Hillesheim: Baal. In: BHB 1, S. 69-86; hier S. 80.
[117] Führich: Aufbrüche des Weiblichen, S. 16.

In Emmis Anwesenheit fragt Baal die Schenkendirne Luise: „Bist du heut frei?" (S. 32). Emmi verbittet sich diese Herabsetzung: „Du sollst nicht so reden, Baal." (Ebd.) Baal wird daraufhin erniedrigend; einen Fuhrmann will er anstiften, seine Freundin zu küssen: „Die da ist heiß. Sie will Liebe haben. Küß sie mal!" (Ebd.) Er droht Emmi mit dem Ende der Beziehung, wenn sie sich nicht seinem Willen gemäß verhält: „Wenn du's nicht tust, ist es unweigerlich Schluß." (S. 33) Emmi lässt sich hiervon unter Druck setzen und küsst den Kutscher schließlich.
Sein Verhalten begründet Baal mit: „Man muß das Tier herauslocken! [...] Ans Tageslicht mit der Liebe!" (Ebd.) Liebe wird von Baal körperlich und nur so definiert, wie er überhaupt „reduces all existence to states of the body. [...] Physical presence and bodily experience are the defining limits for Baal of all creatures"[118]. In diesem Sinne kann Baal als eine Verkörperung der Darwin'schen Kränkung nach Freud[119] verstanden werden: Er begreift sich und alle Menschen als Tiere und provoziert damit die bürgerliche Gesellschaft, der er „die Unvertilgbarkeit" der „animalischen Natur"[120] des Menschen permanent vor Augen führt – gerade diese wird von den Vertretern konventioneller Normen und Werte geleugnet. Emmi ist, so belegen diese Textpassagen, durchaus mit selbstbewussten Zügen und Einsicht in die Art ihres Liebhabers gekennzeichnet, dennoch lässt sie sich sein egozentrisches, demütigendes Verhalten bieten und begründet dies mit ihrer Liebe.
Johanna ist mit Baals Freund Johannes liiert. Der kommt seiner jungen Freundin körperlich aber nicht nahe, weil es ihm die Sexualmoral seiner Gesellschaft verbietet: „Ich liege Nächte lang wach, denn ich meine manchmal, sie will ‚es'. Wir könnten uns noch mehr sein. [...] Da zittert sie in meinen Armen, aber ich kann ‚es' nicht tun" (S. 27). Baal hat diese

---

[118] Richard Block: Baal Dancing: The Unsettling Position of Baal in Brecht's Theater of the New. In: GQu 68 (1995), S. 117-130; hier S. 119.
[119] „Zwei große Kränkungen ihrer naiven Eigenliebe hat die Menschheit im Laufe der Zeiten von der Wissenschaft erdulden müssen. Die erste, als sie erfuhr, daß unsere Erde nicht der Mittelpunkt des Weltalls ist [...]. Die zweite dann, als die biologische Forschung das angebliche Schöpfungsvorrecht des Menschen zunichte machte, ihn auf die Abstammung aus dem Tierreich und die Unvertilgbarkeit seiner animalischen Natur verwies. Diese Umwertung hat sich in unseren Tagen unter dem Einfluß von Ch. Darwin, Wallace und ihren Vorgängern nicht ohne das heftigste Sträuben der Zeitgenossen vollzogen." (Sigm[und] Freud: XVIII. Vorlesung: Die Fixierung an das Trauma, das Unbewusste. In: Ders.: Gesammelte Werke. Elfter Band: Vorlesungen zur Einführung in die Psychoanalyse. Frankfurt a.M. ⁶1973, S. 282-295; hier S. 294f.).
[120] Ebd, S. 295.

Skrupel nicht, er verführt sie[121] in seiner Dachkammer. Johanna hat deshalb Gewissensbisse: „Oh, was habe ich getan. Ich bin schlecht." (S. 37) Mit diesen Moralvorstellungen kann Baal sich nicht identifizieren; er fordert das Mädchen unsanft auf, sich zu beruhigen: „Laß das Geflenne." (Ebd.) Unsensibel wie er ist, bietet er statt Trost seine Liebesdienste erneut an: „Was meinst du zu einer frischen Auflage? Hin ist hin." (Ebd.) Johanna findet das „gemein" (ebd.). Baal lobt ihre körperlichen Vorzüge, er schwärmt geradezu: „Ein wildes Geschöpf bist du. Mir tut alles weh. Herrliche Beine hast du!" (Ebd.) Johanna genügt Baals Interesse an ihrem Körper nicht, sie will wissen: „Hast du mich lieb?" (S. 38) Als Baal darauf nicht antwortet, fordert sie nachdrücklich: „Bei deiner Mutter: Sag es mir! Daß du mich lieb hast!" (Ebd.) An dieser Textstelle wird deutlich, dass Johanna tatsächlich ein Opfer geworden ist, allerdings nicht Baals, sondern das der gesellschaftlichen Konvention, nach der Sex an Liebe oder Ehe gekoppelt sein muss. Schließlich ist auch sie nicht in Baal verliebt, sie könnte die Frage umgekehrt kaum positiv beantworten – Johannes aber, in den sie verliebt ist, wagt den Schritt nicht, ihr sexuell näher zu kommen.

Der Moralkodex ihrer Gesellschaft, nach dem sie ihr Verhalten bewertet, gesteht ihr – und ihr als Frau in sehr viel stärkerem Maße als einem Mann – nicht zu, körperliches Verlangen außerhalb fester Partnerschaften bzw. außerhalb einer Ehe auszuleben. Deshalb versucht sie, das sexuelle Abenteuer mit Baal zumindest im Nachhinein mit Liebe zu rechtfertigen. Baal dagegen schert sich nicht um die Konventionen, ihre Fragen über seine Gefühle zu ihr bezeichnet er als „Dummheiten" (ebd.). Er gibt ihr zu verstehen, dass sie sich den Normen der Gesellschaft entziehen kann, indem sie lügt: „Dem Johannes kannst du sagen, ich hätte dich gestern heimgebracht und sei auf ihn zornig." (Ebd.) Sie kann das allerdings nicht, ihr Körper erscheint ihr so fremd, dass sie ihn töten muss[122], sie ertränkt sich[123]. Ihre Leiche bleibt vermisst (vgl. S. 76).

---

[121] Die Konstellation ist vergleichbar mit der in der *Keuschheitsballade*: Der Jüngling (im *Baal* Johannes) kommt seiner geliebten Freundin (im *Baal* Johanna) sexuell nicht nahe, weil sie das zur ‚Dirne' machen würde; die junge Frau hat darauf Sex mit einem ‚fremden Kerl' (im Stück Baal) statt mit dem Partner, weil sie diesem nicht zeigen kann, dass sie Lust hat, ohne als ‚Dirne' zu gelten. Vgl. Kapitel 4.2.1 dieser Arbeit.
[122] Vgl. Block: Baal Dancing, S. 121. Block belegt sehr überzeugend, dass „moral and social institutions are [blind] to the urges of the body" (ebd.), weshalb die Frauen Baals ihrem Körper und seinen Bedürfnissen befremdet und feindlich gegenüberstünden.
[123] Zum Ophelia-Motiv in Brechts Werk vgl. Siegfried Mews: Vom ertrunkenen Mädchen. In: BHB 2, S. 73-78; hier S. 74. / Bernhard Blume: Das ertrunkene Mädchen: Rimbauds *Ophélie* und die deutsche Literatur. In: Germanisch-Romanische Monatsschrift 35 (1954), Neue Folge Bd. 4, S. 108-119; hier S. 116.

Sophie lernt Baal zufällig kennen, sie wird „auf offener Straße überfallen" (S. 44) von ihm und in seine Kammer gebracht, wo er sie allerdings nicht zum Bleiben zwingt:

> SOPHIE DECHANT Lassen Sie mich bitte gehen!
> BAAL *macht die Tür weit auf:* Im ersten Stock unten müssen Sie rechts gehen.
> (Ebd.)

Zwar hält Baal sie für „ein Weib wie jedes andere" (S. 45), dennoch sucht er bei ihr mehr emotionale Zuwendung als bei seinen anderen Geliebten: „Du mußt mich trösten." (Ebd.), „Du mußt mich liebhaben." (Ebd.) Sophie fühlt sich von Baal körperlich angezogen:

> SOPHIE DECHANT Ich weiß nicht, was ich hab! *Lehnt sich gegen die Wand.*
> BAAL Ich weiß es. Es ist der Frühling. Es wird dunkel, und du riechst mich. So ist es bei den Tieren.[124]
> (Ebd.)

Baal schildert ihr, was für ein Mensch er ist: „Ein Freund von mir geht daran kaputt, daß ich sein Mädel zusammengehauen habe. Von ihr fehlt jede Spur. Die Frau meines Chefs ist schwanger von mir und hat die Hölle daheim." (Ebd.) Sophie antwortet hierauf: „So bist du? ... Und ich hab dich lieb." (Ebd.) Etwas später wiederholt sie die Aussage in ähnlicher Form: „Du bist so häßlich, Baal. Und ich habe dich lieb." (Ebd.) Auffallend ist die inhaltlich nicht plausible Koppelung der Liebesaussage an eine negative Äußerung mit der Konjunktion ‚und'. Der inneren Logik zufolge müsste an dieser Stelle zumindest ein ‚aber' stehen. Auch Emmi sagt über Baal: „So war er immer. Und ich liebe ihn." (S. 31). Einleuchtender wäre doch gerade eine gegenteilige Schlussfolgerung wie ‚Ich verabscheue ihn' oder ‚Ich will nichts mehr mit ihm zu tun haben', oder wenigstens ein einschränkendes ‚Aber ich liebe ihn'. Statt dessen zitieren die Frauenfiguren gängige Liebesklischees.

Sophie ist die einzige Frau, der Baal seinerseits eine Liebeserklärung macht: „Ich liebe dich." (S. 48) Sie wiederum fühlt sich von Baal ‚gejagt' und ‚erlegt', empfindet das aber, der herrschenden gesellschaftlichen Konvention gehorchend, als positiv: „es ist wunderbar, so zu liegen wie eine

---

[124] Diese Textstelle sieht Führich als Beleg dafür, dass Baal Frauen mit Tieren vergleiche, „um seine Vorstellung von der Triebhaftigkeit des weiblichen Geschlechts zu unterstreichen" (Führich: Aufbrüche des Weiblichen, S. 16). Dies ist insofern falsch, als Baal sich selbst (und jeden Menschen) als triebhaftes Tier versteht, seine Formulierung ist kein Ausdruck männlichen Überlegenheitsgefühls der Frau gegenüber. Vgl. Anm. 119 dieses Kapitels.

Beute" (ebd.). Doch Baal hat auch diese Geliebte bald satt und bietet sie seinem Freund Ekart wie eine Ware an: „Was muß ich dir geben, daß du meine Frau nimmst?" (S. 52) Sophie, die inzwischen ein Kind von Baal erwartet, ist sich ihrer eigenen Verantwortung bewusst: „Ich wollte es" (S. 56). Geistesgegenwärtig begreift sie, dass Baal dem gemeinsamen Kind kein Pflichtgefühl entgegenbringt: „Mit *meinem* Kind?" (S. 57, Hv. d. Verf.) Ihrer Erwartung entsprechend lässt Baal sie im Stich.
Obwohl durch die Regieanweisung als *„junges Mädchen*" (S. 68) eingeführt, ist Anna, die letzte Geliebte Baals innerhalb des Stücks, nicht naiv, sondern begreift ihre eigene Verantwortung in der Beziehung zu Baal: „Ich will's doch nicht besser!" (Ebd.) Dennoch spricht auch sie in Klischees: „Es macht nichts. Wenn wir nur beisammen sind!" (Ebd.) Baal bietet seine junge Freundin einem Fremden an, der dafür ein Nachtlager und ein Frühstück verspricht. Die Widerlichkeit des Freiers wird dadurch unterstrichen, dass Baal ihm den Handschlag auf das Geschäft verweigert: „Ihre Hand ist mir zu schmutzig." (S. 69) Anna mutet er weit mehr als das zu. Sie reagiert auf die Vermietung ihres Körpers mit: „Ich muß alles tun, was du willst, aber es ist sicher nicht gut." (Ebd.) Der erste Teil dieser Aussage erscheint wiederum sehr klischeehaft und leuchtet angesichts der Art, wie Baal sie behandelt, nicht ein. Anna muss keineswegs tun, was Baal will, vielmehr lässt sie sich bereitwillig zu seinem Opfer machen. Wie auch die anderen Frauenfiguren begründet sie ihr masochistisches Verhalten mit ihrer Verliebtheit: „Ich habe dich lieb." (Ebd.)
Im Gegensatz zu der in der Forschung verbreiteten Auffassung, die Frauenfiguren im *Baal* seien klischeehaft gezeichnet[125], belegt die Textanalyse, dass Baals Frauen nur eine Gemeinsamkeit haben: Sie werden durch die Beziehung zu Baal Opfer. Abgesehen davon tragen sie individuelle Züge. So ist Emmi sozial höher gestellt als Baal, ist entsprechend selbstbewusst und stolz, macht ihm Vorhaltungen, wenn er sich unverschämt verhält, lässt sich aber auch von ihm einschüchtern. Johanna dagegen ist ein naives und ehrliches Mädchen, das sich nach der verbrachten Nacht mit Baal schuldig fühlt und sich tötet. Sophie wiederum hat stark masochistische Züge und macht Baal keine Vorhaltungen, als er sie und das ungeborene Kind im Stich lässt. Die junge Anna ist anhänglich, aber offen und hat weniger ausgeprägte Moralvorstellungen als die in etwa gleich alte Johanna.
Die Analyse legt außerdem eine Lesart nahe, die bisher in der Forschung unbeachtet geblieben ist: Die Frauenfiguren werden, obwohl sie selbstbewusst, intelligent und charakterstark sind, zu Opfern Baals, und zwar, weil

---

[125] Vgl. Wedel: Rolle der Frau, S. 122.

sie sich zu Opfern machen lassen[126]. Fast alle Figuren verweisen selbst explizit auf ihre Verantwortlichkeit. In Weiterentwicklung zu Deutungen wie der Ritchies, dass „gerade durch die entwürdigende Stellung, die Frauen in diesem Stück zuteil wird, [...] sie zu stillen Anklägerinnen des Mannes [werden]"[127], erscheinen sie darüber hinaus als ‚stille Angeklagte'. Ihr Handeln wird zugleich erklärt, denn an den Figuren wird demonstriert, dass die Gesellschaft nur sehr dürftige Handlungs- und Sprachmuster für Frauen bereithält, besonders wenn es um das Ausleben von Sexualität geht. Die Frauenfiguren im *Baal* versuchen, ihre körperlichen Bedürfnisse und die Verhaltenserwartungen, die von der Gesellschaft an sie herangetragen werden, in Einklang zu bringen, indem sie ihr sexuelles Verlangen mit angeblicher Liebe rechtfertigen. Da Baal das nicht tut, weil er sich den Erwartungen der Gesellschaft prinzipiell entzieht und eine Sanktion nicht fürchtet, erscheint er als der Verursacher ihres Leids und sie umgekehrt als seine Opfer.[128] Tatsächlich ist es aber die Gesellschaft, die die Erwartungen an die Frauen heranträgt, aufgrund derer sie zerbrechen. Die Moralvorstellungen werden, da sie dem sexuellen Bedürfnis diametral entgegengesetzt erscheinen, im *Baal* als dem Menschen schadende qualifiziert. Der soziale Kontext, in dem die Frauenfiguren stehen, wird als ein von Menschen (vielmehr: Männern) erzeugter Raum gezeigt, der die Frauen benachteiligt, aber grundsätzlich von Menschen gemacht ist und damit auch von diesen verändert werden kann.

In der feministischen Forschungsliteratur wurde beanstandet, dass „Brechts Darstellung der weiblichen Geliebten Baals [...] auf dem Klischee des weiblichen Masochismus aufgebaut" sei, wie Wedel erkennt.[129] Allerdings dient bei ihr diese Feststellung dazu, Brecht und seine hieraus angeblich ableitbaren Ansichten über Frauen zu kritisieren, statt zu dem Schluss zu kommen, dass die Klischees – die nicht etwa eine Erfindung Brechts, sondern gesellschaftlich verankert sind – selbst im Mittelpunkt der Kritik ste-

---

[126] Dass ‚frau' sich gegen Baal durchaus zur Wehr setzen kann, belegt die Szene *Diele am Abend mit offenen Fenstern*, in der Baal mit einem Mädchen tanzen will, dieses sich aber von ihm losreißt mit den Worten: „Ich tanz doch nicht mit dem Schmutzian. Mir eckelts!" (GBA 1, S. 72).
[127] Ritchie: Der Dichter und die Frau, S. 220.
[128] In der Forschung wird Baals Verhalten Frauen gegenüber in der Regel so gedeutet, vgl. Annett Clos: Bertolt Brechts *Baal* oder Kann denn Liebe Sünde sein? In: Zweifel – Fragen – Vorschläge. Bertolt Brecht anläßlich des Einhundertsten. Hg. v. Thomas Jung. Frankfurt a.M., Berlin 1999 (Osloer Beiträge zur Germanistik, Bd. 23), S. 111-124; hier S. 121.
[129] Wedel: Rolle der Frau, S. 129. Siehe dazu auch Führich: Aufbrüche des Weiblichen, S. 17.

hen sollten. Zu einem ähnlichen Befund wie Wedel kommt Annett Clos, die „in Formulierungen des Baal" das „Weiblichkeitsverständnis des jungen Brecht" gespiegelt sieht[130]. Wie Thomson bemerkt, liegt diesen Einschätzungen innerhalb der Sekundärliteratur ein Missverständnis zugrunde: „the stereotypical characterisations which Brecht gives the women in his plays in order to make a point about stereotypes are mistaken for Brecht's actual attitude to women"[131]. Ähnlich urteilt auch Gudrun Tabbert-Jones: „The notion that Brecht's gender stereotypes are realistic and reflect his own prejudices is based on the wrong assumption that he created characters which reflect his own convictions."[132] Dabei ist der innerhalb des Stücks mehrfach thematisierte gesellschaftliche Kontext bei der Deutung mitzubetrachten, zumal die masochistischen Neigungen mancher Frauenfigur als Kritik an der bürgerlichen Sexualmoral verstanden werden muss.[133] Alle Frauen des Protagonisten fühlen sich körperlich von ihm angezogen, wollen sich das aber nicht eingestehen, weil das Verlangen ihres Körpers ihnen aufgrund des gängigen Wertkodexes als anrüchig und unmoralisch erscheint. Vereinzelt wurde dieser Zusammenhang in der Forschung thematisiert, so von Richard Block, der belegt, dass „moral and social institutions are [blind] to the urges of the body"[134], was dazu führe, dass Baals Frauen ihre Körperlichkeit nicht positiv empfänden, ihrem Körper und seinen Bedürfnissen befremdet und feindlich gegenüberstünden: „They cannot conceptualize, put into words, or simply respond to what their bodies do in the dark. They live in unacknowledged exile from their bodies [...]. The abstract notions of guilt, sin, or morality are the only avenues open to them to understand the ,deviations' of the body."[135] Entsprechend können die Frauen ihren Körper „only through degradation"[136] sexuell erfahren, in dieser Form ihre Lust erfahrend und sich gleichzeitig dafür bestrafend. Wie diese

---

[130] Clos: Brechts *Baal*, S. 123. Entgegengesetzt argumentiert dagegen Cronin: „Baal's treatment of women is one of his most negative aspects, and there is no evidence that Brecht shared the attitude voiced by his hero." (Cronin: The Politics of Brecht's Women Characters, S. 53).
[131] Peter Thomson: From Shen Te to Shui Ta: Gendered Reading, Utopian Communism and Stalinism? In: BJB 21 (1996), S. 221-242; hier S. 224. Auch Mary J. Cronin vertritt die Ansicht, dass Brecht schon in den frühen Stücken bewusst Kritik an der sexuellen Ausbeutung der Frau übt (vgl. Cronin: The Politics of Brecht's Women Characters, S. 50).
[132] Tabbert-Jones: The Construction of the Sexist, S. 255.
[133] Vgl. Block: Baal Dancing, S. 121.
[134] Ebd.
[135] Ebd.
[136] Ebd.

Ausführungen skizziert haben, sind die Frauenfiguren Brechts, die ein Opfer ihres Partners werden, weit differenzierter gestaltet, als von der Forschungsliteratur behauptet, weshalb die Zuordnung zu einem ‚Typus' nicht gerechtfertigt erscheint.

Ähnliches gilt für den ‚Typus Mutter'. Von einer „geradezu obsessionelle[n] Art, wie Brechts Texte auf der Repräsentation der mütterlichen Figur [...] insistieren"[137] spricht Ingrid Haag in Anbetracht der hohen Anzahl von Müttern, die in Brechts Stücken zu finden sind. Quantitativ betrachtet bilden die Mutterfiguren tatsächlich den stärksten ‚Typus' in Brechts Werk und sind in Dramen, Gedichten und Prosatexten zu finden. Allerdings haben die Figuren abgesehen von ihrem Muttersein kaum gemeinsame Eigenschaften.

Frühe Mutterfiguren scheinen auf den ersten Blick tatsächlich traditionell gestaltet, wie etwa in dem 1914 entstandenen Gedicht *Mutter sein*. Leiden, weinen, sich aufopfern, trösten – daraus allein besteht das Leben der Mutter „zu unseren Zeiten" (GBA 13, S. 72, V. 1) und „zu allen Zeiten" (S. 73, V. 16). Die Forschung kam entsprechend zu dem Schluss, das Gedicht sei eine „pathetische Definition der idealen Mutter", ein „Tugendkatalog der Mütterlichkeit", wie Frenken formuliert[138], der des Weiteren zur Ansicht gelangt, dass „Brecht mit der früh gebildeten Dreiheit von Geben, Leiden und Sterben die Grundkonstanten seines lyrischen Mutterbildes vorgegeben hat"[139].

Diese Einschätzung ist eindimensional, zumal es sich um das Poem eines 16 Jahre jungen Schreiberlings handelt, der das Gedicht kurz nach Beginn des Ersten Weltkriegs verfasst hat. Noch wichtiger ist in diesem Zusammenhang die Überlieferung des Erstdrucks: *Mutter sein* findet sich gemeinsam mit Brechts *Augsburger Kriegsbrief* vom 18. September in der *München-Augsburger Abendzeitung* vom 21. September 1914.[140] Jürgen Hillesheim sieht die Kriegsbriefe als frühen Versuch Brechts, in die ‚Apparate' hineinzukommen – die man eben bedienen muss mit Themen, die den Lesern gefallen. Dabei sei Brecht „schon in dieser Zeit geradezu strategisch" vorgegangen, um als Schriftsteller voranzukommen.[141] So gesehen verdankt sich der Pathos in dem frühen Gedicht nicht Brechts persönlicher

---

[137] Ingrid Haag: „Immer noch Mutter / Mehr noch Mutter jetzt ...". Brechts episches Spiel mit der Mutterimago. In: Germanica 18 (1996), S. 37-55; hier S. 53 (Anm. 2).
[138] Frenken: Das Frauenbild in Brechts Lyrik, S. 134.
[139] Ebd., S. 136.
[140] Vgl. GBA 13, S. 427.
[141] Jürgen Hillesheim: Schriften 1913-1924. In: BHB 4, S. 16-18; hier S. 17.

Vorstellung von einer idealen ‚deutschen Mutter', sondern ist der Tatsache geschuldet, dass er seine Texte veröffentlichen wollte. Auch ein Prosatext aus dieser Zeit bedient sich zahlreicher Klischees über Mütter, wirkt aber bei genauerer Betrachtung dennoch recht ungewöhnlich. In der Geschichte *Die Mutter und der Tod* stirbt die Frau des Schlossermeisters Rottenbrocker bei der Geburt des lang ersehnten ersten Kindes, kurz davor sieht sie in einem Traum ihren Tod voraus. Der Text ist mit verschiedenen allgemeinen und auf die Frau bezogenen Klischees durchsetzt. So spielt die Geschichte in einer kleinen, gemütlichen Stube, während draußen ein Sturm „tobend über die Dächer der Stadt" (GBA 19, S. 14) hinwegfegt. Ein allwissender Erzähler berichtet aus seiner überlegenen Perspektive von den Gedanken der Frau und des Mannes. Die Frau ist schon älter, sie hat einen „gramvollen, verbitterten Zug" in ihrem Gesicht, ist „eine stille, arbeitsame Frau" (ebd.), die keinen Sex mag (vgl. ebd.). Den prophezeiten Tod begreift sie als unabänderliches Schicksal, das sie gerne erfüllt, weil sie damit als aufopfernde Mutter ihrem Ungeborenen das Leben schenkt.

Die Geschichte birgt trotz der verwendeten Schablonen, die nicht nur bei der Gestaltung der Frauenfigur, sondern ebenso bei der des Mannes, der Erzählsituation sowie des Settings nachweisbar sind, einige bemerkenswerte Aspekte. So ist der Ehemann als politisch aktiv charakterisiert (vgl. S. 14). Für einen so jungen Verfasser ist zudem die Gestaltung von Spannung und Sprache überaus gelungen. Als wiederkehrendes Motiv wird eine tickende Uhr gezielt eingesetzt, um die Leser auf die Folter zu spannen: „Stille war's im Zimmer. Die Uhr tickte leise an der Wand und an den Fenstern rüttelte der Sturm." (S. 15) Besonders ungewöhnlich ist für einen männlichen Autor aber die Themenwahl: der 16-jährige Brecht befasste sich hier literarisch mit einer Frau, die während einer Risikogeburt stirbt.

In Brechts Stücken sind viele der Mütter Nebenfiguren, die hier als eine erste Untergruppe des ‚Typus Mutter' aufgefasst werden. Hierzu gehören, um nur einige Beispiele herauszugreifen, die Frau des Gouverneurs und Grusches Schwiegermutter aus dem *Kaukasischen Kreidekreis*, Baals Mutter oder Frau Yang aus dem *Guten Menschen*, die im Folgenden kurz skizziert werden sollen. Die Gouverneursfrau wirkt unmütterlich, sorgt sich um ihren Sohn nur oberflächlich und flieht ohne ihn, als sie Angst vor dem Aufstand bekommt. Bei der Gerichtsverhandlung will sie Michel zurück, weil der Anspruch an das Erbe an seine Person gebunden ist.

Die Mutter des Bauern, den Grusche auf dem Sterbebett geheiratet hat, ist skrupellos und unsensibel, von dem bevorstehenden Tod ihres Sohnes zeigt sie sich unberührt: „Schnell, schnell, sonst kratzt er uns ab, noch vor der Trauung" (GBA 8, S. 47); „dabei fressen sie die Sterbekuchen auf, und wenn er nicht heut stirbt, kann ich morgen neue backen" (S. 49). Statt eines Priesters hat sie einen Mönch bestellt, weil dieser billiger ist (vgl. S. 47). Dass sie tatsächlich so kalt ist und nicht nur so tut, wird deutlich, als sie ihren Sohn gesund sieht (vgl. S. 52). Ein Grund für ihre mangelnde Gefühlsbindung an den Sohn ist sein tyrannisches Verhalten gegenüber Frauen, das sich besonders in seinem Befehlston während der Badeszene demonstrieren lässt: „Zu kalt!", „Du bleibst!", „Reib kräftiger!", „Gieß, aber vorsichtig. Au! Ich hab gesagt vorsichtig." (S. 53) Peter Christian Giese hebt hervor, dass die Bäuerin in den Szenen, in denen ihr Sohn sich krank stellt, den Ton angibt, während sie, als er genesen ist, wieder ihm zu Diensten sein muss[142], was verständlich macht, warum sie ihn mit emotionaler Kälte behandelt.

Baals Mutter hat für die Art und Lebensweise ihres Sohnes wenig übrig, kritisiert ihn, versorgt ihn jedoch aufopfernd.[143] Im Gegensatz dazu versucht Frau Yang, den Traum ihres Sohnes – eine Stelle als Flieger – zu verwirklichen. So ist sie es, die sich für ihn einsetzt: sie bittet Shen Te um Geld für seine Fliegerstelle, Shui Ta um Arbeit für den Sohn in der Fabrik. Anderen gegenüber verhält sie sich dagegen hinterlistig und unehrlich.

Eine weitere Untergruppe des ‚Typus Mutter' kann in den Figuren gesehen werden, die aus einem bürgerlichen Kontext stammen und ihre Töchter unter ökonomischen Gesichtspunkten gewinnbringend verheiraten wollen. Zwei hervorstechende Beispiele sind hier Amalie Balicke aus *Trommeln in der Nacht* und Celia Peachum aus der *Dreigroschenoper*. Amalie Balicke wirkt zu Beginn sehr emotional und um die Gefühle und das Wohlergehen ihrer Tochter besorgt. Sie scheint den vermissten Verlobten ihrer Tochter Anna dem neuen Verlobungskandidaten, der finanziell besser gestellt ist, vorzuziehen. Als Andreas Kragler aber tatsächlich aus dem Krieg zurückkehrt, wendet sich das Blatt und ihre Scheinheiligkeit wird erkennbar: In Wirklichkeit will sie wie der Vater die Tochter mit der besseren Partie verheiraten, unabhängig von den Wünschen, die Anna hat. Kragler wirft ihr vor, ihre Tochter wie eine Ware zu behandeln: „Willst du ihren Unterleib verfeilschen wie ein Pfund Kaffee?" (GBA 1, S. 201)

Celia Peachum wirkt nicht so besorgt wie die Balicke, ist auch nicht gefühlsbetont, jedoch von Großzügigkeit leicht beeindruckt. Als sich herausstellt, dass der spendable Verehrer ihrer Tochter ein Ganove ist und Polly ihn inzwischen geheiratet hat, versucht sie bestürzt, dies wieder rückgängig

---

[142] Peter Christian Giese: Das „Gesellschaftlich-Komische". Zu Komik und Komödie am Beispiel der Stücke und Bearbeitungen Brechts. Stuttgart 1974, S. 241f.
[143] Dem „konventionell überlieferten Klischee ‚einer guten Mutter'" (Jordheim: Gefährdeter Nihilismus, S. 105) entspricht sie deshalb aber nicht automatisch.

zu machen, indem sie Macheath aufspürt und verhaften lässt. Nach außen hin besteht sie aber auf die Wahrung der Konventionen: So nötigt sie Polly, das Witwenkleid bei Macs bevorstehender Hinrichtung zu tragen, obwohl sie selbst ihren Schwiegersohn an den Galgen geliefert hat.
Klischeehaft mütterlich erscheinen diese beiden Mütter nicht. Sie wollen zwar nur das vermeintlich Beste für ihre Kinder, definieren dieses aber materiell und kümmern sich nicht um den Umstand, dass ihre Töchter andere (wenn auch im Falle Pollys dennoch recht konventionelle) Vorstellungen von ihrem Leben haben. Beide Figuren werden in einem bürgerlichen Zusammenhang gezeigt. Die Frauen unterstützen ihre Ehemänner, die ihre Töchter mit jemandem verheiraten wollen, der über ein gutes Renommée und Geld verfügt. Die Wünsche und Pläne der Tochter spielen für sie wie für die Väter keine Rolle. Die beiden Figuren sind deshalb in ihrer Funktion vergleichbar: sie veranschaulichen beide die Scheinheiligkeit der bürgerlichen Ehe.
Eine weitere Unterkategorie bilden jene Mütter, denen gemeinsam ist, dass sie Geschäfte betreiben, um ihre Kinder zu versorgen. Hierzu gehören u.a. die Witwe Begbick aus *Mann ist Mann* sowie Mutter Courage, außerdem Shen Te aus dem *Guten Menschen*. Die Mutterschaft der Begbick wird nur am Rande thematisiert, deutlich wird aber, dass sie ihre Töchter von der Prostitution fernhalten will. Mutter Courage betreibt ihre Geschäfte, um ihre Kinder zu ernähren, sie aber verliert sie aufgrund dieser[144]: sie versetzt eine Gürtelschnalle, statt den Werber im Auge zu behalten, der den Sohn Eilif für den Krieg gewinnen will, feilscht um eine Bestechungssumme, was ihren Sohn Schweizerkaas das Leben kostet, und ist wegen ihres Handels abwesend, als Kattrin die Stadt Halle wachtrommelt. Bezeichnend ist allein schon, wie unsensibel und herzlos sie ihre Tochter Kattrin behandelt (vgl. Kapitel 5.2). Shen Te, die eigentlich der ‚gute Mensch' des Stücks ist, kehrt sich in dem Moment, in dem sie von ihrer Schwangerschaft erfährt, von den anderen Menschen ab und reserviert ihre Güte für das eigene, noch ungeborene Kind: „Sohn, zu dir / Will ich gut sein, und Tiger und wildes Tier / Zu allen andern, wenn's sein muß. Und / Es muß sein." (GBA 6, S. 249) Um diesem einen Kind eine Mutter sein zu können, wird sie in der Maske des Shui Ta zum Ausbeuter der anderen. Eine weitere proletarische

---

[144] Vgl. auch Ana Kugli: Mutter Courage und ihre Kinder. In: BHB 1, S. 383-401; hier S. 393. Von der zeitgenössischen bürgerlichen Presse wurde Courages Verlust der Kinder als „Niobetragödie" missverstanden, man zeigte sich beeindruckt „von der erschütternden Lebenskraft des Muttertiers" (*Anmerkung*; GBA 24, S. 260). Ihre eigene Verantwortung für den Tod der Kinder wurde erst später in der Forschung diskutiert, vgl. Kugli: Mutter Courage, S. 395f.

Mutter, die ihren Säugling auf die bevorstehenden Mühen vorbereiten will, hat Brecht im lyrischen Ich der *Wiegenlieder* (aus *Lieder Gedichte Chöre*) gestaltet. Auch diese Mutterfigur ist nicht stereotyp, sie ist eine starke Persönlichkeit, die den täglichen Broterwerb als Kampf und Leistung beschreibt. Sie hat ihre soziale Situation intellektuell erfasst und will gemeinsam mit ihrem Sohn gegen sie angehen, um zu erreichen, „Daß es auf dieser Welt nicht mehr zweierlei Menschen gibt" (GBA 11, S. 209, Z. 90[145]).

‚Typische' Mütter, die sich gemäß dem erwarteten Klischee liebevoll, fürsorglich, aufopfernd und selbstlos gegenüber ihren Kindern verhalten, sind unter Brechts Mutterfiguren überaus selten. Zwei Beispiele sind Frau Sarti aus *Leben des Galilei*[146] und Pelagea Wlassowa aus *Die Mutter*. Beide Figuren kümmern sich um einen Sohn, der im Zentrum ihres Lebens steht. Frau Sarti ist durch und durch Versorgerin, nicht nur im Hinblick auf ihren Sohn, sondern auch in Bezug auf ihren Arbeitgeber Galilei. Zudem ist sie für Galileis Tochter Virginia eine Art Ersatzmutter. Im Gegensatz zur Wlassowa ist Frau Sarti als Haushälterin Galileis berufstätig. Sie ist zudem tief in ihrem Glauben verwurzelt, empfindet Galileis Arbeit als blasphemisch und stellt die Autorität der Kirche nie in Frage. Von politischen Angelegenheiten hält sie sich fern. Die Wlassowa konzentriert sich zu Beginn des Stücks sehr auf ihren Sohn Pawel, der sie mitversorgt. Sukzessive wird sie in die kommunistische Denkweise eingeführt und entwickelt sich von ihrer ausschließlichen Versorgerinnen-Rolle weg zu einer aktiven Revolutionärin. Durch „die dritte / Gemeinsame Sache" (GBA 3, S. 307) kommt sie Pawel auf einer anderen, nicht mehr emotionalen Ebene nahe und wächst dadurch über ihre ursprüngliche Mutterrolle hinaus zu einer ‚sozialen Mutter'.

Frau Sarti kommt aus einfachen Verhältnissen und versteht die Zusammenhänge um ihre soziale Position sehr genau: „Weil sich das Kleine um das Große dreht [...]. Sie sind es nämlich, der studiert hat und der bezahlen kann." (GBA 5, S. 32) Ihr Glaube – der an die Autorität der katholischen Kirche, nicht der an einen Gott – bestärkt sie aber in der Ansicht, dass das soziale System wohl seine Richtigkeit haben muss. Entsprechend entwickelt sie keine Ambitionen, etwas an ihrer Lage zu ändern, nicht zuletzt deshalb, weil sie sich im Gegensatz zur Wlassowa in relativ stabilen materiellen Verhältnissen befindet. Die Wlassowa dagegen lebt mit ihrem Sohn Pawel in Armut. Anders als Frau Sarti ist diese Mutter der Ansicht, dass

---

[145] Im Regelfall werden bei Gedichten Verse nachgewiesen. Bei längeren Gedichten werden aus Gründen der leichteren Auffindbarkeit Zeilenangaben als Nachweis verwendet.
[146] Für diese Arbeit wurde die erste Fassung des Stücks von 1938/39 zugrunde gelegt.

nicht Gott, sondern der Mensch selbst für sein Schicksal verantwortlich ist. Entsprechend versucht sie, ihr Leben in die Hand zu nehmen und erscheint im Lauf des Geschehens damit immer erfolgreicher, lässt sich auch von schweren Rückschlägen nicht entmutigen.

Die ‚soziale Mütterlichkeit' der Wlassowa wird in den Frauenfiguren gesteigert, die biologisch gesehen keine Mütter sind[147], sich aber unabhängig davon dennoch fürsorglich und aufopfernd um ein Kind kümmern (Grusche im *Kaukasischen Kreidekreis*) oder sich in einem weiteren Sinne ‚mütterlich' verhalten (*Die Mutter aller Seeleute der Welt*, *Die zwei Söhne*, Kattrin aus der *Mutter Courage*). Bei *Die Mutter aller Seeleute der Welt* handelt es sich um eine Filmgeschichte (entstanden um 1926/27), in deren Zentrum eine „kleine, dicke, alte Frau" (GBA 19, S. 291) steht, die im Hafenviertel von Marseille wohnt und ungefragt für die Seeleute die Vertrauensperson spielt: „sie fühlt sich als eine Art ‚Mutter der Docks', bei der die wilden Männer der See Rat und Trost finden sollten" (ebd.). Ihre Ratschläge werden allerdings nicht sehr geschätzt, weil sich die Männer bevormundet fühlen. Eine Gruppe von Seeleuten versucht deshalb, sie loszuwerden, was aber einer von ihnen in einer Reihe von Episoden immer wieder heimlich verhindert. Brecht hat hier einen Komödienstoff skizziert, der sich trotz der Aufdringlichkeit und der negativen Züge der Frauenfigur dadurch auszeichnet, dass sie sich als Helferin und Ersatzmutter derer versteht, die sonst keine Hilfe zu erwarten haben. In dem kleinen Zimmer, das sie bewohnt, sind „stets ein Haufen fremder Leute untergebracht [...]. Matrosen erholen sich bei ihr von Prügeleien und Steuermannsfrauen kriegen bei ihr ihre Kinder" (S. 291).

Die Bäuerin aus der Kalendergeschichte *Die zwei Söhne* ist zwar biologisch gesehen Mutter, allerdings befindet sich ihr Sohn gerade im Krieg, er ist bei der Waffen-SS, wie sich später herausstellt. Eines Nachts träumt sie, dass ihr Sohn nach ihr ruft, und sie vermeint ihn im Hof zu sehen, als sie aufsteht. Sie erkennt dann aber, dass „es einer der jungen russischen Kriegsgefangenen war, die auf dem Hof Zwangsarbeit verrichteten" (GBA 18, S. 357). In den folgenden Tagen passiert ihr dies häufiger: Das Gesicht des Gefangenen verwandelt sich in das Gesicht ihres Sohnes. Erst das macht es ihr möglich, im ‚Feind' und „Untermenschen" (ebd.), trotz der Verblendung durch die Propaganda, einen Menschen zu erkennen[148], dem sie schließlich sogar zur Flucht verhilft.

---

[147] Vgl. Haag: Immer noch Mutter, S. 44.
[148] Vgl. Klaus-Dieter Krabiel: Die zwei Söhne. In: BHB 3, S. 395-399; hier S. 397. / Detlef Ignasiak: Bertolt Brechts „Kalendergeschichten". Kurzprosa 1935-1956. Berlin 1982 (Brecht-Studien 9), S. 159.

Grusche aus dem *Kaukasischen Kreidekreis* nimmt das Gouverneurskind nicht aufgrund ‚mütterlicher Instinkte' mit sich, wie in der Forschung vielfach gegen den Text angenommen wird[149], sondern weil ihr Einsatz für das Kind sie an den Jungen bindet. Durch die Mühen und Aufopferungen, die ihr abverlangt werden, um Michel aufzuziehen, sieht sie sich als die wahre Mutter des Kindes. Brecht sah die Mutterschaft im *Kreidekreis* explizit „anstatt biologisch nunmehr sozial bestimmt" (*Der Kreidekreis*; GBA 24, S. 341f.).[150] Nicht zu vergessen ist dabei auch, dass Grusche mit der Annahme Michels Klassenschranken überwindet.[151]

Kattrin aus der *Mutter Courage* hat ebenfalls keine eigenen Kinder, erzieht auch kein fremdes, wünscht sich aber eine Familie, was ihre Mutter ihr verwehrt „bis Frieden ist" (GBA 6, S. 36). Gleichwohl reagiert sie wie eine ‚Mutter', wenn Kinder in Gefahr sind: Sie riskiert ihr Leben, um das der Kinder zu schützen, so als sie einen Säugling rettet oder die Kinder der Stadt Halle, die sie trommelnd vor einem Angriff warnt und dabei stirbt. Dennoch muss auf einen Einwand von Sara Lennox und Sue-Ellen Case verwiesen werden: Beide Autorinnen stellen fest, dass Brecht zwar die ‚biologische' Mutter nicht mit der ‚guten' Mutter gleichsetze, sie kritisieren aber, dass Mutterrollen grundsätzlich nur von weiblichen Figuren wahrgenommen würden[152]. In der Tat hat Brecht innerhalb seiner zahlreichen Männerfiguren nur zwei alleinerziehende Väter dargestellt, Galilei und Puntila, allerdings ohne die Vaterschaft näher zu thematisieren. Indes war eine solche zu Brechts Zeit und für seine Fragestellungen weniger interessant als die Mutterschaft einer alleinerziehenden Frau, da Männer im Regelfall finanziell besser gestellt waren als Frauen und gesellschaftlich nicht rechtfertigen mussten, unter welchen ‚unmoralischen' Umständen sie zu dem Kind gekommen sind. So wird Grusche in einem sozialen Kontext gezeigt, in dem für ihre außergewöhnliche Mutterschaft niemand Verständnis hat. Von den anderen Bediensteten des Hofes wird sie als dumm und ein-

---

[149] So bei Theo Buck: Der Garten des Azdak: Von der Ästhetik gesellschaftlicher Produktivität im „Kaukasischen Kreidekreis". In: Brechts Dramen. Neue Interpretationen. Hg. v. Walter Hinderer. Stuttgart 1984, S. 194-216; hier S. 207, S. 209. / Fenn: Characterisation of Women, S. 181f.

[150] Die neuere Forschung stimmt dieser Einschätzung inzwischen vorbehaltlos zu, vgl. Siegfried Mews: Der kaukasische Kreidekreis. In: BHB 1, S. 512-231; hier S. 521. / Lug: The „good" woman demystified, S. 11.

[151] Vgl. Ritchie: Der Dichter und die Frau, S. 313.

[152] Vgl. Lennox: Women in Brecht's Work, S. 91. / Sue Ellen Case: Brecht and Women. Homosexuality and the Mother. In: BJB 12 (1983), S. 65-74; hier S. 66. Auch Meg Mumford verweist auf dieses Phänomen, vgl. Mumford: ‚Dragging' Brecht's Gestus Onwards, S. 245.

fältig charakterisiert, weil sie den Kleinen nicht im Stich lassen will, von ihrem Bruder wird sie abgeschoben, weil er Michel für ein uneheliches Kind hält, Simon fühlt sich verständlicherweise hintergangen, als er seine Verlobte nach seiner Rückkehr als Mutter wiederfindet. Dennoch hält sie an ihrer Behauptung fest, die rechtmäßige Mutter des Kindes zu sein.
Der Vergleich der Mutterfiguren in Brechts Werk macht deutlich, dass die Frauen aus unterschiedlichen Kontexten stammen, verschiedene Funktionen innerhalb der Texte haben und jeweils spezifische Ansichten und Positionen vertreten. Eine Einschätzung als ‚Typus' erscheint nicht berechtigt. Zwar treten innerhalb des ‚Typus Opfer' und des ‚Typus Mutter' Gemeinsamkeiten bezüglich des sozialen Status, des Familienstandes oder der Handlungsweise der Figuren auf, dennoch können bei nahezu allen individuelle Prägungen nachgewiesen werden. Die Verhältnisse der Figuren sind durchgängig an ein soziales System gekoppelt, das von wenigen für viele Menschen gemacht ist und ersteren zum Vorteil gereicht. Zudem wird die Gesellschaft als Erzeugerin von Erwartungen gezeigt, die den Bedürfnissen der Menschen entgegenstehen, ihnen sogar schaden. Des Weiteren wird die Abhängigkeit des Menschen von anderen Menschen in einem materiellen Kontext thematisiert, was bedeutet, dass der Schlüssel zu den meisten Figuren ihre Armut ist. Die Tatsache, dass die Verhältnisse prinzipiell nie als natürliche, sondern als menschlich geschaffene dargeboten werden, verweist auf ihre Veränderbarkeit. Viele Frauenfiguren verändern sich offensichtlich. Bei denen das nicht der Fall ist, ergibt sich die Möglichkeit durch die Darstellung innerhalb veränderbarer Verhältnisse.
Dennoch bleibt die Frage offen, ob es für die bestehenden Gemeinsamkeiten der Figuren, die bisher dazu geführt haben, in ihnen Typen zu sehen, eine Erklärung gibt. Hierzu soll der Terminus der ‚sozialen Rolle' aus der Soziologie[153] entliehen werden, wobei der Rollenbegriff seinerseits ursprünglich aus dem Theaterbereich stammt, wie in der soziologischen Fachliteratur zu diesem Inhalt immer wieder betont wird[154]. Unter einer so-

---

[153] Zum Begriff der sozialen Rolle vgl. Ralf Dahrendorf: Homo Sociologicus. Ein Versuch zur Geschichte, Bedeutung und Kritik der sozialen Rolle. Opladen ^{15}1977 (Studienbücher zur Sozialwissenschaft, Bd. 20). / Wilfried Dreyer: Soziologie im kulturwissenschaftlichen Kontext. Ein Beitrag zur Kritik an der Rollentheorie aus der Perspektive der verstehenden Soziologie. Tübingen 1989.
[154] Vgl. Dahrendorf: Homo Sociologicus, S. 22-28. / Gottfried Eisermann: Rolle und Maske. Tübingen 1991, 19f. In einigen Untersuchungen wurden die Gemeinsamkeiten und Unterschiede von soziologischen und dramatischen Rollen erarbeitet, so z.B. bei Ervin Goffman: Wir alle spielen Theater. Die Selbstdarstellung im Alltag. München 1969. / Günter Langer: Die Rolle in Gesellschaft und Theater. Tübingen ^{2}1996.

zialen Rolle versteht man in der Soziologie „ein Bündel normativer Verhaltenserwartungen, die von einer Bezugsgruppe oder mehreren Bezugsgruppen an Inhaber bestimmter sozialer Positionen herangetragen werden"[155]. Ralf Dahrendorf betont darüber hinaus, dass die Verhaltensvorschriften, die von den Rollen ausgehen, vom Einzelnen prinzipiell unabhängig und zudem von einer Verbindlichkeit seien, die es dem Individuum unmöglich machten, sich ihnen ohne Schaden zu entziehen.[156] Die Erfüllung der Rollenerwartungen wird nicht nur durch Sanktionierung erreicht, sondern vollzieht sich „durch die im Verlauf des Sozialisationsprozesses erfolgten Internalisierungen der Erwartungen"[157], was, wie Gottfried Eisermann betont, durch „Anpassung, Imitation und Identifikation"[158] geschieht.
In der Forschungsliteratur, die sich mit den Frauenfiguren in Brechts Werk beschäftigt, ist zwar gelegentlich von ‚Rollen' die Rede, allerdings wird der Begriff nicht im Sinne der oben erläuterten soziologischen Definition, sondern zumeist synonym zum Typus verwendet.[159] Dieser unpräzise Gebrauch der Termini verwischt die bemerkenswerten Unterschiede der Begriffe. Typus bezeichnet eine Figur mit feststehenden Merkmalen, die keine individuellen Züge aufweist und deren Stereotypie sich aus sich selbst heraus begründet, sich als quasi natürlich darstellt. Dagegen kann man auf die Erwartungen, die bei der sozialen Rolle von außen an einen herangetragen werden, individuell reagieren. Während man, wenn man eine Figur als Typus begreift, diese statisch versteht, von ihrer Unveränderlichkeit ausgeht, erfasst man durch den Begriff der sozialen Rolle ihren dynamischen Aspekt, d.h. ihre Veränderbarkeit. Zudem impliziert der Rollenbegriff, dass die Verhaltenserwartungen von Menschen gemacht und damit auch von Menschen geändert werden können. Die soziale Rolle bezieht genau jene Aspekte der Frauenfiguren Brechts ein, die der Typusbegriff nicht zu erfassen imstande ist. Vor diesem Hintergrund betrachtet wird verständlich, weshalb z.B. vielzählige Mütter in den Stücken vorkommen, sie sich aber so unterschiedlich verhalten: Sie haben zwar alle die gesellschaftliche Rolle der Mutter inne, füllen diese aber unterschiedlich aus und prägen sie entsprechend individuell.
Im Ganzen betrachtet veranschaulichen die Texte Brechts die Schwierigkeiten und Konflikte, die sich ergeben, wenn gesellschaftliche Strukturen,

---

[155] Rüdiger Peuckert: Soziale Rolle. In: Grundbegriffe der Soziologie. Hg. v. Bernhard Schäfers. Opladen ⁴1995, S. 262-266; hier S. 262.
[156] Dahrendorf: Homo Sociologicus, S. 35.
[157] Peuckert: Soziale Rolle, S. 262.
[158] Eisermann: Rolle und Maske, S. 21.
[159] So z.B. Lennox: Women in Brecht's Works, S. 85.

‚Stereotypie' und ‚Asexualität' der Frauenfiguren 47

die u.a. durch soziale Rollen gesichert werden, kontinuierlich reproduziert statt hinterfragt und bei Notwendigkeit verändert werden. Die Texte beleuchten, dass besonders Frauen sehr begrenzte Verhaltensmuster von der Gesellschaft vorgegeben bekommen. Manche der Frauenfiguren fügen sich in ihre Rollen, zerbrechen an ihnen wie die Geliebten Baals, akzeptieren sie wie Amalie Balicke oder Celia Peachum, höhlen sie aus, um Nutzen aus ihnen zu ziehen, wie z.b. Leokadja Begbick einprägsam demonstriert. Einige Figuren widersetzen sich ihren Rollen, so etwa Grusche, die den üblichen Erwartungen an die Mutterrolle (biologische Mutterschaft) nicht genügt, sie aber trotzdem für sich beansprucht.
Darüber hinaus zeigen die Dramen, wie Rollen entstehen, so am Beispiel von Galileis Tochter Virginia (vgl. Kapitel 4.8) oder Shen Te. Gerade bei Shen Te wird deutlich, wie begrenzt und einengend soziale Rollen sein können: so einengend, dass man sich neue Rollen schaffen muss, um die alten erhalten zu können. Die durchaus existierende Güte Shen Tes wird durch die Erwartung der Götter: „Vor allem sei gut" (GBA 6, S. 184) und durch die sich daraus entwickelnde Erwartung der Menschen, Shen Te sei der „Engel der Vorstädte" (S. 212), für sie so verbindlich, dass sie ihre gute Maske auch aufrechterhalten muss, als sie einsieht, dass ihre Güte sie zerstören wird: „Aus was sollte ich nehmen, was alles gebraucht wurde? Nur / Aus mir! Aber dann kam ich um! Die Last der guten Vorsätze / Drückte mich in die Erde." (S. 275) Sie kann sich den an sie herangetragenen Erwartungen nicht entziehen, zumal sie sich selbst gern in dieser Rolle sieht: „Und doch / Wollte ich gern ein Engel sein den Vorstädten. Zu schenken / War mir eine Wollust." (S. 276) Weil sie also einerseits ihre Rolle als ‚Engel der Vorstädte' nicht aufgeben will (schließlich könnte sie einfach Shen Te bleiben und Gutes nur in dem kleinen Maße tun, in dem sie sich das leisten kann), sie das andererseits aber ruinieren würde, muss eine zweite Rolle erschaffen werden – die des Shui Ta.
Neben der vermeintlichen Stereotypie hat sich in Bezug auf Brechts Frauengestalten noch eine zweite Ansicht in der Forschung durchgesetzt, die ihren Ursprung in Raddatz' Artikel von 1973 hat. In diesem behauptet der Autor, Brechts Frauenfiguren seien „eines [...] nicht: Frauen. Es gibt im Brechtschen Ouevre keine Erotik"[160]. Diese Meinung vertritt Raddatz (fast wörtlich) nach wie vor in seinen aktuelleren Publikationen.[161] Auch Karasek behauptet, Brecht habe „seinen Frauenfiguren mehr und mehr die ur-

---
[160] Raddatz: Ent-weiblichte Eschatologie, S. 155.
[161] Fritz J. Raddatz: Bertolt Brecht. In: Ders.: Männerängste in der Literatur. Hamburg 1993, S. 165-184; hier S. 174.

sprüngliche Sinnlichkeit ausgetrieben"[162]. Lennox, die die Frauenfiguren in die Typen ‚Mütter' und ‚Kindfrauen' unterscheidet, sieht die ersteren aufgrund ihres Mutterseins als „sexually taboo" und letztere als „virginal"[163] an – spricht damit also nahezu allen Frauenfiguren sexuelle Aktivität ab. Ähnlich urteilt auch Wedel: mit Ausnahme der Courage erweise sich „das Merkmal ‚asexuell' als für alle Protagonistinnen [...] gleichermaßen konstitutiv"[164]. Sue-Ellen Case vertritt bezüglich der Mutterfiguren die Ansicht, diese haben „no sexual definition"[165], eine Einschätzung, der Pia Kleber vehement widerspricht[166]. Zumindest in den späteren Stücken, so hält Führich fest, habe Brecht „asexuelle Heldinnen"[167] gestaltet. Brown ist der Auffassung, dass „the idealization of women has occured through their desexualization" und schließt daraus, „that Brecht did not really grow out of his early chauvinism, but merely turned to personally non-threatening versions of the female"[168].

Psychologisierende Rückschlüsse wie der letztgenannte sind in dieser Arbeit bereits kritisiert worden, dennoch erstaunt bei Heranziehung der Texte die Behauptung als solche. Bei der Mehrzahl der Frauenfiguren wird die Sexualität der Figuren ausdrücklich innerhalb der Werke thematisiert. Viele der Figuren sind verheiratet, fast alle haben Kinder und stehen damit in einem Kontext, der zumindest auf eine ‚sexuelle Vergangenheit' verweist. Als in diesem Zusammenhang problematisch erweisen sich lediglich vereinzelte Figuren wie die Johanna der Schlachthöfe, Pelagea Wlassowa aus *Die Mutter*, Galileis Tochter Virginia, die stumme Kattrin aus *Mutter Courage* und Grusche aus *Der kaukasische Kreidekreis*. Virginia und Kattrin verbleiben im Laufe der Handlung ohne Partner, allerdings liegt es in beiden Fällen am Verhalten des Vaters respektive der Mutter. So scheitert die Beziehung von Virginia und Ludovico, weil Galilei seine Forschung betreibt, obwohl er weiß, dass der Verlobte seiner Tochter in diesem Fall die Beziehung beenden muss. Und Kattrin experimentiert aufgrund des Einflusses ihrer Mutter eher schüchtern mit ihrer sexuellen Wirkung auf Män-

---

[162] Karasek: Bertolt Brecht, S. 62.
[163] Lennox: Women in Brecht's Work, S. 89.
[164] Wedel: Rolle der Frau, S. 159.
[165] Case: Brecht and Women, S. 66.
[166] Pia Kleber: Die Courage der Mütter. Am Beispiel von Bertolt Brecht. In: Verklärt, verkitscht, vergessen. Die Mutter als ästhetische Figur. Hg. v. Renate Möhrmann. Stuttgart, Weimar 1996, S. 130-144; hier S. 144.
[167] Führich: Aufbrüche des Weiblichen, S. 28.
[168] Russell E. Brown: Becoming a Mother in Brecht's Plays. In: Ders., Intimacy and Intimidation. Three Essays on Brecht. Stuttgart 1990, S. 11-78; hier S. 11.

ner, die im Stück aber eindeutig angesprochen wird. Johanna und die Wlassowa erscheinen auf den ersten Blick zwar eher als ‚Demonstrationsobjekte marxistischer Didaktik' denn als erotisch wirkende Frauen, dennoch muss selbst bei ihnen angemerkt werden, dass ihre sexuelle Aktivität zumindest angedeutet wird – bei Pelagea dadurch, dass sie ein Kind hat, bei Johanna durch die Anspielung, die Slift gegenüber Mauler macht: „An der Viehbörse / Geht ein Gerücht, du hast mit ihr geschlafen." (GBA 3, S. 180) Grusches Unschuld wurde in der Forschung ein besonderes Interesse entgegengebracht, weil in dieser Figur, so etwa Haag, „die faszinierende imago der unberührten Mutter inszeniert"[169] würde. Die Außergewöhnlichkeit der Grusche-Figur liegt tatsächlich in der Konstruktion begründet, dass sie einerseits Simon wie versprochen treu bleibt, andererseits aber auch Mutter wird – Grusches Keuschheit ist für die Dramaturgie des Stücks notwendig.

3.4 „Es ist doch nur Sauerei" – Brechts erotische Gedichte als ‚Pornografie'

Werner Hecht gab 1982 den Band *Gedichte über die Liebe* heraus, eine Sammlung bekannter und unbekannter Brecht-Gedichte, die sich – im weitesten Sinne – mit der Liebe befassen. Einige der Texte waren bis zu diesem Zeitpunkt noch nie publiziert worden und erregten die Gemüter der Kritiker sehr, was exemplarisch an der Rezension von Reinhard Baumgart gezeigt werden kann, der in der *Spiegel*-Ausgabe vom 6. Dezember 1982 brüskiert von „Schreibversuche[n] des Pornographen Brecht"[170] berichtet. Die Gedichte seien „bramabarsierend und brutal", „paschahaft bis patriarchalisch" und dienten dem Dichter vorrangig dazu, „allen gut gelungenen Verkehr lyrisch [zu] verklären"[171]. Sogleich unterstellt Baumgart Brecht damit, „gegen ein nur unterdrücktes Schmutz-, ja Sündenbewußtsein angedichtet"[172] zu haben. Die Frau als „Engel und Jungfrau" oder als „Hure"[173], dies seien die Pole, zwischen denen sich das Frauenbild Brechts in den ‚pornografischen' Gedichten bewege. Hechts Ausgabe sei als „eine Mischung aus Peep-Show und lyrischer Hausapotheke" zu lesen, urteilt Baumgart, bevor er in Bezug auf Brecht zu dem Schluss kommt: „Daß gerade aus der Geschichte seines Trieblebens sich auch die Geschichte seines

---

[169] Haag: Immer noch Mutter, S. 43.
[170] Reinhard Baumgart: Baal auf Balz. In: Der Spiegel 1982, H. 49, S. 214-217; hier S. 214.
[171] Ebd.
[172] Ebd.
[173] Ebd., S. 216.

Schreibens und seiner politischen Haltungen genauer verstehen läßt, mit allen Widersprüchen, Triumphen und Schwächen, ist schließlich ein seit langem wacher und nun neu bestätigter Verdacht."[174]
Baumgarts Behauptungen liegt eine Annahme wie selbstverständlich zugrunde: der Autor Brecht habe in seinen erotischen Gedichten über sich und seine eigenen Erfahrungen, Vorstellungen, Fantasien geschrieben. Dieses Verfahren, die Gleichsetzung des lyrischen Ich oder des Sprechers mit dem Dichter – in Kapitel 3.2 ausführlich diskutiert – wirkt sich in diesem Zusammenhang geradezu verhängnisvoll aus. Statt die Gedichte in ihrem historischen Kontext zu verstehen und zu deuten, sind sie lange Jahre als vermeintliche ‚Sauerei' und Ausdruck von Brechts Frauenfeindlichkeit verurteilt worden, ohne eine Interpretation zu erfahren.[175]
Dabei wird bei genauer Untersuchung der Texte schnell deutlich, dass sie keineswegs als Ausdruck persönlicher Erfahrungen gewertet werden können. Vielmehr stellen sie eine bewusste Antithese zur vergeistigten Liebesdarstellung in den lyrischen Werken der Vorgänger und Zeitgenossen Brechts dar. „Brecht opponiert, und er tut das bereits sehr früh, [...] gegen eine ‚rein geistige', entmaterialisierte, zimperliche, sich panerotisch und platonisch gebende Liebesdichtung, in der viel von Gefühl und Seele, nicht aber von der Sinneslust die Rede ist."[176]
Um das Terrain der Erotik für die Liebeslyrik zurückzuerobern, setzt Brecht, so Manfred Misch, „sein erhebliches literarisches Protestpotential"[177] ein. Das Erotische zu bejahen und als selbstverständlichen Bestandteil der menschlichen Existenz ins Leben zu integrieren, wird den verklärten Liebesgedichten als Diktum entgegengesetzt.[178] Am deutlichsten lässt sich das am Gedicht *Das zwölfte Sonett (Über die Gedichte des Dante auf die Beatrice)* belegen, das die literarische Verklärung von nichtkörperlicher Liebe explizit zum Thema hat (vgl. die Kapitel 4.3 und 6).
Selbst die berüchtigten und vielkritisierten Vierzeiler des jungen Brecht, etwa *Siehst du ihre blassen Fotzen, Was brauchen den Dirnen* oder *Komm Mädchen, laß dich stopfen,* sind vor diesem Hintergrund zu sehen. Sie widmen sich durchaus bekannten Dingen und bezeichnen in derber Sprache

---

[174] Ebd., S. 217.
[175] Vgl. dazu Knopf: Gelegentlich: Poesie, S. 215-232.
[176] Manfred Misch: Für alle Liebeslagen. Zu Brechts Gedichten über die Liebe. In: Hundert Jahre Brecht – Brechts Jahrhundert? Hg. v. Hans-Jörg Knobloch und Helmut Koopmann. Tübingen 1998 (Stauffenburg Colloquium, Bd. 50), S. 99-112; hier S. 102.
[177] Ebd., S. 103.
[178] Dieter P. Meier-Lenz: Brecht und der Pflaumenbaum. In: Dreigroschenheft (1996), H. 1, S. 31-37; hier S. 32.

und sehr direkt, was von der bürgerlichen Gesellschaft tagtäglich praktiziert, aber schamhaft verschwiegen wird. Die Gedichte richten sich gegen eine Keuschheitsmoral, die dem sexuellen Bedürfnis der Menschen feindlich gegenübersteht und dieses auch nicht beherrschen kann, es aber so verunglimpft und dämonisiert, dass Liebende falsche Maßstäbe von Liebe und Sexualität entwickeln (vgl. Kapitel 4.2).

Die Provokation der Leser ist, und das gilt für alle lyrischen Werke dieser Sparte, kalkuliert, sie „gehört zur Textstrategie und stellt keinen unbewußten Ausrutscher des Dichters dar"[179]. Dass Brecht sich „an diesen poetisch wohlgeformten sprachlichen Grenzüberschreitungen bisweilen außerordentlich gefreut zu haben"[180] scheint, ist richtig, dennoch provozieren die erotischen Gedichte nicht um des Vergnügens willen. Brecht thematisiert in diesen den Liebesverfall in der bürgerlichen Gesellschaft (vgl. Kapitel 4.6). Das soll an einem der ‚derbsten' Gedichte demonstriert werden:

Sonett über einen durchschnittlichen Beischlaf

Bis ich dich endlich übern Stuhle habe
Hoff ich, du seist endlich die ausgesiebte
Und etwas nässer als die, die ich liebte
(Es pflanzt die Hoffnung, ach, uns noch am Grabe!)

Ich seh, es geht. Ich hoffe: nicht zu schnell
Von nun an denk ich immer nur an Ihn
Gut: weniger Lieb und weniger Vaselin
Dafür bricht der jetzt Schweiß aus ihrem Fell

Ach du verglichst mich schon mit einem Pferde
Vor fünf Minuten, wie ich darauf scheiße!
Dieweil ich sinne, wie ich fertig werde
Nennst du mich Emil, der ich nicht so heiße

Dies alles ist in höhrem Sinne schnuppe
Im Schweiß des Antlitz' koch ich meine Suppe

(GBA 13, S. 341)

---

[179] Jan Knopf: „Die mit Recht berühmte Stelle": Bertolt Brechts Sexgedichte. In: Sexualität im Gedicht. 11. Kolloquium der Forschungsstelle für europäische Lyrik. Hg. v. Theo Stemmler und Stefan Horlacher. Mannheim 2000, S. 259-272; hier S. 269. Auch Constantine kommt, bezogen auf die Sonette, zu dem Schluss, dass „the offence is calculated" (David Constantine: Brecht's sonnets. In: Empedocles' Shoe. Essays on Brecht's poetry. Hg. v. Tom Kuhn und Karen Leeder. London o.J. [2002], S. 155-173; hier S. 164).

[180] Günter Berg: *Laßt Euch ruhig verführen*. Bertolt Brechts erotische Gedichte. In: Rahmenwechsel. Colóquio Brecht. Hg. v. Horst Bergmeier und Erwin Koller. Universidade do Minho 2000, S. 97-108; hier S. 104.

Beim erstmaligen Lesen mag man geneigt sein, den Text tatsächlich als pornografisch einzustufen. Ein männliches lyrisches Ich beschreibt in den Versen einen, wie der Titel behauptet, „durchschnittlichen Beischlaf" mit einer offenbar nicht näher bekannten Frau, die dem Sprecher als die langersehnte „ausgesiebte" (V. 2) erscheint, weil sie sich auf eine weniger durchschnittliche Variante des Beischlafs („übern Stuhle"; V. 1) einlässt. Das Gedicht ist im Präsens formuliert und suggeriert dadurch, dass die beiden in eben diesem Moment miteinander zugange sind, was den Eindruck verstärkt, bei dem lyrischen Ich handle es sich um einen Narziss, der „allen gut gelungenen Verkehr lyrisch verklären" will[181].

Die genauere Analyse legt aber nahe, dass eine Lesart des Texts als pornografisch nicht haltbar ist. So ist schon die Überschrift nicht ganz so eindeutig, wie sie zunächst erscheint. Der Begriff ‚durchschnittlich' kann einerseits zwar die Qualität des Beischlafs im Sinne von ‚nicht besonders gut, aber auch nicht besonders schlecht' bezeichnen, würde also die despektierliche Bewertung des Koitus durch das lyrische Ich darstellen. Andererseits aber kann ‚durchschnittlich' auch quantitativ verstanden werden, d.h. die Üblichkeit dieser Art von Beischlaf im Sinne einer statistischen Normalität meinen. Damit würde das Gedicht einen für seine Zeit üblichen und als normal bewerteten Liebesakt beschreiben.

Als dominante Empfindung wird in der ersten Strophe die „Hoffnung" (V. 4; vgl. V. 5) eingeführt. Das wiederholte „endlich" (V. 1, V. 2) drückt die Ungeduld des Sprechers aus, der wohl schon länger eine „ausgesiebte" (V. 2), d.h. außergewöhnliche Geliebte sucht, die sich als sexuell erregbarer herausstellen soll als „die, die ich liebte" (V. 3). Hier deutet sich eine Einteilung von Frauen in ‚Heilige' und ‚Huren' an: Während die geliebte Frau – womöglich die Mutter seiner Kinder – am gemeinsamen Sex offenbar keine Freude hat (und haben soll, sonst wäre sie eine ‚Hure'), ist der Sprecher hier mit einer sexuell aktiven und aufgeschlossenen Frau beschäftigt, die sich aber allein schon dadurch als dauerhafte Partnerin disqualifiziert. Insofern ist von vornherein eine Abwertung der Frau festzuhalten: sie soll sexuell funktionieren, die Erwartungen des Sprechers erfüllen, um ihre Bedürfnisse oder gar ihre Person geht es nicht (was in der dritten Strophe besonders deutlich wird, als das lyrische Ich ein augenscheinliches Kompliment der Partnerin kommentiert mit: „wie ich darauf scheiße!"; V. 10).

---

[181] Baumgart: Baal auf Balz, S. 214. Baumgart überträgt diese Einstellung, die er den ‚pornografischen' Gedichten zu entnehmen können glaubt, leichtfertig auf den Autor Brecht selbst.

Auffallend ist ferner der Intertext aus Schillers Gedicht *Hoffnung*, mit dem diese geradezu pathetisch und der Situation unangemessen beschworen wird: „(Es pflanzt die Hoffnung, ach, uns noch am Grabe!)" (V. 4)[182] Die Klammer deutet an, dass es sich bei der Aussage um einen Einschub handelt, einen vergeistigten Kommentar, der durch den Kontext die Bedeutung des Urgedichts trivialisiert. Gleichzeitig verweist der spontane Rückgriff auf einen Text von Schiller auf den Bildungsstand des Sprechers: Er wird dadurch als Bürgerlicher erkennbar. Außerdem fällt auf, dass das lyrische Ich eine dritte Person gedanklich in die Szenerie einführt, nämlich „die, die ich liebte" (V. 3). Diese Frau, die beim gemeinsamen Verkehr offensichtlich keinen Spaß hatte, ist als Vergleichsmaßstab durchgehend präsent.

Die zweite Strophe beginnt mit einer gewissen Erleichterung des lyrischen Ich: „Ich seh, es geht." (V. 5) Sogleich folgt wieder eine Hoffnung, diesmal eine auf den von Versagensängsten gepeinigten Sprecher selbst bezogene: „Ich hoffe: nicht zu schnell" (ebd.). Nach all der ungeduldigen Suche nach einer Bereitwilligen soll die Lust ein wenig genossen werden – was aber dann doch nicht der Fall ist, schon in der nächsten Strophe geht es nur noch darum, „fertig" (V. 11) zu werden. Dass die Befürchtungen einer Ejaculatio praecox sich nicht auf den Genuss der Partnerin beziehen, verdeutlicht die Aussage: „Von nun an denk ich immer nur an Ihn" (V. 6). Diese Bekundung ist allerdings unwahr, statt sich auf den eigenen Penis und den damit verbundenen Genuss bzw. den Beischlaf zu konzentrieren, analysiert das lyrische Ich die Situation sachlich und behauptet ein antiproportionales Verhältnis von Liebe und Sexualgenuss: „weniger Lieb und weniger Vaselin" (V. 7) – was wiederum auf seinen Bewertungsmaßstab bei Frauen rückschließen lässt, wonach Frauen, die man liebt, an Sex keinen Spaß haben und umgekehrt. Implizit anwesend ist auch hier die ehemals Geliebte, bei der offensichtlich mehr Vaseline vonnöten war. Wohlgemerkt ist bei der momentanen Partnerin auch Vaseline notwendig, zwar „weniger" (ebd.), aber eben nicht ‚gar kein', d.h. die Hoffnungen aus der ersten Strophe erfüllen sich nicht im erwünschten Ausmaß. Parallel dazu nimmt auch die Herabsetzung der Partnerin zu: War in der ersten Strophe noch von ihr als einem „du" (V. 2) die Rede, wird die Tatsache, dass sie schwitzt, nun mit der abwertenden Formulierung „Dafür bricht der jetzt Schweiß aus ihrem Fell" (V. 8) bezeichnet.

Dass das Sonett trotzdem nicht einseitig als frauenfeindlich beurteilt werden kann, zeigt sich in der dritten Strophe. In dieser wird deutlich, wie die

---

[182] Vgl. auch Knopf: „Die mit Recht berühmte Stelle": Bertolt Brechts Sexgedichte, S. 268.

Frau den Sprecher herabsetzt: auch sie benutzt für den Partner eine Tiermetapher: „du verglichst mich schon mit einem Pferde" (V. 9), eine Formulierung, die die begrenzte sexuelle Funktion, die er für sie hat, veranschaulicht. Und auch sie ist in Gedanken bei einem anderen Liebhaber, denn sie nennt den Sprecher „Emil" (V. 12), obwohl der nicht so heißt – was für den Kontext bedeutet, dass insgesamt vier Personen gedanklich die Szenerie bevölkern. Die Herabwürdigung des Gegenübers auf ein Stück Fleisch, dessen Persönlichkeit nicht interessiert, ist wechselseitig und wird auch in anderen Gedichten als Phänomen bei beiden Geschlechtern dargestellt. Abschließend hält das Sonett fest, dass „Dies alles [...] in höhrem Sinne schnuppe" sei (V. 13), will heißen: es geht eben nicht darum, sich an den Details des Gedichts zu ergötzen oder sich über sie zu echauffieren. Vielmehr soll deutlich werden, dass die Körpersäfte, die beim Sexualakt produziert werden – der Sprecher nennt sie „meine Suppe" (V. 14) – nicht mehr genussvoll entstehen, im Falle der Partnerinnen werden sie durch jeweils mehr oder weniger Vaseline ersetzt, sondern „Im Schweiß des Antlitz'" (ebd.) ‚gekocht' werden müssen. Die Formulierung verweist auf I Mose 3,19: Gott verdammt Adam nach dem Sündenfall dazu, ‚im Schweiße seines Angesichts' sein Brot zu essen. Daraus ergibt sich für den „durchschnittlichen" Beischlaf: Er ist zur Strafe geworden. In diesem Sinne muss das *Sonett über einen durchschnittlichen Beischlaf* gemeinsam mit anderen Gedichten aus der Zeit 1925 bis 1927 „als eine mit drastischen Mitteln gezogene Bilanz über die Möglichkeiten des Liebens" gedeutet werden, die „zu höchst negativen Ergebnissen kommt"[183]. Freilich kommt man zu einer solchen Einschätzung nur, wenn man bereit ist, die Gedichte nicht als lyrische Verklärung der eigenen sexuellen Erlebnisse des Autors zu lesen.
Doch in Brechts erotischen Gedichten geht es nicht nur um eine Kritik an den bestehenden Liebesdarstellungen sowie den Verfall der Liebeskunst aufgrund fragwürdiger gesellschaftlicher Werte. Sie thematisieren auch das angemessene Sprechen und Schreiben über Sex (vgl. Kapitel 4.3). „Noch das stärkste erotische Leben herrscht vielleicht in der Tat in jener primitiven Literatur, (die man in der Form bekannt wirksamer Wörter vorfindet und) die das Volk mit naiver Artistik anwendet", vermerkt Brecht in einem um 1926 entstandenen *Vorwort zu „Trommeln"* (GBA 24, S. 19). In der bürgerlichen Literatur, auch in privaten Beziehungen innerhalb dieser Krei-

---

[183] Brigitte Bergheim: Die Sonette Bertolt Brechts. In: Erscheinungsformen des Sonetts. 10. Kolloquium der Forschungsstelle für europäische Lyrik. Hg. v. Theo Stemmler und Stefan Horlacher. Mannheim 1999, S. 245-270; hier S. 254. Vgl. zu diesem Gedicht außerdem Ana Kugli: Sonett über einen durchschnittlichen Beischlaf. In: BHB 2, S. 133-136.

se, kann das Thema Sex dagegen nicht angesprochen werden, nicht einmal zwischen Vater und Sohn: „Es ist leider schwierig herauszufinden, ob heutige Zustände nicht auch gestrige waren, da man seinen Vater nicht nach seinem Beischlaf fragen darf." (Ebd.) Dieser Sprachlosigkeit, die sich besonders prekär zwischen Liebenden auswirkt, setzt Brecht in mehreren Gedichten die Empfehlung entgegen, ‚vulgäres' Vokabular zu benutzen, weil dieses passend bezeichne, was passiert, und die Handlungen damit ins Bewusstsein rücke. Das bekannteste Beispiel ist *Das dritte Sonett*. Das Gedicht beschreibt in der ersten Strophe, wie der Sprecher gegenüber der Geliebten beiläufig die Wörter benutzt, „welche meinten, was wir machten" (GBA 11, S. 186, V. 3). Die „allgemeinsten" Bezeichnungen seien dabei die „ganz vulgären" (V. 4). Angesichts dieser kann die Frau auch vor sich selbst nicht mehr verbergen, was sie „da gestattet" (V.12) hat. Sie begreift erst über die Verwendung des vulgären Vokabulars, was sie tut und erschrickt, als es ihr bewusst wird.[184] Durch die Ellipse am Ende des Gedichts fordert der Sprecher die Geliebte und auch die Leser auf, das fehlende Reimwort auf „schicken" (V. 13) zu finden, und animiert so dazu, die ‚allgemeinsten' Begriffe sogleich selbst zu verwenden.

Dieses Sonett gehört zu den Gedichten, die Brecht aus einem konkreten Anlass schrieb, wie ein Brief an Margarete Steffin, für die er das Sonett verfasst hat, belegt. Brecht wiederholt in diesem die Handlungsanweisung: „das ist ‚Das dritte Sonett' und es ist sehr schlimm. Du mußt es mit einem Bleistift lesen und das letzte Reimwort eintragen. Wenn ich komme, sehe ich nach, ob es geschehen ist." (Brief vom 16. März 1933; GBA 28, S. 349) Das Gedicht ist in diesem Sinne „eine praktische Übungsmöglichkeit zur Überwindung"[185] der erlernten Hemmung, vulgäre Wörter zu verwenden. Eine biografische Deutung des Gedichts in der Manier Baumgarts hätte verkannt, dass das Sonett damit „weit über den persönlichen Anlaß hinaus[reicht], der zu seiner Entstehung geführt haben mag"[186].

Auch Jan Knopf betont, das Thema des Sonetts sei „das angemessene Sprechen"[187] des Liebespaars. Die Rezipienten seien durchaus in der Lage, „das inkriminierte Wort aus dem eigenen tabuisierten Wortschatz"[188] zu ergänzen, womit das Gedicht belege, dass „die Wörter, die noch immer mit dem Stigma des ‚Schreckens' vor ‚verbotenem Tun' behaftet sind, tatsächlich zu den ‚allgemeinsten' gehören und von daher die Frage herausfordern,

---

[184] Vgl. auch Bergheim: Die Sonette Bertolt Brechts, S. 257.
[185] Misch: Für alle Liebeslagen, S. 104.
[186] Ebd.
[187] Knopf: „Die mit Recht berühmte Stelle: Bertolt Brechts Sexgedichte, S. 260.
[188] Ebd.

warum sie nicht auch entsprechend verwendet werden"[189]. Zudem mache das Gedicht deutlich, wie Bewusstseinsprozesse ablaufen: „Nur wenn die ‚Sache' beim Wort genannt wird, ist sie auch wirklich erfaßt, ist begriffen, was man tut. Alles andere wäre nur ein Drumherumreden, das den Schrecken erhielte und das Tabu bestätigte. Insofern ist das gemeine Sprechen auch das realistischere Sprechen"[190]. Ob dieses allerdings angesichts der Überlieferung des Vokabulars durch Männer, zumeist im Kontext frauenverachtender Darstellungen (Pornografie etwa), eine „weibliche Sprache der Lust"[191] zu werden vermag, wird vereinzelt zu Recht bezweifelt. Dennoch gehören gerade die erotischen Gedichte Brechts zu seinen gesellschaftskritischsten (vgl. die Kapitel 4.2.1 und 4.3).

---

[189] Ebd., S. 261.
[190] Knopf: Gelegentlich: Poesie, S. 206.
[191] Heidrun Loeper: Sonette. Englische Sonette. In: BHB 2, S. 224-237; hier S. 232.

4. Geschlechterverhältnis und Gesellschaft

Das Verhältnis der Geschlechter wird maßgeblich durch die Werte und Normen der Gesellschaft beeinflusst, in der die betreffenden Frauen und Männer leben. Eine Analyse muss von daher am herrschenden Normen- und Wertesystem ansetzen. Bei Brecht bedeutet das zunächst Kritik an der Ehe als Institution (Kapitel 4.1) sowie an den Maßstäben, die bezüglich der Sexualität in der bürgerlichen Gesellschaft Geltung haben, sexuelle Enthaltsamkeit und Monogamie etwa (Kapitel 4.2). Diese bedingen in direkter Folge das Entstehen von Prostitution (Kapitel 4.4). Die Möglichkeiten, Sexualität zur Sprache zu bringen, werden von Brecht ebenfalls eingehend thematisiert (Kapitel 4.3), desgleichen die Bedeutung der Vergänglichkeit der Liebe (Kapitel 4.5). Obwohl die Deutung der Texte nahe legt, dass die Liebe sich in einem gesellschaftlich bedingten Verfall befindet (Kapitel 4.6), gibt es in Brechts Oeuvre auch Arbeiten, die erörtern, wie eine gute Beziehung zwischen Mann und Frau sich gestalten kann (Kapitel 4.7).

In der bürgerlichen Gesellschaft ist die Frau aber nicht nur als Ehefrau vom Mann abhängig, sondern auch als Mutter oder Tochter (Kapitel 4.8). Zudem behandeln einige Texte Brechts, welche Folgen das bestehende Wertesystem und die Rollenerwartungen an Frauen für die Männer haben (Kapitel 4.9).

4.1 Die bürgerliche Ehe im Werk Brechts

> Bürgerliche Hochzeit als Beginn der bürgerlichen Ehe verlangt in der Sicht Brechts folgenden Grundgestus: da ist ein System der ‚freien Marktwirtschaft', in dem die Frau als Ware vorkommt, deren Wert genau taxiert ist, und die schließlich als Privateigentum erworben werden kann. Nur muß sich der neue Besitzer mit den Ersteigentümern, also z.B. den Eltern, vorher arrangieren, den Tauschwert festsetzen[1],

schreibt Peter Christian Giese über die Heirat in Brechts Werk. Im Folgenden wird die bürgerliche Ehe bei Brecht beleuchtet, wobei die Motive für die Heirat ebenso untersucht werden wie der Komplex ‚Frau als Ware', die Relevanz der Klassenzugehörigkeit bei der Eheschließung sowie der Status als Witwe.

---

[1] Giese: Das „Gesellschaftlich-Komische", S. 78.

4.1.1 Die Ehe in bürgerlichen Familien

In einigen frühen Stücken, besonders in *Trommeln in der Nacht* und *Die Dreigroschenoper*, thematisiert Brecht die Ehe, wie sie in bürgerlichen Familien arrangiert zu werden pflegte.[2] Die Väter agieren dabei als eine Art Händler, die die Tochter wie eine Investition gewinnbringend anlegen wollen, schließlich verbinden sich bei einer Heirat nicht nur zwei Menschen, sondern auch zwei Familienvermögen. Die angehenden Schwiegersöhne sind diejenigen, die die Töchter als neuen Besitz erwerben – entsprechend ‚unbeschädigt' (also jungfräulich) müssen diese sein. Eine Heirat stellt so ein Geschäft unter Männern dar. Die Mütter der zu verheiratenden Töchter scheinen diese geschäftsmäßige Einstellung ihrer Männer in Hinsicht auf die Ehe der Tochter nicht zu teilen. Vielmehr sprechen sie von großen Gefühlen wie Liebe und reagieren auf alle Situationen, die eine mögliche Heirat betreffen, empfindsam bis sentimental. Bei genauer Betrachtung entpuppen sich die Mütter als heuchlerisch, denn auch sie wollen die Tochter nur demjenigen überlassen, der die bessere Partie darstellt.

Auf den ersten Blick rebellisch wirken die Töchter, die sich gegen den Willen ihrer Eltern stellen und einen Mann für sich auswählen, der die Voraussetzungen nicht erfüllt, um als potenzieller Kandidat in den Augen der Eltern zu bestehen. Dennoch zeigt sich auch bei den Töchtern, dass sie sich ihres ‚Warenwerts' bewusst sind (und diesen einsetzen) sowie selbst konservative Vorstellungen über den Verlauf ihrer Ehe haben – was betont, dass der ‚Handel' auch in der folgenden Generation gesichert ist.

Zu den Stücken, die solche Zusammenhänge aufzeigen, gehört das Anfang der 1920er Jahre entstandene Drama *Trommeln in der Nacht*. Anna Balicke will sich in diesem gerade mit dem Kriegsgewinnler Murk verloben, von dem sie ein Kind erwartet, als ihr erster Verlobter, der Soldat Andreas Kragler, aus dem Krieg zurückkehrt. Karl Balicke, der Vater Annas, verrät durch seine Sprache, welchen Stellenwert er seiner Tochter und deren zukünftiger Ehe beimisst. Anna bezeichnet er mehrfach als „Ding" (GBA 1, S. 177). Die Verlobung seiner Tochter mit dem rücksichtslosen Murk kommentiert er wie einen abgeschlossenen Handel: „Alles unter Dach und Fach!" (S. 185); „Hochzeit in drei Wochen. [...] Wir sind alle einig?" (S. 191) Gegenüber dem unerwartet zurückgekehrten Kragler bekennt er offen seine Maßstäbe in Bezug auf einen angehenden Schwiegersohn: „Es ist ganz einfach. Haben Sie Mittel, eine Frau zu unterhalten?" (S. 197)

---

[2] Wie Giese betont, muss bei sämtlichen Ehe- und Familienszenen Brechts die Kant'sche Definition der Ehe „als Negativ-Folie hinzugedacht werden" (Giese: Das „Gesellschaftlich-Komische", S. 77).

Annas Mutter Amalie dagegen scheint, wie die Tochter selbst, den verschollenen Kragler dem reichen Murk vorzuziehen: „Geld verdient er ja. Aber gegen den andern! Mir steht das Wasser in den Augen." (S. 177) Sie wirkt, im Gegensatz zu ihrem Ehemann, an den Gefühlen der Tochter interessiert: „Liebst du denn den Murk gar nicht?" (S. 178) Ihre Scheinheiligkeit wird deutlich, als sie bei Bekanntgabe der Verlobung die Überraschte spielt (vgl. S. 181). Auf die Unsicherheit der Tochter bezüglich der Verlobung reagiert sie unsensibel: „So eine Gans! Freu dich doch! Was wird's nicht gut sein!" (S. 182) Später führt sie gegenüber Anna als einziges Argument gegen Kragler dessen Mittellosigkeit an: „Hörst du es, Anna! Er hat nichts!" (S. 197) Kragler bringt das Verhalten der Mutter und damit die bürgerliche Heiratspraxis auf den Punkt: „Willst du ihren Unterleib verfeilschen wie ein Pfund Kaffee?" (S. 201) Annas Mutter hat damit aktiv teil an der „typisch bürgerliche[n] Verschacherung der Tochter"[3].
Einem ausgesprochenen Dilemma sieht sich Anna Balicke gegenüber: Nachdem sie jahrelang auf den im Krieg verschollenen Kragler gewartet hatte, ist sie einem anderen versprochen – und von diesem schwanger –, als der Vermisste zurückkehrt. Mit Murk verlobt sie sich nur, weil sie ein Kind von ihm erwartet und auf die Rückkehr Kraglers ohnehin nicht mehr hoffen kann. Nicht zuletzt deshalb ist sie sich des materiellen Werts, den sie objektiv für Murk hat, bewusst[4] und verlangt entsprechenden Respekt:

> MURK Ich halte ja an!
> ANNA Ist das deine Liebeserklärung?
> MURK Nein, sie kommt noch.
> ANNA Schließlich ist es eine Korbfabrik.
>
> (S. 181)

Umgekehrt weiß sie, dass ihre Schwangerschaft eine Beziehung zu Kragler eigentlich unmöglich macht, weshalb sie versucht, das Kind mit Pfeffer und Kirschwasser abzutreiben (vgl. S. 204). Mehrfach weist auch der Kellner der Picadilly-Bar auf die entscheidende Bedeutung der „Lilie" (S. 194, S. 203), d.h. der Unschuld der Braut hin, eine Einstellung, die Kragler aber nicht teilt: „Sie Romanleser!" (S. 194)
Anna und Kragler finden am Ende des Stücks trotz der Hindernisse zueinander. Doch was auf den ersten Blick wie ein Happy-End außerhalb der bürgerlichen Konvention erscheinen mag, ist bei genauer Betrachtung die Konsolidierung dieser – was von der Forschung nicht immer erkannt wird,

---
[3] Jan Knopf: „Trommeln in der Nacht". In: Brechts Dramen. Neue Interpretationen. Hg. v. Walter Hinderer. Stuttgart 1984, S. 48-66; hier S. 52.
[4] Vgl. auch Fenn: Characterisation of Women, S. 90.

die Annas Entscheidung für Kragler etwa als „rebellisch"[5] beurteilt. Anna erwartet zwar das ‚Balg' eines anderen, kann das aber durch das Einbringen der Korbfabrik in die Ehe kompensieren. Und auch Kragler beschließt am Ende des Stücks, sich von der Revolution abzuwenden und lieber eine bürgerliche Existenz mit Anna anzustreben: „Ich ziehe ein frisches Hemd an, meine Haut habe ich noch, meinen Rock ziehe ich aus, meine Stiefel fette ich ein. *Lacht bösartig.* Das Geschrei ist alles vorbei, morgen früh, aber ich liege im Bett morgen früh und vervielfältige mich, daß ich nicht aussterbe." (S. 229) So gesehen bleibt die Liebesgeschichte auf die „Besitzfrage" (*Vorwort zu „Trommeln"*; GBA 24, S. 18) reduziert. Kraglers Worte sind ein zynisches „Versprechen, daß nichts sich ändert, daß im Gegenteil die herrschende Ordnung für ihre Kontinuität sorgt"[6]. Umgekehrt kann die bevorstehende Heirat Kraglers und Annas auch allegorisch gedeutet werden, „d.h. daß die potentiellen Revolutionäre sich dem restaurativen Deutschland vermählen"[7].

Eine vergleichbare Familienkonstellation findet sich in *Die Dreigroschenoper*. Hier sind es Herr und Frau Peachum, die ihre Tochter Polly strategisch in ihrem Bettlerunternehmen einsetzen: „Celia, du schmeißt mit deiner Tochter um dich, als ob ich Millionär wäre! Sie soll wohl heiraten? Glaubst du denn, daß unser Drecksladen noch eine Woche lang geht, wenn dieses Geschmeiß von Kundschaft nur u n s e r e Beine zu Gesicht bekommt?"[8] Pollys heimliche Eheschließung mit dem Gauner Macheath, die auch verstanden werden kann als der Versuch Pollys, sich von der Vormundschaft der Eltern zu befreien[9], wollen die Peachums nicht hinnehmen, sie intrigieren, um den Schwiegersohn an den Galgen zu bringen.

Eine besondere Rolle nimmt wiederum die Mutter ein: Sie duldet zunächst die sich anbahnende Liaison, weil sie sich von Mackies Großzügigkeit – er

---

[5] Ritchie: Der Dichter und die Frau, S. 221.
[6] Jan Knopf: Nach Uns Nichts Nennenswertes? Zur gesellschaftlichen Apokalypse beim jungen Brecht – mit Ausblicken auf die deutsche Nachkriegsgesellschaft. In: Jahrbuch der Koreanischen Brecht Gesellschaft 5 (1998), S. 28-50; hier S. 45.
[7] Giese: Das „Gesellschaftlich-Komische", S. 72.
[8] Im Fall der *Dreigroschenoper* wird nicht die GBA-Fassung, sondern der Erstdruck des Stücks zitiert: Die Dreigroschenoper (The Beggar's Opera). Ein Stück mit Musik in einem Vorspiel und acht Bildern nach dem Englischen des John Gay. Übersetzt von Elisabeth Hauptmann. Deutsche Bearbeitung von Bert Brecht. Musik von Kurt Weill. Wien 1928 (Universal-Edition); hier S. 12. Im Folgenden zitiert als: Fassung Universal-Edition. Vgl. zu dieser Problematik auch Joachim Lucchesi: Die Dreigroschenoper. In: BHB 1, S. 197-215; hier S. 204.
[9] Vgl. Ritchie: Der Dichter und die Frau, S. 228.

lädt die Damen „zu einem kleinen Step" ins Tintenfisch-Hotel ein[10] – beeindrucken lässt. Als sie jedoch erfährt, dass der Herr kein Gentleman, sondern ein Ganove ist, hat sie keine Skrupel, Mac ans Messer zu liefern. Auch in anderen Situation zeigt sie sich als kalte Geschäftsfrau[11]. Trotzdem ist sie um eine Fassade bemüht, die sich mit den Konventionen und Klischees über Frauen deckt (emotionale Reaktionen, das Bestehen auf dem Tragen des Witwenkleids etc.), um sie zu ihrem Vorteil zu verwenden.

Polly, deren Schritt, einen Gangster zu heiraten, zunächst sehr normabweichend wirkt, wird im Grunde von nicht weniger konventionellen Vorstellungen geleitet. Sie erkennt in Mackie das ‚bürgerliche Potenzial', sein Geschäft unterscheidet sich in Wirklichkeit nicht wesentlich von dem ihres Vaters. In der späteren Fassung des Stücks zeigt sie die Parallelen explizit auf und malt sich eine bürgerliche Zukunftsidylle mit Mac aus: „Er bietet mir eine Existenz! Er ist ein ausgezeichneter Einbrecher, dabei ein weitschauender und erfahrener Straßenräuber. [...] Einige glückliche Unternehmungen und wir können uns auf ein kleines Landhaus zurückziehen" (GBA 2, S. 259). Nach der Flucht ihres Mannes ist sie, die so viel über „Liebe" redet[12] und immer emotional reagiert[13], diejenige, die Macs Geschäfte weiterführt.

Noch zugespitzter sind die Verwicklungen um Polly im 1934 erschienenen *Dreigroschenroman*, bei dem Brecht überzeugt war, „die Realität so dargestellt" zu haben, dass man „Ursachen und Wirkungen deutlich sieht, also eingreifen kann" (Brief an Johannes R. Becher, Januar 1935; GBA 28, S. 478).[14] Peachum will im Roman seine Tochter mit Coax verheiraten, um aus einem Schiffegeschäft herauszukommen (vgl. GBA 16, S. 79, S. 98f.), Macheath wiederum wirbt wegen ihrer Mitgift um Polly (vgl. S. 53, S. 164). Sie heiratet schließlich Mac (vgl. S. 87-93), weil sie von Smiles schwanger ist (vgl. S. 67f.). Im Roman erscheint die Heirat damit noch deutlicher als im Stück wie ein Mittel zur Durchsetzung der eigenen materiellen Interessen.

---

[10] Fassung Universal-Edition, S. 12.
[11] Vgl. ebd., S. 11, S. 61f.
[12] Vgl. ebd., S. 36.
[13] Vgl. ebd., S. 42f.
[14] Vgl. dazu auch Bernd Auerochs: Erzählte Gesellschaft. Theorie und Praxis des Gesellschaftsromans bei Balzac, Brecht und Uwe Johnson. München 1994 (Theorie und Geschichte der Literatur und der schönen Künste), S. 126.

4.1.2 Motive für die Heirat

Finanzielle Überlegungen sind in Brechts Werken oftmals als Ausgangspunkt für die Heiratsentscheidung dargestellt. Die junge Frau soll aus der Obhut der Familie entlassen und einem Mann übergeben werden, der ihre weitere Existenz materiell sichern kann. Gleichzeitig ist die Tochter oft ein Pfand für die Konsolidierung des Familienunternehmens (z.B. in *Trommeln in der Nacht*), oder aber die Heirat soll den Schwiegersohn in geschäftlicher Hinsicht an den Vater der Braut binden (vgl. *Dreigroschenroman*). Auch die Mitgift der Braut spielt in manchen Texten eine Rolle (*Dreigroschenroman, Der gute Mensch von Sezuan*).

Typisches Motiv für eine (geplante) Eheschließung ist bei Brecht außerdem die Schwangerschaft der Braut. Außer in *Trommeln* und im *Dreigroschenroman* findet es sich in dem Einakter *Die Hochzeit*. Hier werden in der Hochzeitsrede die bürgerlichen Ideale gepriesen, „die reine Braut und der in den Stürmen des Lebens gereifte Mann" (GBA 1, S. 248). Im Verlauf des Stücks wird aber deutlich, dass die Braut schwanger und dies der Beweggrund für die Heirat ist.

Obwohl die Heiratsmotive offenkundig sind, wird als Grund dennoch die Liebe angeführt. Alle betroffenen Parteien, seien es die Eltern, die frisch Verlobten oder Vermählten und die Gäste, geben sich sentimental, sprechen von großen Gefühlen und verschleiern damit die eigentlichen Interessen. So gibt sich Amalie Balicke in *Trommeln in der Nacht* von der Verlobung Murks mit Anna äußerst gerührt und überrascht: „O Kinder! *Schluchzt los.* So aus dem heitern Himmel!" (GBA 1, S. 181) Große Worte für ihre Gefühle findet Polly in der *Dreigroschenoper*: „Meine Liebe laß ich mir nicht rauben.", „Die Liebe ist aber doch das Höchste auf der Welt."[15] Im *Dreigroschenroman* ist es Macheath, der einer Scheidung nicht zustimmen will, da „seine Ehe [...] eine Neigungsehe" sei (GBA 16, S. 227).

Pathetisch äußert sich auch der Freund des Bräutigams, der in der *Hochzeit* die Festrede hält: „um nun mit der Erwählten seines Herzens Freud und Leid zu tragen. Deshalb laßt uns trinken auf das Wohl dieser beiden edlen, jungen Menschenkinder, die heute einander zum erstenmal gehören sollen [...] und dann für alle Ewigkeit!" (GBA 1, S. 248) Gleichzeitig werden durch das Personal des Einakters „die verschiedenen Phasen bürgerlicher Ehe generationsmäßig"[16] repräsentiert: neben dem jungen Liebespaar findet sich das Hochzeitspaar, ein langjähriges Ehepaar sowie ein Senioren-

---

[15] Fassung Universal-Edition, S. 36.
[16] Giese: Das „Gesellschaftlich-Komische", S. 27.

Die bürgerliche Ehe im Werk Brechts 63

paar. Das „für alle Ewigkeit" (ebd.) der Hochzeitsrede nimmt in diesem Kontext den Stellenwert einer Drohung an.
Die einzige Liebesheirat im eigentlichen Sinn, die bei Brecht überhaupt dargestellt wird, scheitert daran, dass nur der eine Partner tatsächlich ohne Hintergedanken liebt. Gemeint ist Shen Te in *Der gute Mensch von Sezuan*, die in den arbeitslosen Flieger Sun verliebt ist und glaubt, er erwidere diese Gefühle aufrichtig. Suns Mutter erzählt den Hochzeitsgästen über die Heiratsintention ihres Sohnes: „Ich heirate aus Liebe, Mama, sagt er. Geld ist nicht alles. Es ist eine Liebesheirat!" (GBA 6, S. 234) Tatsächlich hat sie kurz zuvor von ihm erfahren, dass er von Shen Tes Vetter Shui Ta noch das versprochene Geld erhalten will, bevor er Shen Te ehelicht. Da Shui Ta nicht kommt, lässt Sun seine Braut im Stich.
Sowohl in der Prosa als auch bei den Dramen gibt es nur ein Paar, das Brecht mit der Hoffnung auf eine glückliche Zukunft darstellt: Es sind Grusche und Simon im *Kaukasischen Kreidekreis*. Bezeichnenderweise wird bei ihnen die Heirat, die aus der Konstellation der Geschichte heraus als wahrscheinlich anzunehmen ist, nicht mehr auf der Bühne gezeigt.[17]

4.1.3 Die Frau als Ware
Betrachtet man die Ehe, wie Brecht sie in seinen Werken darstellt, als geschäftliche Transaktion, so muss in diesem Zusammenhang auch der Warencharakter der Frau thematisiert werden. Das explizit Bürgerliche an dieser Art von Gemeinschaft ist die Fixierung der Verpflichtungen in einem Vertrag, mit dem die Frau juristisch in den Besitz des Mannes überwechselt. Die ‚ehelichen Pflichten', wie sie als Redewendung geläufig sind, werden schon von Immanuel Kant in *Die Metaphysik der Sitten* (1797) klar definiert. Kant erklärt die Ehe dort als „die Verbindung zweier Personen verschiedenen Geschlechts zum lebenswierigen wechselseitigen Besitz ihrer Geschlechtseigenschaften"[18]. Wie grotesk es ist, Sex vertraglich zu regeln, hat Brecht auf humorvolle Weise im folgenden Sonett zum Thema gemacht:

---

[17] Darüber hinaus sind Simon und Grusche Vertreter einer vorkapitalistischen Gesellschaftsform, weshalb ihre Gefühle nicht vom gesellschaftlichen System korrumpiert sind; vgl. auch Cronin: The Politics of Brecht's Women Characters, S. 184f.
[18] Immanuel Kant: Die Metaphysik der Sitten. In: Kant's gesammelte Schriften. Hg. v. der Königlich Preußischen Akademie der Wissenschaften, Bd. VI. Berlin 1907, S. 277.

Über Kants Definition der Ehe in der „Metaphysik der Sitten"

Den Pakt zu wechselseitigem Gebrauch
Von den Vermögen und Geschlechtsorganen
Den der die Ehe nennt, nun einzumahnen
Erscheint mir dringend und berechtigt auch.

Ich höre, einige Partner sind da säumig.
Sie haben – und ich halt's nicht für gelogen –
Geschlechtsorgane kürzlich hinterzogen:
Das Netz hat Maschen und sie sind geräumig.

Da bleibt nur: die Gerichte anzugehn
Und die Organe in Beschlag zu nehmen.
Vielleicht wird sich der Partner dann bequemen

Sich den Kontrakt genauer anzusehn.
Wenn er sich nicht bequemt – ich fürcht es sehr –
Muß eben der Gerichtsvollzieher her.

(GBA 11, S. 270)

Die Ehe nennt Brecht hier einen „Pakt" (V. 1), was auf den bürgerlichen Vertrag anspielt, in dieser Formulierung aber eher an ein diabolisches Bündnis oder eine militärische Allianz erinnert. Das lyrische Ich des Gedichts gibt vor, die Dringlichkeit und die Berechtigung der Kant'schen Definition zu bestätigen. Durch die Verwendung von juristischem Fachjargon wie „einzumahnen" (V. 3), „säumig" (V. 5) oder „hinterzogen" (V. 7) wird die Abstrusität eines Vertrags, der sich auf „Geschlechtsorgane" (ebd.) bezieht, besonders deutlich. Da die Ehe ein Vertrag ist, so erklärt der Sprecher des Gedichts, muss man die vereinbarten Leistungen auch erbringen, bei Nicht-Erfüllung des Vertrags handelt es sich um Hinterziehung der geschuldeten Geschlechtsorgane, was schlimmstenfalls mit Hilfe des Gerichtsvollziehers bereinigt werden muss.[19]

Die Ehe als Tauschgeschäft von Vermögen und Geschlechtsorganen rückt diese sehr in die Nähe von Prostitution[20]: Die Ehefrau erscheint dann wie

---

[19] Vgl. zu diesem Gedicht Bergheim: Die Sonette Bertolt Brechts, S. 265f.
[20] Otto Rühle führt das 1930 ähnlich aus: „In der Ehe bedient sich der Mann der weiblichen Sexualität zu lebenslänglicher und ausschließlicher Benutzung gegen dauernde materielle Gegenleistung. [...] In der Prostitution bedient sich der Mann der weiblichen Sexualität zu jeweiliger, mit anderen zu teilender Benutzung gegen jeweilige materielle Einzelentschädigung. Der Mann zahlt für partielle Sexualität von Fall zu Fall. [...] Das sind zwar Unterschiede, aber keine Gegensätze. Immer wird Liebe gegen Geld getauscht. Nur die Formen, die Nuancen sind verschieden." (Otto Rühle: Illustrierte Kultur- und Sittengeschichte des Proletariats, Bd. 1. Autorisierter Neudruck der Erstausgabe von 1930. Frankfurt 1971, S. 445f.).

eine Hure, die lebenslang eben nur einem Freier, ihrem Mann, Sex verkauft, der sie im Gegenzug materiell absichert. Am deutlichsten hat Brecht das Vergleichbare von Hure und bürgerlicher Ehefrau im *Guten Menschen* zugespitzt. Dort verurteilt der Polizist, dass Shen Te als Prostituierte gearbeitet hat:

> Aber der Tatbestand bleibt: es ist nicht respektabel. Warum? Erstens: Liebe verkauft man nicht, sonst ist es käufliche Liebe. Zweitens: respektabel ist, nicht mit dem, der einen bezahlt, sondern mit dem, den man liebt. Drittens: nicht für eine Handvoll Reis, sondern aus Liebe.
> (GBA 6, S. 202)

Kurz darauf empfiehlt er aber: „wir brauchen Kapital. Nun, ich schlage eine Heirat vor." (S. 203) Die Heirat wird damit wie die Prostitution zum Gewerbe erklärt, das Geld einbringt, die Frau wird zur Handelsware deklariert.[21]

Aus der Perspektive betrachtet, dass die Ehe einen Handel und die Frau dabei die zu erwerbende Ware darstellt, wird ein weiterer Punkt im Bezug auf die Frau interessant: der Schönheitskult. In *Über die Kunst des Beischlafs* aus den *Tuitraktaten* wird deutlich, wie Frauen, in diesem Fall berufstätige wie Verkäuferinnen oder Sekretärinnen, ihre Haut permanent zu Markte tragen:

> Sie schminkten die Lippen rot, damit sie gut durchblutet, und etwas breit, damit sie sinnlich erschienen [...]. Da diese Frauen übrigens noch hohe Stöckelschuhe trugen, sahen sie mit ihren hervorstehenden Hinterteilen ständig aus, als verzehrten sie sich nach den Umarmungen der Käufer der Zigarren und Handschuhe und der Chefs.
> (GBA 17, S. 146)

Das zeigt, dass die Frauen ihre Rolle als Ware begreifen und sich entsprechend verhalten: Nur das für gut bzw. schön befundene Produkt wird einen bzw. einen der besseren Käufer finden, entsprechend reizvoll muss es präsentiert werden. Das erklärt auch, warum Männer sich diesem Diktat nicht so ausgesetzt fühlen wie Frauen, eine Tatsache, über die sich der Erzähler des Tuifragments scheinbar wundert (vgl. ebd.).

Auch einige Figuren in den Stücken sind sich des Zusammenhangs zwischen gutem Aussehen und ihrem ‚Marktwert' bewusst. Anna aus *Trommeln in der Nacht*, die sich mit einem Mann zusammentun will, der nicht der Vater ihres ungeborenen Kindes ist, sorgt sich nicht etwa um ihren Ruf oder das Gerede, das sie erwartet, sondern um ihre Taille: „meine Hüften

---

[21] Vgl. Helmut Jendreiek: Bertolt Brecht. Drama der Veränderung. Düsseldorf 1969, S. 226.

sind hin für viele Wochen" (GBA 1, S. 226). Und Mac besteht in der *Dreigroschenoper* darauf, dass Polly sich auch während seiner Abwesenheit herrichtet: „halte dich frisch und vergiß nicht, dich jeden Tag zu schminken, genau so, als wenn ich da wäre. Das ist sehr wichtig, Polly."[22] In der späteren Fassung drängt Frau Peachum darauf, dass Polly bei der Hinrichtung ihres Ehemannes ein attraktives Bild abgibt: „Du wirst bildschön aussehen als Witwe." (GBA 2, S. 298)

4.1.4 Ehe und Klassenzugehörigkeit

In Einzelfällen hat Brecht außerdem die Ehe von Menschen unterschiedlicher Klassen thematisiert. Die Unmöglichkeit einer solchen Beziehung wird in dem Stück *Herr Puntila und sein Knecht Matti* durch das Ehe-Examen, das Puntilas Tochter Eva absolvieren soll, schon im Vorfeld einer angedachten Ehe demonstriert. Nachdem Puntila festgestellt hat, dass er den Attaché doch nicht für geeignet hält, Eva zu ehelichen, beschließt er, sie „an einen Menschen" (GBA 6, S. 347) zu verloben. Die Wahl fällt dabei auf seinen Chauffeur Matti, der die Tochter aus gutem Hause aber gar nicht haben will. Er lehnt sogar ab, sie seiner Mutter vorzustellen: „Fräulein Eva, [...] zu meiner Mutter kann ich Sie nicht mitnehmen, die alte Frau möcht einen Schlag bekommen", „sie wird mir die Pantoffeln um den Kopf schlagen, wenn ich's wag und ihr eine solche Frau heimbring" (S. 350). Um Eva zu beweisen, dass die „soziale Kluft"[23] zwischen ihnen zu groß und sie für das Leben als Chauffeursfrau nicht geeignet ist, unterzieht er sie einem Examen, bei dem sie beispielsweise seine Socken stopfen soll – die Gutsbesitzertochter versagt dabei kläglich. Eva selbst beginnt erst an der Möglichkeit der Verbindung zu zweifeln, als Matti ihr wie selbstverständlich einen ‚Klaps auf den Hintern' gibt (vgl. S. 355)[24]. Die Szene ist vor allem deshalb interessant, weil sie das übliche Klischee der Liebe zwischen Arm und Reich umkehrt: Hier verwehrt sich nicht die reiche Seite gegen die Mesalliance, sondern die arme, weil die höhergestellte Frau für das normale Leben nicht taugt. Außerdem wird deutlich, dass Anziehung oder

---

[22] Fassung Universal-Edition, S. 45.
[23] Richard Semrau: Die Komik des Puntila. Berlin 1981 (Brecht-Studien 7), S. 194.
[24] Vgl. Hans Peter Neureuter: Herr Puntila und sein Knecht Matti. In: BHB 1, S. 440-456; hier S. 447.

Liebe allein nicht ausreichen, eine Verbindung am Leben zu erhalten, sie würde tatsächlich am Sockenstopfen scheitern.[25]
In umgekehrter Konstellation findet sich die Problematik der Ehe zwischen den Klassen in der Filmgeschichte *Die Frau des Richters*, die um 1944 entstanden ist. Der Richter Aristide Rasane hat in dieser sein Dienstmädchen Jeanette geheiratet, nachdem er sie geschwängert hatte und sie sich weigerte, das Kind abzutreiben oder ihn zumindest als Vater zu verheimlichen. Als er sie bei einem Empfang erstmals als Gemahlin vorstellen will, öffnet sie, noch nicht als Hausherrin bekleidet, die Tür. Die Gäste reichen ihr die Schirme und sie nimmt sie, gemäß ihrer bisherigen Rolle, entgegen. Der Richter behandelt sie daraufhin weiterhin wie eine Dienstbotin und verschweigt die Heirat. „Sie war in einer halben Minute zum Dienstmädchen geworden und sie blieb es. Der große Mann konnte nicht der Gesellschaft Cherbourgs eine Person als Gemahlin vorstellen, der man die Schirme hinhielt und die sie nahm." (GBA 20, S. 142) Die Figur der Jeanette verdeutlicht, wie stark erlernte Verhaltensmuster und Rollen das Leben bestimmen. Man wird nicht einfach durch Heirat zur Dame des Hauses – die zahlreichen Romane und Filme, die einen unbeschwerten Aufstieg der Frau durch die Ehe mit einem gesellschaftlich höher stehenden Mann beschreiben, werden als trügerisch enttarnt. Explizit erscheint das Verhalten des Richters gegenüber Jeanette als Resultat seiner „brutalen Macht", die sich aus seiner „sexuellen und gesellschaftlichen Überlegenheit" (S. 142) ergibt, und vor der seine Frau zunächst kapituliert. Eine Ehe zwischen Angehörigen verschiedener Klassen erscheint aufgrund des Gefälles von Macht und Verhaltensmaßstäben als aussichtslos.

4.1.5 „Bis dass der Tod euch scheidet" – Witwen bei Brecht

Angesichts der Restriktionen, die eine bürgerliche Ehe für die Frau mit sich bringt, liegt der Schluss nahe, dass der Tod des Ehemanns durchaus eine Befreiung für die Frau darstellen kann. Doch auch in diesem Fall kommen gesellschaftliche Mechanismen zum Zuge. Deutlich wird in einigen Texten Brechts, dass die Abhängigkeit der Ehefrau sich über den Tod des Mannes hinaus fortsetzt. Oftmals ist der Status als Witwe sogar mit größeren Problemen verbunden als der der Ehefrau. Mit welchen Einschränkungen eine finanziell gut gestellte Witwe leben muss, thematisiert die 1919 entstandene Geschichte *Ein gemeiner Kerl*. Der unverschämte Martin Gair drängt

---

[25] „As long as socio-economic differences exist, love between members of two unequal classes can only have disastrous consequences", urteilt Nussbaum dazu (Nussbaum: The Image of Woman, S. 175).

sich in das Leben der Witwe Marie Pfaff, um sie nach einer kurzen Phase der sexuellen Befriedigung nicht nur fallenzulassen, sondern auch auf verschiedene Arten zu demütigen. Die Affäre, die nur „drei Tage mit vier Nächten" dauert (GBA 19, S. 41), kostet sie ihr gesellschaftliches Ansehen. Betont wird, dass Pfaff dem Mann unterlegen ist, obwohl sie gesellschaftlich viel besser gestellt ist als er. Er traut sich überhaupt nur zu ihr, weil das Dienstmädchen verrät, dass es keinen ‚Herrn im Haus' gibt (vgl. S. 39). Obwohl er derjenige ist, der sich respektlos verhält, trifft die gesellschaftliche Sanktion die Frau, da von ihr als Witwe ein enthaltsames Leben erwartet wird. Das gibt ihm Macht über sie; er kann sie manipulieren, weil er um die unbefriedigten Bedürfnisse und die damit verbundene Scham weiß. Es gelingt ihr zwar kurzzeitig, ihre Souveränität zurückzugewinnen, indem sie ihn gemäß ihrer gesellschaftlichen Position wie einen Unterlegenen behandelt (vgl. S. 43). Schließlich erweist sich die Geschlechtszugehörigkeit aber als die bestimmendere Kategorie, er kann sie erniedrigen, weil sie als Frau aufmerksamerer Beobachtung und stärkeren Einschränkungen durch die Gesellschaft ausgesetzt ist als er.

Ähnlichen Problemen sieht sich auch die Sprecherin des Gedichts *Lied der liebenden Witwe* (entstanden 1936) gegenüber. Refrainartig wiederholt sie, wie sehr sie den neuen Mann in ihrem Leben begehrt, obwohl sie weiß, dass sie diese Affäre als Witwe eigentlich nicht haben dürfte. Ihr Begehren setzt sie mit „Sünde" (GBA 14, S. 328, V. 5) gleich, worin sich auch das Wertesystem ihrer Umwelt spiegelt. Die Leidenschaft, die sie für den Mann empfindet, erscheint ihr nur akzeptabel, wenn sie an Liebe gekoppelt ist, wobei sie befürchtet, dass der Mann ihr eben nicht „wirklich Liebe" (V. 14) entgegenbringt. Vielmehr wird er sie finanziell ausbeuten, sieht sie voraus: „Wenn all mein Erspartes aufgezehrt ist / Wirft er dann die Schale auf den Mist?" (V. 15f.) Sie fürchtet, durch das sexuelle Verhältnis erpressbar zu sein: „Weil ich weiß: steh ich vor ihm im Hemde / Bin ich ausgeplündert bis aufs Hemd" (V. 9).

Auch die 72-jährige Großmutter des Erzählers der Kalendergeschichte *Die unwürdige Greisin* hat „die langen Jahre der Knechtschaft" (GBA 18, S. 432), gemeint ist ihr Frondienst für Ehemann und Familie, mit dem Tod des Partners augenscheinlich hinter sich. Sogleich beginnen aber ihre Kinder, wie selbstverständlich über den weiteren Verlauf ihres Lebens zu bestimmen: „Die Kinder schrieben sich Briefe über das Problem, was mit ihr zu geschehen hätte." (S. 427) Die Greisin löst die Familienbande zunehmend auf und signalisiert, sich nicht mehr verpflichtet zu fühlen. Statt die bisherigen Verdienste der Mutter anzuerkennen und ihr die letzten Lebensjahre in freier Gestaltung zuzugestehen, sanktionieren die erwachsenen Kinder in unterschiedlichem Ausmaß das Verhalten der Greisin[26], die besondere Stärke aufbringen muss, um sich dem Verhaltenskodex, der für Witwen vorgesehen ist, zu entziehen. Sukzessive entfernt sie sich so von den Vorstellungen ihrer Kinder, die der Mutter vorschreiben wollen, wie sie sich als Frau und Witwe zu benehmen habe. Die Großmutter beharrt auf ihrem Recht, zumindest nach dem Tod des Mannes ein eigenständiges, von den Erwartungen der Familienmitglieder unabhängiges Leben führen zu dürfen und leistet damit „wahrhaft Revolutionäres"[27].

In einem viel härteren Maße trifft der Tod des Ehemanns proletarische Frauen, die vom Verdienst des Familienernährers existenziell abhängig sind. In der *Ballade von den Osseger Witwen* demonstrieren die hinterbliebenen Frauen der Arbeiter, die ihr Leben bei einem Grubenunglück verloren haben. Weder Politiker noch Polizisten fühlen sich davon betroffen, dass die Kinder der verunglückten Arbeiter „noch nichts gegessen" haben (GBA 12, S. 17, V. 4). Auch die Geschichte *Der Arbeitsplatz oder Im Schweiße Deines Angesichts sollst Du kein Brot essen* verdeutlicht, dass der Verlust des Ehemanns für die Familie den Ruin bedeutet. Hier ist die Witwe genötigt, sich als der Ehemann auszugeben, um so den Arbeitsplatz zu erhalten. Sich selbst eine Arbeit zu suchen, die so viel einbringen würde, dass sie damit ihre Kinder ernähren kann, ist für sie als Frau und angesichts der „Millionenarmee derer, die eines bescheidenen Broterwerbs wegen gezwungen sind, sich ganz oder stückweise oder gegenseitig zum Kauf anzubieten" (GBA 19, S. 349), aussichtslos. Der Tod des Gatten zwingt sie, die Identität eines Mannes anzunehmen, was ihr auch ausgesprochen gut gelingt und nur entdeckt wird, weil sie nach einem Unfall verletzt ins Krankenhaus eingeliefert wird (vgl. die Abschnitte zur Hausmann-Figur in Kapitel 4.9).

Die materielle Abhängigkeit, nicht zuletzt dadurch hervorgerufen, dass die Aufgabe der Frau in der unbezahlten Kindererziehung bestand oder Arbeiten für Frauen schlecht bezahlt waren, nimmt dabei zuweilen makabere

---

[26] Vgl. Ana Kugli: Die unwürdige Greisin. In: BHB 3, S. 355-360; hier S. 357f.
[27] Gerhard Köpf: „... und drinnen waltet die züchtige Hausfrau"? Anmerkungen zu Norm und Sympathie in Brechts Kalendergeschichte „Die unwürdige Greisin". In: Literatur für Leser 1979, S. 128-138; hier S. 128. Die Forschung hat die Greisin aber nicht ausschließlich positiv beurteilt, vgl. Wendula Dahle: Eine „unwürdige" Fachdidaktik? Anläßlich der Kalendergeschichte von B. Brecht, „Die unwürdige Greisin", als Schullektüre. In: Literaturwissenschaft und politische Kultur. Für Eberhard Lämmert zum 75. Geburtstag. Hg. v. Winfried Menninghaus und Klaus R. Scherpe. Stuttgart, Weimar 1999, S. 248-257; hier S. 251-256.

Formen an, wie die Figur der Frau Luckerniddle in *Die heilige Johanna der Schlachthöfe* zeigt. Frau Luckerniddle ist die Ehefrau eines Arbeiters, der bei einem Arbeitsunfall auf ekelhafte Weise zu Tode gekommen ist: Luckerniddle ist in den Sudkessel gefallen und wird nun zu Büchsenfleisch verarbeitet werden. Seine Ehefrau ahnt, dass etwas nicht in Ordnung ist und droht laut vor dem Fabriktor: „wehe! wenn ihr ihm etwas getan habt!" (GBA 3, S. 149) Maulers Mitarbeiter Slift, der Johanna gerade das Schlachthofgelände zeigt, speist Frau Luckerniddle mit einer Ausrede ab: „Ihr Mann ist verreist" (ebd.). Da sich diese mit der Lüge nicht begnügt, will Slift sie bestechen, indem er ihr anbietet, drei Wochen umsonst in der Kantine zu essen. Zunächst geht sie auf dieses Angebot nicht ein, sie betont jedoch die materielle Grundlage ihrer Ehe: „Ich muß meinen Mann wiederhaben. Ich habe niemand außer ihm, der mich erhält." (S. 150)

Noch bevor Johanna und Slift an der Kantine vorbeikommen, ist Frau Luckerniddle dort, sie erklärt Johanna, dass sie „seit zwei Tagen nichts gegessen" (S. 152) habe. Als Johanna versucht, sie davon zu überzeugen, dass ihrem Mann „in der Fabrik etwas zugestoßen [sei], woran die Fabrik schuld ist" (ebd.), reißt Frau Luckerniddle ihr das Essen aus der Hand und behauptet gemäß Slifts Lüge: „Er ist nach Frisco gefahren." (S. 153) Schließlich hört sie, dass Luckerniddle in den Sudkessel gefallen ist. Ihr wird schlecht, aber sie bittet den Kellner, das Essen nicht abzuräumen: „Lassen Sie den Teller stehen. Ich komme zurück." (Ebd.) Die Figur der Frau Luckerniddle demonstriert das hohe Maß der Abhängigkeit der proletarischen Frau von ihrem Ehemann. Die Arbeiter und Arbeiterinnen stehen durch ihre Armut ihrem Arbeitgeber machtlos gegenüber und gehen selbst in schwer wiegenden Fällen nicht gegen ihn vor, weil ihr Hunger sie bestechlich macht.

Obwohl selbst berufstätig, ist auch Frau Sarti in *Leben des Galilei* – deren Status als Witwe zwar nicht eigens thematisiert wird, der aber angenommen werden kann, weil sie ihren Sohn allein erzieht und eine ledige Mutterschaft aufgrund ihrer klaren Positionierung für die katholische Kirche auszuschließen ist – von einem Mann, nämlich Galilei als ihrem Arbeitgeber, existenziell abhängig. Ihre Befugnisse gehen weit über die einer üblichen Haushälterin hinaus, da Galilei keine soziale Kompetenz zeigt und sie selbst dafür Sorge tragen muss, dass er genug erwirtschaftet, um sie und ihren Sohn Andrea mitversorgen zu können. So bittet sie ihn bestimmt, einen neuen Privatschüler nicht wegzuschicken: „Ich denke an die Milchrechnung." (GBA 5, S. 19) Darüber hinaus ist sie für Galileis Tochter Virginia eine Art Mutterersatz und hat auch zu Galilei ein überaus persönliches Verhältnis. Ihre Aufgabe als Versorgerin des Wissenschaftlers nimmt sie sehr ernst, selbst als die Pest ausbricht, bleibt sie bei ihm, um ihm das Essen hinstellen zu können (vgl. S. 46f.). Schließlich bricht sie krank auf der

Straße zusammen und wird von Nonnen gepflegt; Galilei macht sich nur kurz darüber Gedanken, inwiefern er eine Mitschuld an ihrer Erkrankung trägt (vgl. S. 50). Frau Sarti bezahlt so den Preis für Galileis Wissenschaft: Denn während er in seinem Studierzimmer forschte, musste sie vermutlich in die Stadt, um Lebensmittel zu beschaffen, was eine höhere Ansteckungsgefahr bedeutete. Selbst als Galilei nach Sartis Ansteckung allein bleibt, ist es eine Nachbarin, die „*einen Krug vor Galileis Tür*" (S. 50) stellt. Galilei lebt von Versorgerinnen, die die materielle Basis seiner Wissenschaft erst ermöglichen, in den Geschichtsbüchern aber nicht genannt werden.[28]
Die Tatsache, dass Frau Sarti sang- und klanglos aus dem Stück verschwindet, ist von der Forschung kaum zur Kenntnis genommen worden. Gert Sautermeister ist der Ansicht, Brecht müsse die Figur als unbedeutend angesehen haben, „denn er bricht die zu Frau Sarti führende Handlungslinie [...] ab, ohne sie wiederaufzunehmen. Es scheint, als habe diese Nebenfigur *seiner Absicht nach* nur eine Funktion für die um Galilei konzentrierte Haupthandlung"[29]. Ganz abgesehen davon, dass Sautermeister das Abhandenkommen einer Figur, die zunächst nuanciert gestaltet ist, nur als Unbedeutendheit zu interpretieren vermag, unterstellt er zudem noch, seine Auslegung sei Brechts Absicht gewesen.[30] Vielmehr verweist das Verschwinden der Sarti doch darauf, dass diejenigen (oftmals Frauen), die große Persönlichkeiten versorgt und selbst in widrigen Situationen unter Aufopferung ihres eigenen Daseins unterstützt haben, ohne Nennung – in dieser Geschichte, aber auch in den Geschichtsbüchern – verloren gehen. Denn erst durch die Freistellung von den Aufgaben des Alltags hat Galilei die Möglichkeit, sich intensiv seiner Forschung zu widmen – dank der Opferbereitschaft Sartis auch zu schwierigen Zeitpunkten wie beim Ausbruch der Pest.
Die einzige Witwenfigur in Brechts Werk, der es gelingt, ihr Leben unabhängig und selbstständig zu gestalten, ist Leokadja Begbick in dem Stück *Mann ist Mann*. Sie demonstriert auch, welches Metier einer jungen Witwe ausreichendes Einkommen bescheren kann: die Prostitution. Allerdings hat das die gesellschaftliche Ächtung zufolge – was die Begbick nicht trifft, da sie mit der Armee, die ihr eigenes Wertesystem hat, von Ort zu Ort zieht.

---

[28] Vgl. in diesem Zusammenhang Bertolt Brecht: *Fragen eines lesenden Arbeiters* oder Witwe Begbicks Äußerungen in *Mann ist Mann* (GBA 2, S. 156).
[29] Gert Sautermeister: Zweifelskunst, abgebrochene Dialektik, blinde Stellen: Leben des Galilei (3. Fassung, 1955). In: Brechts Dramen. Neue Interpretationen. Hg. v. Walter Hinderer. Stuttgart 1984, S. 125-161; hier S. 151 (Hv. d. Verf.).
[30] Zur Problematik dieser Vorgehensweise vgl. Kapitel 2 dieser Arbeit.

4.2 Bürgerliche Keuschheitsmoral und Monogamie

Das bürgerliche Wertesystem impliziert sexuelle Enthaltsamkeit vor und Monogamie während der Ehe, wobei die Frau von dieser Erwartungshaltung sehr viel stärker betroffen ist als der Mann. Brecht thematisiert die Diskrepanz zwischen Anspruch und Wirklichkeit dieser Werte sehr ausführlich. Die Schwangerschaft der Frau wird in diesem Zusammenhang oft als Beleg ihres ‚unkeuschen' Verhaltens ausgelegt, was gesellschaftlich schwerwiegende Folgen hat. Gegen die Verurteilung der sexuell aktiven Frau setzt Brecht in einigen Texten die für seine Zeit durchaus anstößige Forderung, Frauen sollten ihre Lust ebenso frei ausleben wie Männer.

4.2.1 Anspruch und Wirklichkeit

Nach christlicher und bürgerlicher Idealvorstellung leben Menschen, insbesondere Frauen, bis zur Heirat sexuell enthaltsam. In der Ehe wird von den Partnern, wiederum aber von den Frauen mehr als von den Männern, monogames Verhalten erwartet. Sämtliche Texte Brechts, die sich auf die bürgerliche Keuschheitsmoral[31] beziehen lassen, betonen einen Aspekt: Dieser Anspruch wird in Wirklichkeit nicht gelebt. Die Texte legen mal in ernsthafter, mal in humorvoller Weise dar, wie Menschen mit den gesellschaftlichen Erwartungen wie ‚Keuschheit' und Monogamie umgehen. Explizit lässt sich an den Texten zeigen, dass Frauen stärker als Männer von den Anforderungen reglementiert werden.

In zahlreichen Texten und vielfach variiert stellt Brecht die für Frauen einfachste Methode dar, Anspruch und Wirklichkeit vorgeblich in Einklang zu bringen: Sie wahren nach außen den Schein, enthaltsam oder monogam zu sein, und leben ihre Sexualität heimlich aus. Ein frühes Beispiel, bei dem nicht nur die Frau, sondern auch der Mann entsprechend mit seiner Lust verfährt, findet sich in dem 1918 entstandenen Gedicht[32] *Der Jüngling und die Jungfrau. Keuschheitsballade in Dur*. Hier scheint die Ausgangslage des Paares ideal: Beide haben Gefühle für- und sexuelles Interesse aneinander. Da von der Frau allerdings erwartet wird, dass sie mit dem Sex bis zur Verehelichung wartet, küsst der Geliebte sie nur auf „die Stirne" (GBA 11, S. 13, Z. 7), schließlich ist sie „ja keine Dirne" (Z. 8). Darin spiegelt sich die in der bürgerlichen Gesellschaft verbreitete Vorstellung: Frauen, die Sex wollen, sind Dirnen. Seine Freundin sieht er nicht als Dirne an,

---

[31] Vgl. dazu auch Ute Frevert: Frauen-Geschichte. Zwischen Bürgerlicher Verbesserung und Neuer Weiblichkeit. Frankfurt a.M. 1986, S. 128-134.
[32] Das Gedicht geht 1919 als *Keuschheitsballade in Dur* in den Einakter *Die Hochzeit* ein.

deshalb geht er davon aus, dass sie nicht wollen kann. Sie wiederum versucht, seinem Bild von ihr zu entsprechen: „Und sie wollte keine [Dirne] sein." (Z. 9) Um die geliebte Frau „nicht zu entweihen" (Z. 17), befriedigt der Jüngling seine Lust schließlich bei einer Prostituierten. Die Erfahrung bei dieser ist nicht gerade positiv, sie lehrt ihn zwar die „Feste der Natur" (Z. 20), aber auch „das Speien" (Z. 19). Umgekehrt lässt sich die Geliebte von einem skrupellosen „Kerl" (Z. 27) auf der Treppe entjungfern, der Ort deutet dabei an, dass es sich um einen flüchtigen, schalen Akt handelt. Dem Fremden kann sie sich – im Gegensatz zu dem Mann, in den sie verliebt ist – ohne Scham überlassen, da es für sie keine Rolle spielt, ob dieser sie für eine ‚Dirne' hält oder nicht. Der Schein wird nach außen hin so zwar gewahrt, allerdings um den Preis, dass die Liebenden sich hintergehen. Sie tun das noch nicht einmal aus eigener Motivation heraus, sondern, um den von außen herangetragenen und internalisierten Rollenerwartungen – er darf sie nicht ‚beschmutzen', sie darf sich nicht ‚beschmutzen lassen' – zu genügen. Die geradezu tragische Konstellation wird dadurch aufgelockert, dass das Gedicht in einem humorvoll-sarkastischen Duktus gehalten ist, die bürgerliche Keuschheitsmoral wird der Lächerlichkeit preisgegeben. Die *Keuschheitsballade* ist ein frühes Beispiel aus Brechts Oeuvre „für eine bissige Entlarvung von Ideologie"[33]. Auch das 1945 entstandene Gedicht *Liebesunterricht* macht deutlich, dass es sich bei der vorehelichen Askese um eine Forderung handelt, von der den Mädchen ‚bange' werden kann:

Liebesunterricht

Aber, Mädchen, ich empfehle
Etwas Lockung im Gekreisch:
Fleischlich lieb ich mir die Seele
Und beseelt lieb ich das Fleisch.

Keuschheit kann nicht Wollust mindern
Hungrig wär ich gerne satt.
Mag's, wenn Tugend einen Hintern
Und ein Hintern Tugend hat.

Seit der Gott den Schwan geritten
Wurd es manchem Mädchen bang
Hat sie es auch gern gelitten:
Er bestand auf Schwanensang.

(GBA 15, S. 162f.)

---

[33] Fritz Hennenberg: Lieder zur Klampfe. In: BHB 2, S. 41-47; hier S. 46.

Beschrieben werden die Widersprüche, in denen junge Frauen leben: Sie werden genötigt, so zu tun, als mögen sie keinen Sex und als wollten sie ihre ‚Unschuld' bewahren (vgl. V. 11f.). Festgehalten wird dabei, dass „Keuschheit" die „Wollust" aber nicht mindert, vielmehr sind auch – und gerade – ‚Keusche' in dieser Hinsicht ‚hungrig' (V. 5f.). Die Mädchen müssen also einerseits vorgeben, Sex nicht zu wollen, anderseits in der Ablehnung durchscheinen lassen, dass sie doch wollen, um denn zu dem zu kommen, was sie eigentlich wollen. Deshalb empfiehlt der Sprecher „Etwas Lockung im Gekreisch" (V. 2). Gleichzeitig wird die Zusammengehörigkeit von Körper und Seele: „Fleischlich lieb ich mir die Seele / Und beseelt lieb ich das Fleisch" (V. 3f.), sowie die von vermeintlicher Tugend und Untugend betont: „Mag's, wenn Tugend einen Hintern / Und ein Hintern Tugend hat." (V. 7f.) Das lyrische Ich unterstreicht damit, dass das eine wie das andere zum Leben gehört und nicht in moralischen Kategorien bewertet werden kann. Das Bedürfnis nach Sex wird nicht zufällig mit Hunger gleichgesetzt (vgl. V. 5f.): beides sind biologische Vorgänge. Einen Hungrigen verurteilt man nicht dafür, dass er Hunger hat – warum also eine Frau, die Lust empfindet?

Eine ähnliche Strategie, um die Klippen der gesellschaftlichen Erwartungen zu umschiffen, wählt das lyrische Ich des Gedichts *Lala*, das um 1923 entstanden ist. Die Sprecherin verwendet für sich und ihren Liebhaber die Klischees der verführten Jungfrau und des rücksichtslosen Verführers. Durch ihre Beschreibung wird aber deutlich, dass die Zuweisungen nicht passen, da sie in dem Mann nicht weniger ein ausschließliches Lustobjekt sieht als er in ihr. Die junge Frau, die sich als „ein armes unschuldiges Mädchen" (GBA 13, S. 279, V. 21) bezeichnet, stellt sich als die von einem „Schuft" (V. 20) Verführte dar – und reiht sich damit vermeintlich ein in die Gruppe der jungen, unwissenden Frauen, die von einem erfahrenen Mann, für den sie romantische Gefühle hegen, geradezu gegen ihren Willen zum Sex animiert werden. Allerdings beschreibt die Sprecherin in den sechs Strophen erbost, dass ihr Liebhaber an Ejaculatio praecox leidet und sie nach der Entjungferung unbefriedigt wieder nach Hause schickt: Das ist der eigentliche Grund für ihre Wut auf ihn, nicht etwa die Verführung selbst. Er besitze „gar kein Schamgefühl" (V. 8), behauptet sie, ist aber nicht etwa entrüstet darüber, dass er es wagt, „eine Jungfrau so anzutasten" (V. 9), sondern wirft ihm vor, dabei „nicht im Stand" (V. 10) gewesen zu sein, die Aufgabe für sie befriedigend zu erfüllen. Während sie einerseits wiederholt auf ihre ‚Unschuld' hinweist, machen ihre Formulierungen andererseits deutlich, dass sie genaue Vorstellungen davon hat, welche Leistungen ihr Liebhaber erbringen sollte, der mit seiner „verdorrten Samendattel" (V. 15) ihre Bedürfnisse eben nicht befriedigt. Wohlgemerkt ist in keinem Vers die Rede von Liebe, die Sprecherin fühlt sich von dem Mann hintergangen, weil er nur seine eigene „Wollust" (V. 24) gesättigt hat und sich für ihre Lustbefriedigung nicht verantwortlich fühlt. Selbst das Argument des Liebhabers „Ich soll froh sein, daß ich bei ihm kein Kind kriege" (V. 18), lässt sie nicht gelten, lieber habe sie gar keinen Sex als schlechten: „Als ob ich nicht etwa auf alles pfiffe / Wenn ich nichts davon habe!" (V. 19f.) Die Sprecherin des Gedichts erscheint als selbstbewusste Frau, die genau weiß, was sie von einer sexuellen Beziehung erwartet – gleichzeitig setzt sie die gesellschaftlichen Schablonen ein, um sich als Opfer darzustellen und damit der Ächtung, die sexuell aktive Frauen ereilt, zu entgehen.

Eine Frau, die sich ebenfalls gekonnt um die gesellschaftlichen Regeln herum mogelt, wird in dem Gedicht *Wenn sie trinkt, fällt sie in jedes Bett* (entstanden 1937) mit viel Witz beschrieben. Das lyrische Ich ist der Partner einer Frau, die eigentlich monogam veranlagt scheint: „Wenn sie nicht trinkt, läßt sie keinen ran" (GBA 14, S. 351, V. 2). Allerdings ändert sich das, wenn sie Alkohol getrunken hat, dann „fällt sie in jedes Bett" (V. 1). Die Männer, die sie im betrunkenen Zustand attraktiv findet, konsumiert sie sexuell, hat sie danach aber „satt" (S. 352, V. 10). Ihr Partner ist von diesem Verhalten schockiert, zumal sie schon „in der ganzen Stadt" (V. 7) dafür bekannt ist, dennoch enthebt er sie der Verantwortung („Schade, daß sie da nichts machen kann"; S. 351, V. 5), zumal sie nüchtern anders zu sein scheint. Die dritte und letzte Strophe zeigt aber auf, dass die Frau den Alkohol durchaus systematisch einsetzt, um ihre sexuellen Wünsche ausleben zu können: „Sieht sie einen, den sie gerne hätt / Fängt sie leider an zu trinken" (S. 352, V. 15f.).

Polly Peachum im *Dreigroschenroman* ist ebenfalls darum bemüht, bei allen den Eindruck von Unschuld und Unerfahrenheit in sexuellen Dingen zu erwecken, tatsächlich hat sie sowohl vor als auch nach ihrer Heirat mit Macheath meistens mehrere Liebhaber. Die körperliche Liebe wird bei ihr als Bedürfnis dargestellt, das allgemein besteht und sich nicht auf einen bestimmten Mann richtet: „*kommen mir solche Wünsche, die leider ganz allgemein gerichtet sind, beinahe auf jeden Mann*" (GBA 16, S. 30f.). Ihre Lust wird durchaus auch von Gegenständen wie der schönen Brosche geweckt (vgl. S. 61), was deutlich macht, dass sie in bürgerlichen Maßstäben denkt: Männer sind für sie attraktiv, wenn sie Geld haben, potenzielle Versorger darstellen. Außerdem manipuliert sie die Männer und schiebt dem gewieften Gangster Macheath sogar ein Kuckuckskind unter. Polly gehört zu den Figuren, die ihre vermeintliche Unschuld strategisch einsetzen, nach außen gibt sie vor, die gesellschaftlichen Erwartungen zu erfüllen, um sich so materielle Vorteile zu sichern.

Dass die Keuschheitsmoral eine Frau sogar zwingen kann, eine Vergewaltigung zu simulieren, zeigt *Die Geschichte vom Mann in der andern Kammer*, die um 1920 entstanden ist. Ein Mann, der eine Affäre mit einer Frau hat, die nach außen als „Heilige" (GBA 19, S. 50) gilt, verabredet sich mit einem anderen Mann, der in der Nebenkammer den Geschlechtsakt belauschen soll. Die Frau hört den Lauscher hinter der Wand aber, worauf ihr die Lust zunächst vergeht. „Sie lag still wie eine Leiche" (ebd.) heißt es ausdrücklich, was auf den gesellschaftlichen Tod hindeutet, der sie erwartet, wenn die Geschichte ihrer ‚Unkeuschheit' von den Männern verbreitet wird. Während der Mann keine Konsequenzen fürchten muss, falls die Affäre bekannt wird, kann für die Frau die sexuelle Aktivität Ächtung und verminderte Heiratschancen, d.h. auch eine schlechtere materielle Absicherung, bedeuten.

Doch schließlich hat sie einen „Einfall" (S. 51). Während sie ihrem Liebhaber körperlich signalisiert, dass sie bereit ist, mit ihm Sex zu haben, beschimpft sie ihn verbal als „Vieh!", kreischt „wie eine Jungfrau, während sich ihre Schenkel schamloser denn je spreizten", bezichtigt ihn der Vergewaltigung und droht ihm mit einer Anzeige (ebd.). Der Liebhaber deutet dies als Spiel und begreift nicht, dass der Freund hinter der Wand nur hört, was sie sagt, und nicht sieht, was sie tut. Im Falle einer tatsächlichen Anzeige hätte sie so sogar einen Zeugen. Die Frau kommt auf diese Art zu körperlicher Befriedigung – der Liebesakt ist „nie seliger" gewesen (ebd.), betont der Text – dennoch hat sie das Bild der anständigen Frau nach außen hin gewahrt. Die Männer „schämten sich beide" (S. 52), nachdem die Frau gegangen ist, denn der eine erscheint nun wie ein Vergewaltiger und sein Freund wie einer, der das nicht verhindert hat – von ihnen muss sie keinen Schaden befürchten.

Noch stärker problematisiert wird die Thematik in den Gedichten *Sonett Nr. 10. Über die Notwendigkeit der Schminke* sowie *Über die Verführung von Engeln*, in denen herausgearbeitet wird, dass Frauen durch die Keuschheitsmoral um das freie Ausleben ihrer Sexualität betrogen werden, die sie verdrängen und ohne Bewusstsein erfahren. Im *Sonett Nr. 10* wird beschrieben, wie die (Ehe-)Frauen „ihren Schoß verstecken" (GBA 11, S. 126, V. 1) – mit all den damit verbundenen Bedürfnissen. Sie begreifen ihre sexuelle Lust nicht, weshalb sie flüchtig („stehend an der Mauer"; V. 7) Sex haben, wenn sich eine Gelegenheit ergibt, ohne zu verstehen, was da vor sich geht („Schließend die Augen"; V. 7).

Über die Verführung von Engeln

Engel verführt man gar nicht oder schnell.
Verzieh ihn einfach in den Hauseingang
Steck ihm die Zunge in den Mund und lang
Ihm untern Rock, bis er sich naß macht, stell
Ihn, das Gesicht zur Wand, heb ihm den Rock
Und fick ihn. Stöhnt er irgendwie beklommen
Dann halt ihn fest und laß ihn zwei Mal kommen
Sonst hat er dir am Ende einen Schock.

Ermahn ihn, daß er gut den Hintern schwenkt
Heiß ihn dir ruhig an die Hoden fassen
Sag ihm, er darf sich furchtlos fallenlassen
Dieweil er zwischen Erd und Himmel hängt –

Doch schau ihm nicht beim Ficken ins Gesicht
Und seine Flügel, Mensch, zerdrück sie nicht.
(GBA 15, S. 193)

Ähnlich wie im *Sonett Nr. 10* findet der Akt in dem 1948 entstandenen *Engel*-Gedicht im „Hauseingang" (GBA 15, S. 193, V. 2) statt, und auch hier geschieht er „schnell" (V. 1) – zumindest ist das die Empfehlung des Sprechers, der in traktatähnlicher Weise (was durch das „Über" im Titel angedeutet wird) Verhaltensanweisungen zur Verführung gibt. Allerdings wird die Möglichkeit, es „gar nicht" (V. 1) zu tun, ebenfalls offen gelassen – für den Fall, dass die Leser die folgenden Ratschläge nicht umzusetzen wissen. Empfohlen wird, den Engel mit dem „Gesicht zur Wand" (V. 5) zu stellen, ihn sexuell zu erregen („bis er sich naß macht"; V. 4) und ihn dann von hinten zu befriedigen. Ausdrücklich handelt es sich um Verführung, nicht um Vergewaltigung, der sexuelle Genuss des Engels steht im Mittelpunkt: „bis er sich naß macht" (V. 4), „laß ihn zwei Mal kommen" (V. 7). Was da geschieht, ist nicht gegen den Willen des Engels, sondern entspricht „seinen möglicherweise geheimen Wünschen und Neigungen durchaus"[34]. Dem Engel soll vermittelt werden, dass er nichts Falsches tut: „ruhig" (V. 10), „er darf sich furchtlos fallenlassen" (V. 11). Der fiktive Ausführer der Anweisungen wird ermahnt, dem Engel „nicht beim Ficken ins Gesicht" (V. 13) zu schauen, d.h. dessen Anonymität soll gewahrt bleiben. Versteht man den Engel als junge, sexuell unschuldig wirkende Frau[35], kann das

---

[34] Jürgen Hillesheim: Über die Verführung von Engeln. In: BHB 2, S. 417-420; hier S. 419.
[35] Als zweite Lesart bietet sich durch das Genus von Engel auch an, den Engel als männlich und den Sexualakt als homosexuellen zu lesen, vgl. Knopf: „Die mit Recht berühmte Stelle": Bertolt Brechts Sexgedichte, S. 265.

Gedicht gelesen werden als Empfehlung, ihr, die ihre sexuellen Wünsche aufgrund der gesellschaftlichen Tabus nicht ausleben darf, Genuss zu schenken, bei dem sie ihr Gesicht nicht verliert. Das wird durch die Anonymität sichergestellt: Sie kann danach als ‚Engel' weiterexistieren und hat aber doch Befriedigung gefunden – so kann die Frau die gesellschaftlichen Rollenerwartungen aushöhlen. Der Text kritisiert implizit auch eine bürgerliche Moral, die Frauen kein Ausleben ihrer Sexualität zugesteht, denn innerhalb dieser gesellschaftlichen Konventionen können sie nur zu Befriedigung kommen, wenn sie gesichtslos bleiben, nicht als Individuum in Erscheinung treten, nur dann können sie ohne Schuldgefühle Sex haben. Problematisch bleibt natürlich, dass die Frau auch in diesem Fall ihre Sexualität nicht bewusst auslebt, über eigene Wünsche oder Bedürfnisse keine Vorstellung entwickelt und unter den gegebenen gesellschaftlichen Vorzeichen auch nicht ohne Scham entwickeln kann.

Denn die Scham ist es, die in den schlimmsten Fällen die Mädchen sogar in den Tod treibt, so etwa Johanna im *Baal*, die sich für das sexuelle Abenteuer mit dem Dichter verurteilt: „Oh, was habe ich getan. Ich bin schlecht." (GBA 1, S. 37) Baals sexuell motiviertes Interesse genügt ihr nicht, sie will wissen: „Hast du mich lieb?" (S. 38) Johanna gehorcht damit der gesellschaftlichen Konvention, nach der Sex nur aus vermeintlicher Liebe heraus motiviert sein darf – da das bei Baal und ihr nicht der Fall ist, empfindet sie ihre Schuld als so groß, dass sie Selbstmord begeht[36].

Aus der Perspektive des männlichen Liebhabers beschreibt *Von den verführten Mädchen* aus der *Hauspostille* gleich mehrere junge Frauen, die wie Johanna als „Wasserleichen" (GBA 11, S. 108, V. 3) ihrem Leben ein Ende gesetzt haben. Für den Tod der Mädchen trägt der Sprecher des Gedichts die Verantwortung („auf meinem Gewissen"; V. 4), denn er hat sie verführt, wie es im Titel heißt. Die Mädchen haben daraufhin Selbstmord begangen und sind nun in der „Hölle" (V. 6), „auf meine Kosten" (V. 8) betont der Sprecher, was andeutet, dass er es als ungerecht empfindet, als der Schuldige zu gelten, die Verantwortung wird ihm aufgedrängt. Er unterstreicht in den beiden folgenden Strophen den Genuss, den auch die Frauen hatten: „Die den orangenen Tag mit mir genossen haben" (S. 109, V. 11), „Satt" (V. 13), „schöne Speisung" (ebd.). Die Selbstmorde der Frauen stürzen ihn zwar in „Gewissensqual" (V. 14) und „Versauten die Erde mir" (V. 15), dennoch weist er die Verantwortung am Tod der Frauen von sich, denn auch sie haben den Sex genossen. Das Gedicht kann gelesen werden als Beleg dafür, dass die sexuelle Reglementierung der Frau auch

---

[36] Vgl. Block: Baal Dancing, S. 117-130.

für den Mann von Nachteil ist. In diesem Fall ist er genötigt, persönliche Verantwortung für etwas zu übernehmen, was eigentlich ein strukturelles Problem seiner Gesellschaft ist.
Die Schwierigkeiten, die speziell Frauen höheren Standes aufgrund der gesellschaftlichen Forderung nach ‚Keuschheit' zu bewältigen haben, beschreibt der Text *Über Gelegenheiten / Erfindung macht verliebt*, der innerhalb der GBA im Anhang der *Flüchtlingsgespräche* zu finden ist[37]. Der Erzähler ist Chauffeur und berichtet einerseits von seinen zahlreichen sexuellen Erfahrungen mit den Frauen, in deren Umfeld er arbeitet, sowie andererseits von den Erzählungen anderer Männer. Die geschilderten Episoden machen eines deutlich: Sexuelle Enthaltsamkeit und Monogamie sind Werte, die nach außen hin zwar von Bedeutung zu sein scheinen, tatsächlich wird aber keine Gelegenheit ausgelassen, unverbindlich, manchmal anonym Sex zu haben. Der Chauffeur behauptet sogar, dass für die bürgerlichen Damen diese Verhaltensweise gesellschaftlich akzeptiert sei, d.h. von ihnen wird nicht wirklich ‚Keuschheit' bzw. Monogamie erwartet, sie sollen lediglich nach außen diesen Eindruck vermitteln: „ein gewisses Nachaußenhin müssens aufrecht erhalten. Das ist das einzige, was von ihnen verlangt wird, das müssen beherzigen." (GBA 18, S. 316) Die einzige Möglichkeit, die Frauen zu monogamem Verhalten zu bewegen, liegt folglich darin, permanent eine Art von Öffentlichkeit sicher zu stellen, etwa durch Zofen oder Schwestern, die soziale Kontrolle ausüben. Deshalb, so macht der Erzähler an verschiedenen Beispielen deutlich, ist es notwendig, „Gelegenheiten" (S. 317) zu nutzen, wenn sie sich ergeben.
Bemerkenswert ist der Text auch deshalb, weil er körperliche Liebe zwischen Menschen unterschiedlicher sozialer Herkunft thematisiert. Der Erzähler selbst ist politisch gesehen „auf der Seit von den Dienstboten und nicht von der Herrschaft", dennoch müsse man „die Politik nicht in das Badezimmer tragen" (S. 316), d.h. ‚biologisch' versteht er sich auch mit politischen Gegnerinnen. Umgekehrt sind die Damen aber nicht bereit, den „Standesunterschied" (S. 317) einfach zu übersehen. So berichtet der Chauffeur, wie eine der Frauen den unbehaglichen Grasboden vorgezogen hat, statt es „bequem im Cardillac" (ebd.) zu tun. Dafür hätte sie ihn auf den Rücksitz einladen müssen, der ausschließlich der Herrschaft vorbehalten ist. So darf der Chauffeur, drastisch formuliert, zwar in ihren Körper, aber nicht in ihr Auto (es sei denn hinter das Lenkrad).

---

[37] Neureuter vermutet, dass die vier (wenn man so will) ‚pornografischen' Texte (GBA 18, S. 315-327) wahrscheinlich noch in Finnland geschrieben wurden. Es ist davon auszugehen, dass Brecht sie nicht in die *Flüchtlingsgespräche* integrieren wollte, vgl. Hans Peter Neureuter: Flüchtlingsgespräche. In: BHB 3, S. 333-348; hier S. 337.

Der Erzähler betont, dass „der Standesunterschied auch wieder eine Schranke ausmacht, wo manchmal unübersteiglich ist" (ebd.). Bei manchen Damen müsse man sich auf erfindungsreiche Spiele einlassen, um zum Ziel zu kommen. Als Beispiel wird die Baronin Gelstetten erwähnt, „die mir parduh hat einreden wollen, ich bin kein Schofför, sondern ein Gentleman, der nur die Stellung genommen hat, daß er ihr nah ist. Ohne die Illusion hätts sies nicht machen können." (S. 318) Darin wird wiederum die Reglementierung weiblicher Sexualität deutlich: Die Frauen können nicht einmal ihre Liebhaber nach persönlicher Lust auswählen, sondern müssen dabei die Konventionen ihres Standes beachten. Bei der Baronin ist diese Konvention so internalisiert, dass sie selbst bei einer heimlichen Liebschaft nicht davon Abstand nehmen kann.

4.2.2 Schwangerschaft und uneheliche Kinder
Wie die im vorangehenden Kapitel untersuchten Texte verdeutlichen, wirken sich die Forderung nach sexueller Enthaltsamkeit vor und Monogamie während der Ehe äußerst negativ aus, weshalb die Frage berechtigt erscheint, warum sie in der bürgerlichen Gesellschaft überhaupt als Ideale definiert werden. Im Kontext des bürgerlichen Besitzdenkens (vgl. Kapitel 4.1.3) erfüllen diese Werte wichtige Funktionen: Durch sie wird sichergestellt, dass die Frau als ‚Ware' unbeschädigt, d.h. jungfräulich, in die Ehe eintritt, die Monogamie der Frau während der Ehe soll die Vaterschaft des Ehemannes im Fall der Familiengründung garantieren[38] (das die Umsetzung dieser Ansprüche nur bedingt gelingt, ist ebenfalls in Kapitel 4.1.3 gezeigt worden).
Doch auch von der gesellschaftlichen Warte aus ließe sich ein Argument für die sexuelle Enthaltsamkeit anführen: In einer Zeit, in der es noch keine zuverlässigen Verhütungsmittel gab, hatte der Aspekt der ungewollten Schwangerschaft einen besonderen Stellenwert. Makrosoziologisch argumentiert, macht es durchaus Sinn, potenziellen Nachwuchs durch die Vorschaltung einer Institution wie der Ehe abzusichern und entsprechendes ‚Fehlverhalten', d.h. vorehelichen Sex, zu sanktionieren.[39] In vielen Texten Brechts wird aber deutlich, dass dieser gesellschaftliche Mechanismus nicht richtig funktioniert. Oft werden die Ehen geschlossen, weil bereits ein

---

[38] Rühle nennt überdies: „Weiter aber steht dahinter auch das seelische Interesse des Ehemannes, der nicht wünscht, daß die Ehefrau in bezug auf seine sexuelle Leistungsfähigkeit Vergleiche ziehen kann, die vielleicht ungünstig für ihn ausfallen." (Otto Rühle: Illustrierte Kultur- und Sittengeschichte des Proletariats, Bd. 2. Gießen ¹1977, S. 16).
[39] Vgl. dazu Rühle: Kultur- und Sittengeschichte, Bd. 1, S. 444f.

Kind unterwegs ist, so etwa in *Die Hochzeit* – wobei der Einakter die Zuschauer nicht im Unklaren darüber lässt, dass es um die Zukunft der Brautleute nicht zum Besten bestellt ist.[40] Häufig hat die Sanktionierung sexueller Aktivität sogar das Gegenteil als den Schutz des Nachwuchses zur Folge. Für eine Frau bedeutete ein uneheliches Kind in jeder sozialen Schicht einen großen Makel, der das ganze weitere Leben grundlegend bestimmte, wodurch manche Frau als einzigen Ausweg eine Abtreibung oder aber die Kindstötung sah, wie Brecht in dem Gedicht *Von der Kindesmörderin Marie Farrar* aus der *Hauspostille* beschreibt.[41] Maries Lebenssituation wird zu Beginn schlagwortartig zusammengefasst: „Unmündig, merkmallos, rachitisch, Waise" (GBA 11, S. 44, Z. 4). Welches Leben sie führt, wird am Rande der Beschreibung von verheimlichter Schwangerschaft und Abtreibungsversuchen deutlich: Es besteht aus „Tellerwaschen" (Z. 19), „Stiegenwischen" (S. 45, Z. 37), „Wäschehangen" (Z. 40) und Schnee kehren (vgl. Z. 48), und das, obwohl sie selbst fast noch ein Kind ist: „Sie selbst sei, sagt sie, damals noch gewachsen." (S. 44, Z. 20) Von den Abläufen in ihrem Körper weiß sie nicht viel, die Geburt ‚überfällt' sie (vgl. Z. 30). Als das Neugeborene zu schreien beginnt, schlägt sie es „mit beiden Fäusten ohne Aufhörn, blind" (S. 46, Z. 83) zu Tode.[42] Das Ende des Gedichts berichtet vom Tod der ledigen Mutter im Gefängnis. Unerwähnt bleibt der Vater des Kindes, der auch bei der Verurteilung nicht als Mitverantwortlicher zur Kenntnis genommen wird – das spiegelt die Vorstellung der bürgerlichen Gesellschaft, dass die Frau die Konsequenzen nichtehelichen Geschlechtsverkehrs allein zu tragen habe. Der Sprecher des Gedichts betont in der letzten Strophe, dass die Lebensumstände bei der Bewertung berück-

---

[40] Zudem wird auch die „Sexualmoral der Kleinbürger [...] durch die Tatsache ad absurdum geführt, dass jeder Anwesende von vornherein weiß, dass die Braut schon schwanger und die Hochzeit mit der in Aussicht gestellten Hochzeitsnacht somit eine Farce ist" (Jürgen Hillesheim: Die Einakter von 1919. In: BHB 1, S. 100-111; hier S. 104).
[41] Zum Motiv der Kindstötung in der Literatur vgl. Kirsten Peters: „Der Kindsmord als schöne Kunst betrachtet". Eine motivgeschichtliche Untersuchung der Literatur des 18. Jahrhunderts. Würzburg 2001. / Richard van Dülmen: Frauen vor Gericht. Kindsmord in der Frühen Neuzeit. Frankfurt a.M. 1991.
[42] Auf biblische Motive und Topoi innerhalb des Gedichts haben Lehmann und Jesse verwiesen, vgl. Hans-Thies Lehmann: Der Schrei der Hilflosen. In: Bertolt Brechts „Hauspostille". Text und kollektives Lesen. Hg. v. Hans-Thies Lehmann und Helmut Lethen. Stuttgart 1978, S. 74-98; hier S. 82-84. / Horst Jesse: Die Lyrik Bertolt Brechts von 1914-1956 unter besonderer Berücksichtigung der „ars vivendi" angesichts der Todesbedrohung. Frankfurt a.M., Berlin 1994 (Europäische Hochschulschriften I, Bd. 1467), S. 84f.

sichtigt werden müssen: Jene, die in „saubern Wochenbetten" (Z. 95) gebären, können sich über Marie Farrar kein Urteil erlauben. Zwar sei ihre „Sünd [...] schwer, doch ihr Leid groß" (Z. 98). Klaus-Detlef Müller zieht aus dem Text den Schluss, dass „Normen, die für alle gelten sollen, [...] Gleichheit der sozialen Umstände" voraussetzen.[43] So betrachtet, erscheint auch die sexuelle Enthaltsamkeit als gesellschaftliche Norm ad absurdum geführt: Sie soll potenziellen Kindern eigentlich eine gute Versorgung sichern, indem der Familiengründung die Heirat der Eltern vorgeschaltet ist – hier aber muss das Kind sterben, weil die ledige Mutter Angst hat und nicht weiß, was mit ihr geschehen wird, falls jemand von der Geburt erfährt. Ähnlich aussichtslos erscheint ihre Zukunft nach dem ‚Fehlverhalten' auch der jungen Frau, die in dem Gedicht *Dunkel im Weidengrund* von 1920 am Ende schwanger den Fluss hinunter treibt. Auch sie hat Sex nur unbewusst („dunkel"; GBA 13, S. 152, V. 7; „blind"; V. 8) und flüchtig („geschwind"; V. 4) erfahren, von Genuss ist dabei keine Rede. Im Gegensatz zu Marie Farrar tötet diese junge Frau, als sie erkennt, dass sie schwanger ist, nicht nur das Kind, sondern auch sich selbst: Als vermeintlichen Ausweg wählt sie den Selbstmord.

Unter einen ähnlichen Rechtfertigungsdruck gerät auch die Anna/Grusche-Figur des Kreidekreis-Stoffes, den Brecht mehrfach verarbeitet hat: 1940 in der Kalendergeschichte *Der Augsburger Kreidekreis*, 1944 in dem Theaterstück *Der kaukasische Kreidekreis*, sowie 1956 in einem gleichnamigen Prosatext, der die Fabel des Stücks unverändert wiedergibt. In allen Texten rettet die Magd ein Kind vor dem sicheren Tod, ist aber fortan genötigt, es als ihr eigenes auszugeben und die Herkunft des Kindes zu verschweigen. Das Kind wird Grusche als Beweis nichtehelicher sexueller Aktivität ausgelegt, was gerade bei der Grusche-Figur nicht zutrifft, da sie auf ihren Verlobten, den Soldaten Simon, wartet. Die Magd sieht sich so genötigt, einen angeblich im Sterben liegenden Bauern zu heiraten, von dem sie sich nach außen die Legitimierung des Kindes erhofft, ohne faktisch eine Ehe leben zu müssen. In beiden Ausarbeitungen des Stoffes sieht sich die Magd bald mit einem unbekannten und ungeliebten Mann verheiratet, der wider alle Wahrscheinlichkeit gesundet. Bei Grusche erweist sich das als folgenschwer, weil der Geliebte so nach seiner Rückkehr aus dem Krieg Grund hat, an ihrer Loyalität zu zweifeln, und ein gemeinsames Leben nun unmöglich erscheint. Das Nebeneinander von unbeirrtem Einsatz für das Kind und den wiederkehrenden Gedanken an Simon wird „zur Demonstration ih-

---

[43] Klaus-Detlef Müller: Von der Kindesmörderin Marie Farrar. In: BHB 2, S. 109-111; hier S. 111.

rer gestischen Situation: sie läßt sich immer mehr abdrängen von dem, was sie subjektiv will, um das zu erfüllen, was sozial und objektiv notwendig ist"[44]. Je mehr Grusche „das Leben des Kindes fördert, desto mehr bedroht sie ihr eigenes; ihre Produktivität wirkt in der Richtung ihrer eigenen Destruktion" (*Zu „Der kaukasische Kreidekreis"*; GBA 24, S. 346). Ironisch umgekehrt wird die gesellschaftliche Forderung, sexuell enthaltsam zu bleiben, um nicht schwanger zu werden, in dem Vierzeiler *Komm Mädchen, laß dich stopfen* von 1921. Der Sprecher fordert das Mädchen in drastischer Sprache zum Sex auf, weil dieser „gesund" (GBA 13, S. 228, V. 2) sei: davon würden die Brüste „größer" (V. 3) und der Bauch „kugelrund" (V. 4). Die mögliche Schwangerschaft, sonst als große Katastrophe angesehen, erscheint damit – wenn auch mit einem Augenzwinkern – als etwas Positives, zumal der runde Bauch auch an Wohlstand denken lässt[45]. So banal und provokativ das Gedicht auf den ersten Blick wirken mag, kann im vorliegenden Kontext doch geschlossen werden: Schwangerschaften sind prinzipiell nichts Schreckliches. Es ist die Gesellschaft, die zwischen ‚guten', d.h. legitimen, und ‚schlechten', d.h. illegitimen, Schwangerschaften unterscheidet.

4.2.3 „Das Weib soll sein an seiner Lust gemessen"

Gegen die bürgerlichen Konzepte von ‚Keuschheit' und Monogamie setzen einige Brecht-Texte die Empfehlung, Sex als Bestandteil des menschlichen Lebens zu erkennen und zu akzeptieren. So beschreibt das 1920 in Prosa verfasste Gedicht *Ich, Jüngling, sage mir*, wie der jugendliche Sprecher bei allem, was er betrachtet, nur sexuelle Konnotationen zu entdecken vermag, selbst der Himmel erscheint ihm, „als ob er wieder die ganze Nacht gevögelt hätte!" (GBA 13, S. 151, Z. 1f.) Auch Weiher oder den Anblick von Hunden empfindet er als „unsittlich" (Z. 6). „So werde ich gewaltsam geil gemacht" (Z. 12), schlussfolgert der Sprecher am Ende. Die zahlreichen Bezüge zur Natur zeigen jedoch, dass er von Natur aus ‚geil' ist, vielmehr wird er gewaltsam, d.h. gesellschaftlich, davon abgebracht, das für gut zu befinden (geschweige denn auszuleben).
Das im selben Jahr entstandene Gedicht *Durch die Kammer ging der Wind* beschreibt eine junge Frau, die Sex so unkompliziert genießt wie Essen:

---

[44] Jendreiek: Bertolt Brecht, S. 329.
[45] Vgl. Knopf: Gelegentlich: Poesie, S. 219.

> Durch die Kammer ging der Wind
> Blaue Pflaumen fraß das Kind
> Vor es seinen weißen Leib
> Hingab still zum Zeitvertreib.
>
> Doch zuvor bewies sie Takt
> Denn sie wollte ihn nur nackt
> Einen Leib wie Aprikosen
> Vögelt man nicht in den Hosen.
>
> Wirklich bei dem wilden Spiel
> War ihr keine Lust zuviel.
> Danach wusch sie sich gescheit:
> Alles hübsch zu seiner Zeit.
>
> (GBA 13, S. 151)

Den „weißen Leib" (V. 3) ‚gibt' sie – die in der ersten Strophe noch als „Kind" (V. 2), also als ‚Jungfrau' bezeichnet wird –, nach dem Pflaumenessen „zum Zeitvertreib" (V. 4) ‚hin'. Das junge Mädchen schert sich nicht um die Konvention, nach der die unverheiratete Frau sexuell ‚unschuldig' bleiben soll; das Ausleben der körperlichen Lust wird auch nicht mit Liebe legitimiert, sondern geschieht wie nebensächlich und zum Vergnügen. Selbstbewusst bestimmt sie, wie der Liebesakt stattfinden soll, sie besteht darauf, dass der Liebhaber sich die Zeit zum vollständigen Entkleiden nimmt. Nach dem „wilden Spiel" (V. 9), bei dem sie ihre „Lust" (V. 10) auslebt, wäscht sie sich, und alles ist wieder in Ordnung. Sie empfindet keine Scham und hat kein schlechtes Gewissen.

Ein Plädoyer für das offene Ausleben von Lust ist auch das um 1938 entstandene Sonett *Über induktive Liebe*. Der Sprecher des Gedichts schlägt vor, die induktive Methode Bacons[46] „in die Liebe einzuführen" (GBA 14, S. 425, V. 2). Geradezu wissenschaftlich sollen Berührungen und die Reaktionen darauf am Körper des anderen erforscht werden.[47] Respekt und Experimentierfreude, nicht gesellschaftliche Tabus definieren dabei die Grenzen: „Nur dürfte weder Wollen noch Verwehren / Bei dem Versuch das

---

[46] Die Induktion ist eine empirische Methode, bei der von der Beobachtung des Einzelfalls auf andere Fälle geschlossen wird. In diesem Sinne ist der Begriff ‚induktiv' in dem Gedicht falsch verwendet, wie Sautermeister ausgeführt hat. Die sexuellen Wünsche sollen eben nicht aufgrund des Einzelfalls verallgemeinert, sondern individuell jeweils neu entdeckt werden (vgl. Gert Sautermeister: Liebesgedichte Brechts. Gebrauchswert, Lernprozesse, Tradition. In: Brecht 98. Poétique et politique. Poetik und Politik. Hg. v. Michel Vanoosthuyse. Montpellier 1999, S. 199-215; hier S. 213.)
[47] Vgl. Reinhold Grimm: Discours de la méthode. In: FA 6 (1982), S. 197-200; hier S. 199.

letzte Wort bedeuten." (V. 9f.). Der erlebte Genuss ist die Basis für weitere Leidenschaft: „Aus dem Genießen wachse das Begehren." (V. 12) Ein weibliches lyrisches Ich, das die Selbstverständlichkeit von Sex für sich ebenfalls erkannt hat und die gängigen Konventionen für falsch befindet, ist das aus dem 1921 entstandenen Gedicht *Lied der verderbten Unschuld beim Wäschefalten*. Schon in der ersten Strophe wird die Autorität der eigenen Mutter angezweifelt, die der Tochter beigebracht hat: „wenn du einmal befleckt bist / Wirst niemals du mehr rein" (GBA 13, S. 233, Z. 5f.). Die Sprecherin hält diese Aussage für falsch, weil sie eigenständig darüber nachdenkt – wie der Titel festhält: beim Wäschefalten – und zu anderen Schlussfolgerungen kommt: *„Das gilt nicht für das Linnen / Das gilt auch nicht für mich"* (Z. 7f.). Durchgehend wird die Analogie von beschmutztem und wieder sauber gewaschenem Linnen und dem Bewerten von Sexualität im Verlauf des Gedichts durchgehalten: So wie das befleckte Linnen nach dem Waschen wieder weiß und rein erscheint, bleibt auch das Mädchen trotz sexueller Aktivität rein, sie tut nichts Verwerfliches dabei. Allerdings muss sie die Erfahrung machen, dass die Menschen um sie herum nicht ihrer Ansicht sind und sie mit entsprechenden Etikettierungen versehen: „Sie gaben mir schlechte Namen" (S. 234, Z. 41). Dennoch beharrt sie darauf, das Richtige zu tun, schließlich würden sie andere Etikettierungen ereilen (man denke an den Begriff ‚alte Jungfer'), wenn sie gemäß der gesellschaftlichen Erwartungen leben würde: *„Liegt Linnen lang im Kasten / Wird's auch im Kasten grau."* (Z. 45f.) Wie das Linnen gilt deshalb auch für die eigene Lust: *„Gebrauch es und verschenk es: / 's wird frisch als wie zuvor!"* (Z. 54f.) Die junge Frau sieht das vor allem auch vor dem Hintergrund der eigenen Vergänglichkeit: „Ich weiß: noch viel kann kommen / Bis nichts mehr kommt am End. / Nur wenn es nie getragen war / Dann war das Linnen verschwendt." (Z. 57-60) Eine humorvolle Absage an die Keuschheitsmoral stellt dieses 1920 entstandene Gedicht dar:

Liebe Marie, Seelenbraut:
Du bist viel zu eng gebaut.
Eine solche Jungfernschaft
Braucht mir zu viel Manneskraft.

Ich vergieße meinen Samen
Immerdar schon vor der Zeit:
Wohl nach einer Ewigkeit
Aber lange vor dem Amen.

Liebe Marie, Seelenbraut:
Deine dicke Jungfernhaut
Bringt mich noch zur Raserei.
Warum bist du auch so treu?

> Warum soll ich, sozusagen:
> Nur weil du lang sitzenbliebst
> Grade ich, den du doch liebst
> Mich statt einem andern plagen?!
>
> (GBA 13, S. 151f.)

Der geliebten Marie, die sogar als eine Seelenverwandte des lyrischen Ich bezeichnet wird, legt der Liebhaber ihre sexuelle ‚Unschuld', sonst gesellschaftlich postuliert, als Nachteil aus: „Eine solche Jungfernschaft / Braucht mir zu viel Manneskraft." (V. 3f.) Er empfindet es als unfair, dass er, „den du doch liebst" (V. 15), sich „statt einem andern plagen" (V. 16) muss. Damit spricht er der bürgerlichen Vorstellung, eine Frau müsse sich für den Mann, den sie liebt, ‚aufheben', jede Rechtfertigung ab, im Gegenteil: Eine Frau sollte sexuelle Erfahrung sammeln, um mit dem Mann, den sie liebt, körperliche Genüsse erfahren ausleben zu können.
In die gleiche Richtung zielt auch das Gedicht Sonett Nr. 10. Von der Scham beim Weibe aus den Augsburger Sonetten. Das männliche lyrische Ich gibt in diesem Sonett zu verstehen, das es sexuell aktive und erfahrene Frauen bevorzugt, die sich im Liebesakt „vergessen" (GBA 11, S. 130, V. 14). Nicht anhand ihrer ‚Keuschheit' soll man Frauen bewerten, sondern: „Das Weib soll sein an seiner Lust gemessen." (V. 11) Mit den bürgerlichen Wertmaßstäben verglichen, ist die Forderung, Frauen sollen ihre Lust frei ausleben und dafür sogar gewürdigt werden, als überaus fortschrittlich, geradezu revolutionär einzustufen.

4.3 Sprachlosigkeit und sprachliche Verklärung von Sex
Bis in unsere Zeit erweist es sich als überaus schwierig, Sachverhalte, die mit Sexualität zu tun haben, beim Namen zu nennen, nicht zuletzt auch, weil geeignetes Vokabular kaum verfügbar ist: Entweder stehen einem steril klingende Begrifflichkeiten der Medizin zur Verfügung, oder man muss sich auf ein ‚niederes' Sprachniveau ‚herablassen', was insbesondere für Frauen problematisch ist, da die entsprechenden Wörter oftmals in pornografischen Filmen verwendet und damit mit frauenverachtenden Darstellungen in Zusammenhang gebracht werden. Die Spärlichkeit an Begriffen ist begründet in der Tabuisierung von Sexualität innerhalb christlich und bürgerlich orientierter Gesellschaften, in denen Sex als etwas Verwerfliches empfunden wird. Folglich wird ‚darüber' möglichst nicht gesprochen, und um ‚es' zu praktizieren, bedarf es der ‚Liebe', wodurch der körperliche Akt verklärt wird. Beide Gesichtspunkte, sowohl die Sprachlosigkeit über als auch die sprachliche Verklärung von Sex, hat Brecht in seinem Werk verarbeitet.

Schon in dem sehr frühen Brecht-Gedicht *Die Beiden* von 1913 geht es um die Schwierigkeit, eine Sprache zu finden, in der „heißes Verlangen" (GBA 13, S. 16, V. 6) zum Ausdruck gebracht werden kann. Der Neunzeiler beschreibt ein junges Paar, das nicht imstande ist, sich gegenseitig diese Art von Gefühlen mitzuteilen: „Doch fanden die Worte sie allzu schwer" (V. 3). Statt dessen beginnen sie, über für sie unerhebliche Dinge wie das Wetter oder „die schlimme Zeit" (V. 5) zu „klagen" (V. 4). Darüber vergessen sie, sich „das Liebe zu sagen" (V. 9), eine Annährung bleibt aus.

Auch in dem Einakter *Die Hochzeit* wird das Kommunizieren (vielmehr: Nicht-Kommunizieren) über Sex insofern thematisiert, als die Anwesenden sprachlich bewusst alles meiden, was mit Sexualität zu tun hat, etwa die allen offenkundige Schwangerschaft der Braut oder die Aktivitäten des Paares auf dem Flur, bei jeder noch so kleinen Doppeldeutigkeit aber sogleich beim Thema sind, was ihre Prüderie und Verklemmtheit anschaulich macht:

> BRÄUTIGAM So gut wie du, Mutter, kann sie doch nie kochen!
> MUTTER Es sind auch drei Eier dran!
> BRAUT Wenn man soviel Sachen hineintut!
> SCHWESTER Aber das muß man halt! Sonst wird es nichts!
> DIE FRAU Besonders Eier!
> DER FREUND *lacht meckernd und verschluckt sich:* Eier, hehehe, Eier, das ist, hehehe, sehr gut ... Eier sind sehr gut, ausgezeichnet; sonst, hehehe, sonst wird's nichts, hehehe, es ist ganz ausgezeichnet ..., hehehe. *Da niemand mitlacht, hält er etwas rasch ein und ißt hastig.*
>
> (GBA 1, S. 246)

„In den Versuch, das Anständige darzustellen, spielt unbeherrschbar das Unanständige hinein, die Gespräche landen in Zweideutigkeiten und Zoten"[48], denn das Ausgrenzen der Sex-Thematik, über die eben nicht ‚anständig' gesprochen werden kann, macht sie umso interessanter und unkontrollierbarer.

Dieser Sprachlosigkeit, wenn es um Sex geht, setzt Brecht in mehreren Gedichten und anderen Texten die Empfehlung entgegen, ‚vulgäres' Vokabular zu benutzen, weil dieses die Handlungen passend bezeichne und sie damit ins Bewusstsein rücke. *Das dritte Sonett* etwa beschreibt in der ersten Strophe, wie der Sprecher gegenüber der Geliebten beiläufig die Begriffe benutzt, „welche meinten, was wir machten" (GBA 11, S. 186, V. 3). Die „allgemeinsten" Bezeichnungen seien die „ganz vulgären" (V. 4), vor

---

[48] Gerhard Kurz: Verwandlung von Wein in Wasser. Brechts Kritik des Christentums in *Die Hochzeit (Die Kleinbürgerhochzeit)*. In: Euphorion 78 (1984), S. 450-463; hier S. 455.

denen die Frau aber erschrickt, als „sähst du jetzt erst, was das, was wir machten, sei" (V. 6). Sie begreift über die Verwendung des vulgären Vokabulars, was sie tut, und erstarrt, als es ihr bewusst wird. Durch die Ellipse am Ende des Gedichts fordert der Sprecher die Geliebte auf, das fehlende Reimwort auf „schicken" (V. 13) zu finden, und animiert so dazu, das Vokabular selbst anzuwenden (vgl. auch den entsprechenden Abschnitt über das Sonett in Kapitel 3.4).

Nicht zuletzt steigere der ‚Gebrauch gemeiner Wörter' die Lust, wie in dem Gedicht *Sonett Nr. 15. Über den Gebrauch gemeiner Wörter* näher ausgeführt wird. Der Sprecher verweist zunächst darauf, dass er „maßlos" sei und „mäßig lebe" (V. 1) und sich gerade deshalb berechtigt fühle, den Freunden, an die das Sonett gerichtet ist, die folgenden Empfehlungen zu geben. Mit „rohen Wörtern" (V. 3) nämlich solle man um sich „schmeißen / Als ob es daran keinen Mangel gäbe!" (V. 3f.) Der Konjunktiv unterstellt, dass es diesen Mangel de facto gibt – was so nicht richtig ist, da ausreichend Bezeichnungen existieren, vielmehr entsteht der Mangel dadurch, dass die Wörter aus Scham oder der Konvention wegen nicht benutzt werden. Der Sprecher geht im Gedicht mit gutem Beispiel voran, verwendet ‚gemeine Wörter' und betont, dass diese die Lust steigern bzw. auslösen können (vgl. V. 5f.). „Die reinen Vögler" (V. 9) seien zu verabscheuen, da sie die „Kunst", die aus „vögeln und denken" (V. 13) besteht, nicht beherrschen. Für gelungenen Sex genügt demzufolge nicht der körperliche Akt allein, vielmehr liegt er auch in dem Darüber-Sprechen (in angemessener Sprache) sowie dem Reflektieren über das Geschehende. Der „Luxus" (V. 14), der – den herrschenden Konventionen zufolge – nur den Männern vorbeihalten bleibt, ist, über die vulgären Worte zu lachen.

Für diese beiden wie auch viele andere der erotischen Gedichte Brechts bleibt festzuhalten, dass sie trotz der pikanten Thematik und der provokanten Sprachwahl nicht ordinär wirken, zumal sie in der altehrwürdigen Form des Sonetts verfasst sind. Sie beschäftigen sich mit dem Thema Sexualität auf spielerische und humorvolle Weise und wirken durch die feste Form sehr kunstvoll und zu artifiziell, als dass man dahinter schlicht die ‚Meinung des Autors' vermuten dürfte. Vielmehr steht bei Brecht im Vordergrund, die Lustfeindlichkeit des Bürgertums, die sich nicht zuletzt in der Sprachlosigkeit äußert, anzugreifen. So ist auch die Unterzeichnung zweier erotischer Gedichte mit ‚Thomas Mann' zu werten: Brecht setzte unter die Sonette *Über die Verführung von Engeln* sowie *Saune und Beischlaf* den Namen des verachteten, aber im literarischen Establishment anerkannten Kontrahenten. Der Tabubruch – in *Saune und Beischlaf* wird nach der einleitenden Empfehlung: „Am besten fickt man erst und badet dann" (GBA 15, S. 193, V. 1) ausführlich eine sexuelle Fantasie in der Sauna beschrieben, in der in Umkehrung Nietzsches die Frau den Mann peitscht[49] – wird dadurch gesteigert, dass all die ‚gemeinen Wörter' dem großen Thomas Mann in den Mund gelegt werden. Mann galt Brecht „als personifizierte Prüderie und Exponent des deutschen Spießbürgertums"[50]. Gerade auch die frühen, sprachlich derben Gedichte wie *Siehst du ihre blassen Fotzen, Komm Mädchen, laß dich stopfen* oder *Mittags, da rasierte ich meine Beine* sind auch in diesem Kontext zu betrachten: Sie provozieren und schockieren potenzielle bürgerliche Leser unabhängig vom Inhalt und den verwendeten Bildern schon allein durch ihr Vokabular und zielen damit auf das Problem der Sprachlosigkeit im Zusammenhang mit Sexualität.

Wenn Sex nicht einfach ignoriert oder verschwiegen wird, so wird er sprachlich verklärt und durch vermeintlich ‚höhere Motive', Liebe oder Mitleid etwa, legitimiert. „Ich hab festgestellt, daß es meistens einen guten Grund hat, wenn es passiert; das Tier tuts aus reinem Instinkt, der Mensch hat seine Gründe", berichtet der Erzähler in einem der Fragmente im Anhang der *Flüchtlingsgespräche* (GBA 18, S. 327). Frauen würden es „häufig aus Güte" tun (ebd.). Das folgende Beispiel von der „Kusine von der Frau des Fabrikanten auf dem Schloß Hohenstein" (ebd.) schildert einen solchen Fall: die Dame hat Mitleid mit dem Fabrikanten, der nachts nicht schlafen kann, und hat vorgeblich nur deshalb Sex mit ihm. Auch davor hat sie schon mit dem Sekretär Gleiches getan, der wiederum aufgrund seiner Unterschlagungen keinen Schlaf finden konnte. Sie begründet den Sex so für sich nicht mit eigener Lust und muss sich mit dieser auch nicht auseinander setzen, vielmehr hat sie sich aus Mitgefühl für die Schlaflosen ‚hingegeben'. Auch in *Über Liebe auf den ersten Blick*, ebenfalls im Anhang der *Flüchtlingsgespräche* zu finden, geben Frauen wahnwitzige Begründungen für ihre sexuelle Aktivität an, von Zorn über Liebe bis hin zu wissenschaftlichem Interesse, allein, dass sie einfach Sex haben wollen, geben sie nicht zu (vgl. S. 322f.).

Die bürgerliche Keuschheitsmoral literarisch zu verklären, entlarvt *Das zwölfte Sonett (Über die Gedichte des Dante auf die Beatrice)* als schändlich. Hier geht es um den großen Dichter Dante, der auf die geliebte Beatrice, „die er nicht vögeln durfte" (GBA 11, S. 190, V. 2), wie der Sprecher

---

[49] Vgl. Jan Knopf: Die mit Recht berühmte Stelle. Annäherungen mit Brechts „pornografischen" Sonetten. In: Brecht-Journal 1983, S. 20-30; hier S. 29.
[50] Jürgen Hillesheim: Über die Verführung Adrian Leverkühns. Bertolt Brechts „pornografisches" Sonett und Thomas Manns *Faustus*-Roman. In: Thomas Mann Jahrbuch 15 (2002), S. 175-189; hier S. 177. Hillesheim führt in seinem Aufsatz aus, dass Brechts ‚Engel' Manns Adrian Leverkühn verunglimpft (deshalb auch die Signierung des Gedichts mit Th. Mann).

sogleich festhält, Verse von so hoher Qualität geschmiedet hat, dass man als Leser geneigt ist, ihnen zu glauben. Weil Dante „mit so gewaltigem Lobe lobte / Was er nur angesehen, nicht erprobte!" (V. 10f.), habe er die „Unsitt" (V. 9) etabliert, hübsche, aber lustlose Frauen, die Sex verweigern, „als begehrenswert" (V. 14) einzustufen. Brechts Sonett antwortet „mit einer entschieden diesseitigen und prononciert erotischen Gegenvorstellung von Liebe, in der das Haben-*Dürfen* der Geliebten, ihr körperliches ‚Erproben' [...], aber auch ihr eigenes begehrliches ‚Naßwerden' [...] notwendig dazugehören"[51] (vgl. auch Kapitel 6).

Denn Entscheidungen in zwischenmenschlichen Fragen werden aus Leidenschaft getroffen, weil die Vernunft, wenn es um Fragen der Liebe geht, keinen Einfluss auf den Menschen hat. Vielmehr handelt es sich um triebgesteuertes Verhalten, das mit dem von Tieren vergleichbar ist: *„Es folgt dem Hirsche die Hirschkuh / Und dem Löwen die Löwin ins Feld / Und es folgt dem Geliebten das liebende Weib / Wohl bis ans Ende der Welt"* (GBA 15, S. 290, V. 13-16), heißt es in *Viktorias Lied*. Dennoch gestehen sich das die Figuren und Sprecher selten ein, statt dessen wird der Begriff Liebe in Anspruch genommen. So weiß auch das weibliche lyrische Ich aus dem Gedicht *Surabaya-Johnny* sehr genau, dass ihr Liebhaber sie belügt und ausnutzt, dennoch gelingt es ihr nicht, sich von ihm zu lösen. Als Grund dafür nennt sie ihre Liebe, die genauer als körperliche Anziehung zu beschreiben wäre: „Ich aber sah, Johnny, nur auf deinen Mund." (GBA 13, S. 345, Z. 32)

In *Ein Liebhaber sagte von seiner Geliebten* (entstanden 1954) spricht der Erzähler nicht verklärend, sondern geradezu sachlich von der Frau, mit der er zusammen ist. Ihre Anwesenheit löst „tiefe Zärtlichkeit" in ihm aus, ist sie aber nicht da, „kann ich mich kaum ihres Gesichts entsinnen" (GBA 20, S. 202). Wenn er sie trotzdem zu sich wünscht, so ist der Grund „nur die vagste Erinnerung an ein Vergnügen, von dem ich eigentlich nur weiß, daß es ein Vergnügen ist" (S. 202), sein Wunsch nach ihr ist sexuellen Ursprungs. Von Gefühlen im üblichen Sinne ist hier nicht die Rede, es wird festgehalten, dass die Zuneigung zur Geliebten hauptsächlich körperlich motiviert ist. Damit wird auch behauptet: Wenn man von Liebe spricht, meint man sexuelle Anziehung.

---

[51] Werner Frick: „... er hörte von dort Streit und Gelächter": Der Lyriker Bertolt Brecht im ‚Club der toten Dichter'. In: Brechts Lyrik – neue Deutungen. Hg. v. Helmut Koopmann. Würzburg 1999, S. 75-99; hier S. 94. Vgl. dazu auch Franz Norbert Mennemeier: Bertolt Brechts Lyrik. Aspekte, Tendenzen. Berlin ²1998, S. 55. / Gerhard Neumann: Geschlechterrollen und Autorschaft. Brechts Konzept der lyrischen Konfiguration. In: BJB 17 (1992), S. 100-123; hier S. 109.

Synonym verwendet Brecht die Begriffe Liebe und Sex in *Das neunte Sonett*. Der Sprecher des Gedichts geht hier sogar noch einen Schritt weiter als der Erzähler im vorangehenden Text: Er setzt nicht nur Liebe mit Sex gleich, sondern betont auch, dass seiner Geliebten der Sex auch dann gefiele, wenn sie ihn nicht mit ihm praktizieren würde: „Ich geb nicht mich, ich geb dir einen *Schwanz* / Er tut dir nicht nur gut, weil's meiner ist" (GBA 11, S. 188, V. 7f.). Die Geliebte habe er gelehrt, die körperlichen Genüsse in Anspruch zu nehmen, ohne ihn dabei als Individuum zu betrachten: „daß du mich dabei vergaßest / [...] / Als liebtest du die Liebe und nicht mich" (V. 2-4); „Ich sagte: tut nichts, wenn du mich vergißt / Als freutest du dich eines andern Manns!" (V. 5f.) Bei dem, was der Frau „vom Mann bestimmt" (V. 14) sei, handle es sich um Sex, hält das Gedicht fest: Männer und Frauen kommen aus diesem Grund zusammen, das ist der Kern der Anziehung zwischen ihnen, alles andere ist Verklärung der Tatsachen.

In *Über Liebe auf den ersten Blick*, einem Text aus dem Anhang der *Flüchtlingsgespräche*, berichtet der Chauffeur diese Einsicht aus der eigenen Perspektive: Es hänge nicht an einer bestimmten Person, dass man Sex haben möchte, manchmal sei man „eben aufgelegt" und entsprechend empfänglicher für die weiblichen Reize (GBA 18, S. 320). Während in den meisten „Romanbücheln" (ebd.) so getan werde, als sei der Wunsch nach körperlicher Liebe an eine bestimmte Person geknüpft, lehre die Wirklichkeit, dass das Hauptproblem ein gutes ‚Timing' bei der Frau ist, die gerade in Frage kommt, wenn man geneigt ist: „Und da spielt es eine verhängnisvolle Rolle, daß die Tage für mich und sie womöglich nicht zusammenfallen, das heißt, sie ist nicht in der Stimmung." (S. 321)

Problematisch an dieser Einschätzung von Sexualität ist, dass diese in der Gesellschaft als „ungebührlich" (GBA 13, S. 402, V. 1) gilt, wie das Gedicht *Seit meiner Kindheit galt es ungebührlich* (1927) beschreibt. Dennoch, so hält der Sprecher fest, sei er „natürlich" geblieben (V. 3): „Ein Weib versucht mich immer noch. Gottlob." (V. 4) Obwohl Frauen nicht unbedingt ihn als Person meinen: „Das Weib nimmt stets, was in den Schoß ihm fällt" (V. 10), wiegt für ihn der körperliche Genuss des Moments mehr als „alle Achtung nachgeborner Welt" (V. 12). Das Gedicht macht deutlich, dass es möglich ist, sich der bürgerlichen Sexualmoral zu entziehen – freilich muss man dann auf ihre „Achtung" verzichten.

Wie man sexuelle Lust artikulieren und Sex ohne Verklärung darstellen kann, zeigt das Gedicht *Liebesgewohnheiten*. Das männliche lyrische Ich beschreibt den Liebesakt mit einer Frau, mit der er schon oft zusammen war, und der eben deshalb so genussvoll ist, weil beide den Körper des anderen gut kennen und die Zeichen der Lust zu deuten wissen: „Ach, so oft man's tut: / Wär's nicht schon oft getan, wär's nicht so gut!" (GBA 11, S.

196, V. 13f.) Die Begeisterung des Sprechers über die Lust der Geliebten drückt sich in neun Ausrufezeichen aus. Der körperliche Genuss wird positiv dargestellt, ohne dass er mit Liebe motiviert werden muss. Gar als Basis für eine gute Beziehung wird gut ausgeführter Sex in dem um 1925 entstandenen Gedicht *Forderung nach Kunst* verstanden. Die Hingabe allein genüge dafür nicht: „Begabung ist's, was er von ihr begehrt" (GBA 13, S. 312, V. 4). Um die Beziehung am Leben zu erhalten, reiche Liebe nicht aus, vonnöten sei ein „talentierte[r] Hintern" (S. 313, V. 11). Wie der Titel festhält, handelt es sich bei Sex um eine „Kunst", die wie alle anderen Künste Talent und Übung erfordert.

4.4 Die Kehrseite des bürgerlichen Wertesystems: Die Prostitution

Eine Gesellschaftsform, die von der Frau voreheliche Enthaltsamkeit und während der Ehe Monogamie einfordert, dem Mann andererseits vor- und außerehelichen Geschlechtsverkehr zugesteht – wenn nicht sogar abverlangt, wird doch vom Mann erwartet, dass er die ‚unberührte' Braut in die Liebe einweist und auch danach den aktiven Part übernimmt –, basiert auf einem Widerspruch: Mit wem sollen Männer unverbindlich Sex ausprobieren, wenn Frauen dieser gesellschaftlich nicht außerhalb der Ehe zusteht? Marktwirtschaftlich gesprochen, eröffnet sich damit eine Nische für jene Frauen, die die Nachfrage (ob freiwillig oder gezwungenermaßen) zu stillen bereit sind. Folglich bildet sich ein ‚Zweiklassensystem' unter den Frauen heraus, die man einteilen kann in jene, die ‚keusch' leben und die man heiratet (‚Heilige'), und solche, die sexuell aktiv sind und mit denen man (gegen Bezahlung) vor- und außerhalb der Ehe verkehrt (‚Huren').
Die Prostitution taucht in allen komplexeren Gesellschaften auf und stellt ein Jahrtausende altes Phänomen dar, wobei als Voraussetzungen die Dominanz des Mannes über die Frau sowie der beschriebene doppelte Maßstab in der Bewertung der männlichen und der weiblichen Sexualität angesehen werden.[52] In den Großstädten Europas entwickelte sich die Prostitution mit zunehmender Industrialisierung und Urbanisierung zu einem immer

---

[52] Edith Heinser-Ueckert/Uta Holter/Jacqueline Knörr: Definition und Erklärungsansätze von Prostitution. In: Bezahlt, geliebt, verstoßen. Prostitution und andere Sonderformen institutionalisierter Sexualität in verschiedenen Kulturen. Hg. v. Uta Holter. Bonn 1994 (Kölner Ethnologische Arbeitspapiere, Bd. 8), S. 9-16; hier S. 9. Zur genaueren Begriffsbestimmung von Prostitution siehe: S. 10-12.

größeren Problem[53], insbesondere nach 1918 „stieg durch die katastrophalen Folgen des Krieges der Anteil der Frauen, die sich aus sozialer Not prostituierten, rapide an"[54]. Die Prostitution wurde deshalb, verstärkt seit der Jahrhundertwende, Gegenstand politischer und sozialer Debatten und zahlreicher (pseudo-)wissenschaftlicher Publikationen, die mit unterschiedlichen Deutungsmodellen die Gründe für den Anstieg der Prostituiertenzahlen in den Großstädten zu erklären versuchten.

Das Spektrum dieser Veröffentlichungen, deren ausführliche Vorstellung im Rahmen dieser Arbeit zu weit führen würde[55], bewegt sich zwischen den Ansätzen von Otto Weininger und August Bebel. Weiningers 1903 erstmals erschienenes und bis in die frühen 1920er Jahre hinein stark rezipiertes Werk *Geschlecht und Charakter*[56] beschreibt „zwei angeborene, entgegengesetzte Anlagen [...], die sich auf die verschiedenen Frauen in verschiedenem Verhältnis verteilen: die absolute Mutter und die absolute Dirne"[57]. Prostituierte sind nach Weininger als eben solche geboren und zeichnen sich entsprechend durch angeborene Charakterzüge wie Verschwendungssucht und Launenhaftigkeit[58], Triebhaftigkeit und Machtbesessenheit[59] aus. Neben angeblicher Sterilität[60] und Immunität gegen Infektionen[61] unterstellt er den Prostituierten, ihre Tätigkeit aus Geilheit aufzunehmen: „Das Verhalten der Mutter ist mehr annehmend, hinnehmend, die Dirne fühlt, schlürft bis aufs Äußerste den Genuß"[62]; „Die Dirne will von allem koitiert werden – darum kokettiert sie auch, wenn sie allein ist, und selbst vor leblosen Gegenständen, vor jedem Bach, vor jedem Baum"[63]. Völlig entgegengesetzt argumentiert August Bebel in seinem 1879 erstmals erschienenen Werk *Die Frau und der Sozialismus*, in dem er die Prostituti-

---

[53] Vgl. Christiane Schönfeld: Dialektik und Utopie. Die Prostituierte im deutschen Expressionismus. Würzburg 1996 (Epistemata. Reihe Literaturwissenschaft, Bd. 165), S. 6.
[54] Ebd., S. 10.
[55] Vgl. deshalb dazu ebd., S. 7-24.
[56] Otto Weininger: Geschlecht und Charakter. Eine prinzipielle Untersuchung. München 1980.
[57] Ebd., S. 286f.
[58] Ebd., S. 295.
[59] Ebd., S. 299.
[60] Ebd., S. 283.
[61] Ebd., S. 284.
[62] Ebd., S. 306.
[63] Ebd., S. 307.

on als „Frauenfleischhandel"[64] qualifiziert und auf soziale Ursachen zurückführt:

> Die Zahl der Prostituierten wächst in dem Maße, wie die Zahl der Frauen wächst, die in den verschiedensten Industrie- und Gewerbezweigen als Arbeiterinnen beschäftigt und oft mit Löhnen abgefunden werden, die zum Sterben zu hoch, zum Leben zu niedrig sind.[65]

Ausgangspunkt für das Phänomen der Prostitution ist bei Bebel – und hierin erweist er sich als sehr fortschrittlich – die bürgerliche Keuschheitsmoral, die einen Mechanismus zur Unterdrückung der Frau impliziert:

> Kraft seiner Herrschaftsstellung zwingt sie der Mann, ihre heftigsten Triebe gewaltsam zu unterdrücken, und macht von ihrer Keuschheit ihr gesellschaftliches Ansehen und die Eheschließung abhängig. Durch nichts kann drastischer [...] die Abhängigkeit der Frau von dem Manne dargethan werden, als durch diese grundverschiedene Auffassung und Beurtheilung der Befriedigung desselben Naturtriebes.[66]

Bebel sieht wie die moderne Sozialforschung[67] einen Zusammenhang zwischen der ungleichen Bewertung von männlicher und weiblicher Sexualität und Prostitution.

Auch Brecht hat diese Doppelmoral schon früh erkannt und in seinen Werken thematisiert. Er stellt Prostituierte, ob in seinen Gedichten oder Dramen, als selbstbewusste Geschäftsfrauen dar, die ihre Tätigkeit emotionslos und sachlich betreiben.[68] Damit stellt er sich gegen die Vorstellungen Weiningers und ähnlicher ‚Wissenschaftler', deren Prostituierten-Klischees er kannte, wie eine Passage in dem Einakter *Lux in tenebris* verdeutlicht. Dort stilisiert der Heuchler Paduk die Freier zu „Opfern der Prostitution, die, in einer schwachen Stunde, verführt vielleicht vom Alkohol, in die Arme verseuchter Lustdirnen taumeln" (GBA 1, S. 295). Bei Brecht sind es zumeist soziale Umstände, die die Frauen zu ihrer Tätigkeit bringen. Die Prostituiertenfiguren Brechts sind oftmals – und im Gegensatz zu den bürgerlichen

---

[64] August Bebel: Die Frau und der Sozialismus. Stuttgart ³⁵1903, S. 192. Vgl. zu Bebels Buch auch Richard J. Evans: Sozialdemokratie und Frauenemanzipation im deutschen Kaiserreich. Berlin, Bonn 1979 (Internationale Bibliothek, Bd. 119), S. 40-52.
[65] Bebel: Die Frau und der Sozialismus, S. 195. Vgl. dazu auch Rühle: Kultur- und Sittengeschichte, Bd. 1, S. 449.
[66] Bebel: Die Frau und der Sozialismus, S. 174.
[67] Vgl. exemplarisch Heinser-Ueckert/Holter/Knörr: Definition und Erklärungsansätze von Prostitution, S. 9-12.
[68] Zu den Prostituiertenfiguren bei Brecht vgl. auch Khalid Kishtainy: The Prostitute in Progressive Literature. London 1982, S. 52-62.

Damen seiner Werke – integre und würdevolle Frauen, was von Lesern und Zuschauern als provokativ aufgefasst wurde und wird.
Eine frühe, „witzig-spielerische Abrechnung mit der Scheinmoral des Bürgertums"[69] zum Verhältnis von Keuschheitsmoral und Prostitution bildet das 1918 entstandene Gedicht *Der Jüngling und die Jungfrau. Keuschheitsballade in Dur*. Obwohl das junge Paar sich körperlich näher kommen möchte, bleibt es bei Küssen auf die Stirn, weil der Mann sich nicht vorstellen kann, dass seine Partnerin Sex haben will, schließlich ist sie „ja keine Dirne" (GBA 11, S. 13, Z. 8). Auch sie bemüht sich, diesen Vorstellungen gerecht zu werden (vgl. Z. 9); außerdem ist sie unerfahren und weiß nicht, wie sie ihm angemessen offenbaren könnte, dass sie doch ‚will': „Und sie wußte nur nicht wie..." (Z. 16). Um die Geliebte „nicht zu entweihen" (Z. 17), lebt er seine Lust bei einer Prostituierten aus, „einer Hur" (Z. 18). Dieses Verhalten belegt, dass der Jüngling die ‚Frauen-sind-Heilige-oder-Huren-Dichotomie' als Bewertungsmaßstab zugrunde legt: Er will seine Freundin ‚rein' halten und muss deshalb eine andere ‚beschmutzen'. Die Geliebte wiederum hat ebenfalls sexuelle Bedürfnisse und lebt diese schließlich mit einem „Kerl, der keine Skrupel hegt" (Z. 27), aus. So bleibt sie – die „keine Dirne" (Z. 8) sein will, aber auch „keine Nonne" (S. 14, Z. 30) ist und damit verdeutlicht, dass die Klischees nicht einlösbar sind –, zumindest für den Partner die ‚Heilige'. Die Liebenden reproduzieren so „den circulus vitiosus, der die ‚wahre' Liebe verhindert und die Sexualität als unanständig verdammt; es bleibt nur die ‚Ware' Liebe"[70].
Leokadja Begbick in *Mann ist Mann* ist Prostituierte und Geschäftsfrau, die keine Gelegenheit auslässt, materiellen Gewinn zu erwirtschaften. Sie ist als selbstbewusste Figur gestaltet, die ihre Profitorientiertheit hinter einer Fassade von Klischees versteckt, die von Frauen erwartet werden. So betont sie beim Verleihen der Uniform an die drei Soldaten und Galy Gay: „Wie machtlos ist doch eine schwache Frau gegen vier so starke Männer!" (GBA 2, S. 106) Sie verlangt aber einen Preis, der von Uriah als „blutsaugerisch" (ebd.) bezeichnet wird. Ihr Spitzname Witwe Begbick verweist darauf, dass sie ihre Töchter, die sie vom Prostitutionsgeschäft fernhält (vgl. S. 140), allein groß gezogen hat. Von den Soldaten wird sie in militärischen Fragen als gleichberechtigt angesehen, sie ist es, die Galy Gay in den Gebrauch der Kanone einweist (vgl. S. 155). Ihre Liebesdienste sieht

---

[69] Jan Knopf: Gedichte 1917-1924. In: BHB 2, S. 36-41; hier S. 38.
[70] Jan Knopf: Die mit Recht berühmte Stelle. Annäherungen mit Brechts „pornografischen" Sonetten, S. 26.

sie als wichtigen Beitrag zum Kriegsverlauf, die Siege als teilweise ihren Erfolg an:

> Ich habe Beweise, daß in der Schlacht am Dschadseeflusse nicht die Schlechtesten in der Kompagnie an meine Küsse gedacht haben. Eine Nacht bei Leokadja Begbick war etwas, wofür Leute den Whisky aufgaben und die Schillinge zweier Löhnungen zusammensparten. [...] Eine Umarmung der beliebten Irländerin brachte ihr Blut in Ordnung. Lest in der Times nach, mit welcher Ruhe sie kämpften in den Gefechten bei Bourabay, Kamathura und Daguth.
> (S. 156)

Auch Yvette Pottier in *Mutter Courage und ihre Kinder* ist eine Prostituierte im Krieg. Sie ist aus Enttäuschung über ihre erste Liebe zu ihrer Tätigkeit gekommen (vgl. GBA 6, S. 28f.). Wie Witwe Begbick versteht sie sich auf Geschäfte: Als die Courage ihren Wagen verpfänden will, um die Bestechungssumme, mit der sie ihrem Sohn das Leben retten kann, zur Verfügung zu haben, besteht Yvette darauf, den Wagen zu kaufen (vgl. S. 41f.). Gleichzeitig spielt sie den Obristen gegen einen vermeintlichen Nebenbuhler aus:

> YVETTE Und der Fähnrich, der blonde, du kennst ihn, will mirs Geld gern borgen. Der ist verschossen in mich [...]. Was rätst du mir?
> DER OBRIST Ich warn dich vor dem. Das ist kein Guter. Der nützts aus. Ich hab dir gesagt, ich kauf dir was, nicht, Haserl?
> YVETTE Ich kanns nicht annehmen von dir. Freilich, wenn du meinst, der Fähnrich könnts ausnützen ... Poldi, ich nehms von dir an.
> (S. 42)

Im achten Bild erscheint Yvette nochmals, inzwischen ist sie durch Heirat zur Obristin aufgestiegen. Durch die Prostitution hat sie es schließlich doch „zu was gebracht" (S. 68), wie die Courage anerkennend bemerkt. Ob ihr gesellschaftlicher Aufstieg tatsächlich positiv zu bewerten ist, bleibt fraglich, weil sie äußerlich abstoßender als zuvor dargestellt wird, in der Regieanweisung heißt es: „*Yvette Pottier kommt, in Schwarz, aufgetakelt, mit Stock. Sie ist viel älter, dicker und sehr gepudert.*" (S. 67)

Überhaupt gewinnen die Prostituiertenfiguren Brechts nicht viel, wenn sie sich zu gesellschaftsfähigen Ehefrauen entwickeln – ganz im Gegenteil. So verliert Hanna aus der *Ballade von der Hanna Cash* in der *Hauspostille* ihre Würde und Unabhängigkeit, als sie den Messerjack heiratet. Zu Beginn wird sie als unabhängige Prostituierte dargestellt, die ihr Talent und ihr schwarzes Haar gut zu vermarkten weiß (vgl. GBA 11, S. 90, Z. 6-9). Obwohl Jack sie schlecht behandelt und das Leben mit ihm materielle Entbehrungen mit sich bringt, bleibt sie bei ihm, offenbar aus Liebe: „*Und wenn er hinkt und wenn er spinnt / Und wenn er ihr Schläge gibt: / Es fragt die Hanna Cash, mein Kind / Doch nur: ob sie ihn liebt.*" (S. 91, Z. 48-51) Fünfzig Jahre lang dauert die Ehe an, die für Hanna ein anstrengendes, unwürdiges Leben bedeuten, doch aufgrund ihrer klischeehaften Liebesvorstellungen – man verlässt den Mann nicht, den man liebt, unabhängig davon, wie er sich verhält – und sozialer Zwänge beendet sie die Ehe nicht. Der implizite Sprecher des Gedichts wünscht Hanna am Ende, dass sie für ihre Mühe im Jenseits belohnt werde: „Gott mach's ihr einmal wett!" (S. 92, Z. 81). Angesichts der vielzähligen, die Religion desillusionierenden Gedichte der Sammlung kann dies nur ironisch verstanden werden – was bislang in der Forschung allerdings nicht zur Kenntnis genommen wurde. Vielmehr deutet Kaufmann in seiner kurzen Analyse des Gedichts aus dem Jahr 1965 Hannas unverständliches Beharren auf der desolaten Beziehung zu Jack als Brechts „Bejahung einer dauerhaften menschlichen Bindung im Thema der Liebe"[71]. Genia Schulz erkennt zwar, dass am Ende eine „nicht sehr aussichtsreiche Bitte"[72] steht, deutet das aber nicht als bittere Ironie einer Liebesgeschichte, die Hanna selbst zu verantworten hat, sondern setzt den letzten Vers in Beziehung zur Bergpredigt: „Wer sich Gott zu seinem einzigen Herrn erkoren hat, dient nicht mehr dem Mammon, dem Götzen Geld, er sammelt sich Schätze im Himmel, die unveräußerlich sind. Die Ballade von der Hanna Cash spielt all das in vollem Ernst durch"[73], behauptet Schulz. Hanna deutet sie als „Lebenskünstlerin, die nie enttäuscht werden kann von der Welt, solange sie sich auf das eigene Gefühl verläßt"[74]. Wie man angesichts der im Gedicht dargestellten Gewalt gegen Hanna sowie des sozialen Elends, das ihr das Festhalten an ihrem Gefühl beschert, von Lebenskunst sprechen kann, wird nicht näher ausgeführt.

Das *Sonett Nr. 10. Über die Notwendigkeit der Schminke* aus den *Augsburger Sonetten* stellt die Hure der Ehefrau gegenüber. Während die Ehefrau ihr Gesicht offen und ungeschminkt zeigt, muss sie ihren Schoß verstecken, ihre Sexualität lebt sie unbewusst und flüchtig aus (vgl. auch den entsprechenden Abschnitt in Kapitel 4.2.1). Die Hure dagegen schminkt ihr Gesicht, bietet dafür aber ihren Schoß offen an, entwickelt ein Bewusstsein für ihre Tätigkeit.[75] Deutlich wird auch in diesem Gedicht, dass die Klischees

---

[71] Kaufmann: Brecht, die Entfremdung und die Liebe, S. 95.
[72] Genia Schulz: Die Ballade von der Hanna Cash. Lektion über die Lebenskunst. In: Bertolt Brechts „Hauspostille". Text und kollektives Lesen. Hg. v. Hans-Thies Lehmann und Helmut Lethen. Stuttgart 1978, S. 173-203; hier S. 179.
[73] Ebd., S. 185.
[74] Ebd., S. 183.
[75] Vgl. Knopf: Gelegentlich: Poesie, S. 232.

sich nicht erfüllen: Die Ehefrau hat Sex mit einem Fremden und verhält sich damit wie eine ‚Hure', die Prostituierte steht winkend am Fenster und ist „höflich" (GBA 11, S. 126, V. 13), ganz wie es sich einer bürgerlichen Frau geziemt. Von der Hure heißt es am Schluss: „Sie muß gestorben sein: sie ist nicht mehr geschminkt" (V. 14), d.h. auch hier hat die Prostituierte zu den Ehefrauen gewechselt, was der Sprecher bedauert und sogar mit dem Tod der Frau gleichsetzt.[76]
Unabhängig sind die Prostituierten freilich nur dargestellt, wenn sie wie Witwe Begbick oder Yvette Pottier selbstständig bleiben. Sobald die Frauen für einen Zuhälter oder eine Bordellchefin arbeiten, geraten sie in Zwänge und Abhängigkeiten, die sie wiederum zu Ausgebeuteten machen. Für die Huren macht es dabei nur einen marginalen Unterschied, ob es sich bei dem Kuppler um eine Frau oder einen Mann handelt. So erscheint Frau Hogge, die Puffmutter in Brechts Einakter *Lux in tenebris* von 1919, zwar als clevere Geschäftsfrau, der es gelingt, den rachsüchtigen Paduk zu besänftigen und ihn als Geschäftspartner zu gewinnen, gleichzeitig wird aber auch deutlich, dass sie ihre Mitarbeiterinnen nicht sonderlich gut behandelt:

> FRAU HOGGE Und meine armen Mädchen!
> PADUK Die sind nur arm, weil sie I h r e Mädchen sind.
>
> (GBA 1, S. 300)

Auch die Begbick, die in *Mahagonny* als Bordellbesitzerin erscheint, behandelt ihre Geschlechtsgenossinnen nicht besser. Neuankömmlingen der ‚Netzestadt' bietet sie die Huren an wie eine unpersönliche Ware: „Wünschen Sie zuerst / Sich mit frischen Mädchen zu versorgen?" (GBA Reg.bd., S. 691)[77] Um Jenny wird gefeilscht wie um einen Gaul, Jimmy ist bereit, die geforderte Summe zu bezahlen und schließt den Kauf ab mit den Worten: „Gut ich nehme dich. / *Er bezahlt.*" (S. 693) In der 6. Szene befragt Jenny ihren Kunden nach seinen Vorlieben, sie begreift dabei ihre Warenfunktion: „Wie willst du meine Haare? / Nach vorn oder zurück?" (S. 695) Ihre eigenen Wünsche spielen keine Rolle: „Es ist vielleicht zu früh / Davon zu reden." (Ebd.) Nachdem die Stadt wie durch ein Wunder

---

[76] Vgl. zu diesem Gedicht auch Gabriele Brandstetter/Gerhard Neumann: „Über die Notwendigkeit der Schminke" – Zur Konstruktion der Geschlechterrollen in Brechts lyrischem Theater. In: Das Gedicht behauptet sein Recht. Festschrift für Walter Gebhard zum 65. Geburtstag. Hg. v. Klaus H. Kiefer, Armin Schäfer und Hans-Walter Schmidt-Harnisa. Frankfurt a.M., Berlin 2001, S. 301-319.

[77] Im Fall von *Mahagonny* wird die Erstfassung verwendet, die nicht in GBA 2, sondern im Registerband der GBA zu finden ist. Vgl. dazu Jan Knopf: Aufstieg und Fall der Stadt Mahagonny. In: BHB 1, S. 178-197; hier S. 179. Zur Entstehung und den Fassungen des Stücks vgl. S. 178-180.

vom Hurrikan verschont bleibt und fortan der Leitspruch ‚Du darfst' in Mahagonny gilt, müssen die Mädchen die Freier wie am Fließband abfertigen (vgl. S. 710f.). Die Prostitution erscheint hier als Bestandteil der kapitalistischen Warenwelt, wer Geld hat, kann eben alles kaufen – auch Sex. Die betroffenen Mädchen werden verschlissen, was niemanden kümmert. Noch etwas schlechter ergeht es den Frauen, wenn der Zuhälter ein Mann und sie persönlich an ihn gebunden oder sogar in ihn verliebt sind. Die Tendenz, sich ausnutzen zu lassen, verstärkt sich dadurch, wie das Verhältnis zwischen Mac und der Hure Jenny in der *Dreigroschenoper* deutlich macht: der Ganove war in einer „Zeit, die längst vergangen ist"[78] Jennys Zuhälter und Geliebter. Wenn Freier kamen, verließ er das gemeinsame Bett und kassierte danach: „Und wenn er blechte, sprach ich zu ihm: Herr / Wenn Sie mal wieder wollen – bitte sehr."[79] Auch vor Handgreiflichkeiten gegenüber der Partnerin schreckte Mac nicht zurück: „Ich fragt' ihn manchmal direkt, was er sich erdreiste, / Da hat er mir aber eine ins Zahnfleisch gelangt."[80] Vor diesem Hintergrund wird verständlich, warum Jenny Macheath verrät. Gleichzeitig versteckt sie – und hierin ist sie der Bürgertochter Polly vergleichbar – ihre Motivationen und Berechnungen hinter Gefühlskitsch und erfüllt damit nach außen hin Klischees, die man von Frauen annimmt. So erläutert sie Frau Peachum, wie sie nach dem ersten Verrat von Macheath „in die Kissen weinte als ich daran denken mußte, daß ich diesen Gentleman an Sie verkauft habe"[81]. Im gleichen Atemzug verrät sie Mackie ein zweites Mal[82]. Überhaupt pflegt sie sehr bürgerliche Vorstellungen, etwa, als sie von Frau Peachum das für den Verrat vereinbarte ‚kontraktliche Honorar'[83] einfordert. Auch das Bordell, in dem sie arbeitet, stellt *„ein bürgerliches Idyll"*[84] dar: die Huren bügeln oder spielen Mühle, wenn die Kundschaft kommt.[85] Innerhalb des Stücks korrespondiert diese Überlappung bürgerlicher und anti-bürgerlicher Bereiche mit der von

---

[78] Fassung Universal-Edition, S. 49.
[79] Ebd.
[80] Ebd.
[81] Ebd., S. 62.
[82] Vgl. ebd., S. 63.
[83] Vgl. ebd., S. 62.
[84] Ebd., S. 46.
[85] Vgl. dazu Paula Hanssen: Women of the Street: Prostitution in Bertolt Brecht's Works. In: Commodities of Desire: the Prostitute in Modern German Literature. Hg. v. Christiane Schönfeld. Rochester, Woodbridge 2000, S. 153-164; hier S. 159. / Cronin: The Politics of Brecht's Women Characters, S. 89.

geschäftlichen und kriminellen Sphären: die Gebiete, die sich als gegensätzlich verstehen, entpuppen sich in ihrer Funktionsweise als sehr ähnlich. Selbst ein Opfer ist Lewis aus dem Prosatext *Schlechtes Wasser* von 1926, der seine Ehefrau Atua als Prostituierte vermietet. Lewis, der, obwohl „Mischling" (GBA 19, S. 236), zunächst auf einer Insel am Äquator von den Weißen als nahezu gleichberechtigt geduldet wird, muss den Zuhälter spielen, weil die Weißen ihm ihre Gunst entziehen und er seinen Lebensunterhalt nicht mehr erwirtschaften kann. So lässt er zu, dass der Händler Smith gegen Bezahlung seine Ehefrau beschläft. Die Vermietung Atuas stellt dabei für Lewis eine von vielen Demütigungen durch Weiße dar[86]. Nachdem Lewis schließlich seine Frau und Smith im Bett erschlagen hat, gibt er vor Gericht an, eigentlich nur Atua gemeint zu haben: Sie habe den Wasserkübel nicht richtig gesäubert, weshalb er schmutziges Wasser habe trinken müssen (vgl. S. 240). Verglichen mit den zahllosen Demütigungen durch die Weißen erscheint das Vergehen Atuas – wenn es denn als Vergehen eingestuft wird, schließlich erwirtschaftet sie mit ihrem Körper den Lebensunterhalt für sich und ihren Mann und soll gleichzeitig auch den Haushalt führen – als äußerst geringfügig und erklärt auf den ersten Blick nicht Lewis' übertriebene Reaktion. Bei genauerer Betrachtung leuchtet sein Verhalten aber ein: Er richtet seine Gewalt gegen ein schwächeres Glied in der Kette der Macht, seine Frau. Die Erniedrigung durch sie erscheint ihm deshalb grausamer, weil sie ‚von unten' kommt. *Schlechtes Wasser* beschreibt die Mechanismen von Demütigung und Gewalt sehr genau und macht deutlich, dass soziale Zwänge manchmal auch den Zuhälter erst zu dem machen, was er ist, die Prostituierte Opfer eines Opfers wird. Zahlreiche Texte Brechts legen demnach nahe, dass die Prostitution in gesellschaftlichen Zusammenhängen zu begreifen ist sowie dass die Prostituierten ihre Tätigkeit nicht aus Spaß oder Nymphomanie, sondern aufgrund materieller Not oder Zwang ausüben. Besonders beeindruckend wird das in einigen Gedichten herausgearbeitet, in denen das lyrische Ich eine Frau ist, die sich zur Vermarktung ihres Körpers genötigt sieht. In dem Gedicht *Ratschläge einer älteren Fohse an eine jüngere*[87] ist es eine erfahrene Prostituierte, die eine junge Kollegin in das Metier einweist. Schon zu Beginn betont die Sprecherin, dass sie davon redet, „wie man als Fohse liebt" (GBA 13, S. 386, Z. 3), demnach unterscheidet sich die ‚Liebe' einer Hure von der sonst üblichen. Faulheit und Schicklichkeit könne sie sich bei

---

[86] Vgl. Ana Kugli: Schlechtes Wasser. In: BHB 3, S. 81-85; hier S. 83.
[87] Zugrunde gelegt wird hier die zweite Fassung von 1927, in der die ältere Fassung *Lehrstück Nr. 2. Ratschläge einer älteren Fohse an eine jüngere* von 1926 fast vollständig aufgeht.

Kunden nicht erlauben, erläutert sie der jüngeren Hure. Der Herr, der beim Akt wie ein Schwein „grunzt" (Z. 13), „hat immer recht" (Z. 15) und bezahle dafür, etwas zu bekommen, was „seinem Weib nicht frommt" (Z. 24), womit wieder auf die Unterscheidung zwischen ‚Heiligen' und ‚Huren' hingewiesen wird. Die Liste der Eigenschaften, die eine Prostituierte zu eigen haben muss, um die Tätigkeit angemessen ausführen zu können, überrascht: Neben dem Beherrschen unterschiedlicher sexueller Praktiken (was noch einleuchten mag), zählt die ältere ‚Fohse' Klugheit, Geistesgegenwart (d.h. das bewusste Ausführen der Tätigkeit) sowie Talent zum Schauspielern auf. Mehrfach wird betont, dass es sich um Arbeit handelt, die gemäß den Wünschen des Kunden ausgeführt werden muss, eigene Bedürfnisse oder Vorlieben spielen keine Rolle. Zur Dienstleistung gehöre auch, dem Kunden vorzugaukeln, dass die Hure Spaß habe: „Und er verlangt nicht nur, daß er genießt / Sondern auch, daß du selbst erregt aussiehst." (S. 387, Z. 42f.) – oder aber sich schockiert und gedemütigt zu stellen, wenn das der Wille des ‚Herrn' ist: „Vor diesen also heuchle ruhig Qualen / [...] Denn auch diese zahlen." (S. 388, Z. 77f.) Die Tätigkeit wird „lustlos" (Z. 95) und unter Verlust der Selbstachtung ausgeführt: „Doch wisse, daß ich selber mich verachte!" (Z. 94)[88]

Während die *Ratschläge* trotz des ernsthaften Inhalts durch die provokative freizügige Sprache der älteren ‚Fohse' dennoch vergnüglich zu lesen sind, mutet die nüchterne, fast apathische Sprache des folgenden Gedichts von 1935 desillusionierend an:

Gedanken eines Revuemädchens während des Entkleidungsaktes

Mein Los ist es, auf dieser queren Erde
Der Kunst zu dienen als die letzte Magd
Auf daß den Herrn ein Glück bescheret werde
Doch wenn ihr fragt

Was ich wohl fühle, wenn ich mich entblöße
In schönen schlauen Griffen und des Lichts
Der goldenen Lampen teilhaft, als Stripptöse
Antwort ich: nichts.

Es geht auf zwölf. Ich komm zu spät zum Bus.
Der Käse ist im andern Laden besser.
Die Dicke sagt, sie geht jetzt in den Fluß
Er hat ein Messer.

---

[88] Vgl. zu diesem Gedicht Ana Kugli: Ratschläge einer älteren Fohse an eine jüngere. In: BHB 2, S. 138-141.

> Halbvoll. Am Samstag! Heut wird's wieder zwölfe.
> Mehr lächeln. Diese Luft ist ein Skandal.
> Halt's Maul da vorn, ich zeig sie dir schon. Wölfe.
> Wie ich die Miete zahl ...?
>
> Milchabbestellen hab ich auch vergessen.
> Den Hintern aber zeig ich heute nicht.
> Ein bißchen schwenken muß ich ihn. Das Essen
> Im Gelben Hund ist so, daß man's erbricht.
>
> (GBA 14, S. 295)

Das weibliche lyrische Ich, eine Striptease-Tänzerin, beschreibt in fünf Strophen einen üblichen Arbeitsabend am Wochenende. In gewisser Weise begreift sie ihre Tätigkeit als „Kunst" (V. 2), gleichsam im Grenzbereich des Tanzes liegend, wenn sie sich auch als „die letzte Magd" (V. 2) dieser Kunstform empfindet. Ziel ist auch hier, den Kunden, der wiederum als ‚Herr' (vgl. V. 3) bezeichnet wird, zufrieden zu stellen. Sie fühle bei der Arbeit „nichts" (V. 8). Die dritte Strophe beschreibt den Weg zum Etablissement und die Vorbereitungen in der Garderobe. Eine Kollegin hat offenbar Schwierigkeiten mit dem Zuhälter und droht mit Selbstmord, sie wird daraufhin bedroht: „Die Dicke sagt, sie geht jetzt in den Fluß / Er hat ein Messer." (V. 11f.) Das Geschehen erscheint durch die lakonische Schilderung für das lyrische Ich alltäglich.

Die beiden letzten Strophen beschreiben dann die Gedanken der Striptease-Tänzerin beim Entkleiden auf der Bühne. Wirtschaftliche Erwägungen stehen dabei im Vordergrund: Der Laden ist nur „Halbvoll" (V. 13), obwohl Samstag ist, angesichts der schlechten Besucherzahlen fragt sich die Frau, wie sie ihre Miete bezahlen soll (vgl. V. 16). Als Grund für die Tätigkeit wird damit materielle Notwendigkeit angeführt. Selbst spornt sie sich zu „Mehr lächeln" (V. 14) an, weil das geschäftsfördernd ist, dadurch wird auch betont, dass der Spaß, den sie zu haben scheint, ein gespielter ist. Gleichzeitig wird ihr bewusst, unter welchen miserablen Bedingungen sie arbeiten muss, die Luft im Raum ist „ein Skandal" (ebd.), auch die Verpflegung ist so schlecht, „daß man's erbricht" (V. 20). Offensichtlich grölen die Zuschauer, die sie als „Wölfe" (V. 15) bezeichnet, und fordern sie auf, ihre Brüste zu zeigen, was sie aggressiv macht: „Halt's Maul da vorn, ich zeig sie dir schon" (ebd.), wobei sie das nur in Gedanken äußert. Genau kalkuliert sie, wie viel von ihrem Fleisch sie zur Schau stellen muss: „Den Hintern aber zeig ich heute nicht. / Ein bißchen schwenken muß ich ihn." (V. 18f.) Während sie sich auszieht, denkt sie an alltägliche Erledigungen wie „Milchabbestellen" (V. 17). Das Gedicht macht durch die träge Sprache deutlich, dass die junge Frau aufgrund der entwürdigenden Arbeit abgestumpft ist. Von ‚Lust' an der Tätigkeit kann keine Rede sein, es ist die finanzielle Not, die das Entkleiden vor Publikum notwendig macht. Ähnliches berichtet auch das lyrische Ich in *Nannas Lied* von 1936, das Brecht in das Stück *Die Rundköpfe und die Spitzköpfe* aufnahm. Die Prostituierte schildert, wie sie mit 17 Jahren „auf den Liebesmarkt" (GBA 14, S. 334, V. 2) kam, der Begriff ‚Markt' verdeutlicht den Geschäftscharakter der Prostitution. Zu diesem Geschäft gehören schlimme Dinge: „Böses gab es viel / Doch das war das Spiel." (V. 4f.) Die Tätigkeit bedeutet nicht zuletzt, von der Gesellschaft und den Kunden nicht mehr als gleichwertiges Mitglied wahrgenommen zu werden, die Hure muss daran erinnern, dass sie durch ihre Arbeit Schaden davonträgt: „(Schließlich bin ich ja auch ein Mensch.)" (V. 7) Ihr Trost besteht in der Erkenntnis, dass der Schmerz wie alles vergeht: „Wo sind die Tränen von gestern abend? / Wo ist der Schnee vom vergangenen Jahr?" (V. 10f.) Mit der Zeit gewöhne man sich an die Tätigkeit, beschreibt die Sprecherin in der zweiten Strophe, allerdings erkalte das Gefühl zunehmend. Dennoch: „Lust in Kleingeld zu verwandeln / Wird doch niemals leicht" (V. 25f.), zumal das Wort ‚Kleingeld' betont, dass die Arbeit nicht reich macht. Auch dieses lyrische Ich analysiert die eigene Situation abgeklärt und kühl.

Die üblichen Klischees über das ‚Milieu' desillusioniert auch der kurze Prosatext *Abenteuer*, der um 1923 entstanden ist. In diesem schildert ein personaler Erzähler, wie ein Mann sich von einem Straßenmädchen auf deren Zimmer mitnehmen lässt. Statt dem ‚Abenteuer' erwartet ihn eine ekelerregende Szenerie: „faulig riechende Gänge, in denen Wäsche zum Trocknen hing und häßliche Aborte aufstanden" (GBA 19, S. 181). Die Umgebung stellt einen Ort des (gesellschaftlichen) Verfalls dar, das Mädchen selbst ist hiervon ein Teil: Sie hat ein Holzbein, was er durch ihre „Unachtsamkeit" (ebd.) entdeckt. Der Mann flieht, begleitet von ihren Flüchen.

Unabhängig von den Gründen, aus denen die Frauen zur Prostitution kommen, steht eines fest: Sie können keine Vergebung erwarten, die gesellschaftliche Ächtung ist unumkehrbar, wie das Gedicht *Die Legende der Dirne Evlyn Roe* von 1917 darlegt. Evlyn ist ein junges Mädchen, als sie darum bittet, mit einem Schiff mitfahren zu dürfen, um ins Heilige Land zu gelangen. Da sie nicht mit Geld bezahlen kann, verlangt der Kapitän als Gegenleistung ihren „süßen Leib" (GBA 13, S. 102, Z. 16). Evlyn wird zur Schiffsdirne, ihr Körper verfällt zunehmend und schließlich begreift sie, dass „Herr Jesus Christ" (S. 103, Z. 48), zu dem sie eigentlich will, sie als Hure ohnehin nicht beachten wird. Als solche „hat sie die himmlische Liebe verloren, die körperliche durch ihren Verfall"[89]. Sie begeht Selbstmord und erreicht die Himmelstür, doch hier erfährt sie, dass Gott sie nicht haben will, weil sie eine „Dirne" (S. 104, Z. 67) ist. Auch die Hölle darf sie nicht betreten, denn für den Teufel ist sie zu fromm, weil sie schuldlos ‚schlecht' geworden ist. So wandert sie ruhelos „durch Wind und Sternenraum" (Z. 72). Erlösung findet sie nie. Brecht kehrt damit die Legendenstruktur – man denke an Entsprechungen zur Legende der Maria Aegyptiaca oder der Maria Magdalena[90] – um: „Die Dirne wird nicht als Büßerin zum Heil begnadet, sondern die Büßerin wird als Dirne ins Unheil verstoßen"[91].

4.5 Die Vergänglichkeit der Liebe

Beharre nicht auf der Welle
Die sich an deinem Fuß bricht, solang er
Im Wasser steht, werden sich
Neue Wellen an ihm brechen.
(*Lied vom Fluß der Dinge*;
GBA 14, S. 64)

Die romantische Vorstellung von einer Liebesbeziehung, die ein Leben lang aufrecht erhalten werden kann, birgt eine weitere Problematik in sich, denn in der Natur der Liebe liegt auch: ihre Vergänglichkeit. Brecht hat diese als unausweichliches Phänomen und unter verschiedenen Gesichtspunkten beschrieben. Allerdings wertet er den Begriff um: Während die Vergänglichkeit in der bürgerlich-christlichen Vorstellung negativ besetzt ist, mit Unbeständigkeit, Endlichsein und Verlust verbunden wird, stellt sie bei Brecht eine positive Kategorie dar. Sie ist als Teil der Veränderung im Hegel'schen Sinne zu verstehen: „Alles, was ist, ist nur dadurch, daß es auch nicht ist, das heißt dadurch, daß es wird oder vergeht. Im Werden ist *Sein* und *Nichtsein*, ebenso im Vergehen. Das *Werden* geht über in ein *Vergehen* und das *Vergehen* in ein *Werden*. [...] So ist keine Ruhe in den Dingen" (*Von der Großen Methode*; GBA 18, S. 145). Alle Ereignisse werden damit als Prozesse bestimmt: „Dinge sind Vorkommnisse. Zustände sind Prozesse. Vorgänge sind Übergänge." (S. 146) Das Vergehen von Dingen geschieht in diesem Sinne fortwährend und ist unaufhaltbar, eben dadurch ergeben sich ständig neue Möglichkeiten. Aus dieser Perspektive erscheint ein Festhalten-Wollen am Bestehenden widersinnig, weil Prozesse nicht angehalten werden können – wer das doch versucht, scheitert. Zudem

---

[89] Carl Pietzcker: Die Legende der Dirne Evlyn Roe. In: BHB 2, S. 31-35; hier S. 32.
[90] Ebd., S. 33.
[91] Ebd.

macht die Vergänglichkeit bei Brecht „ein Wesentliches der Schönheit" (*Journal*; GBA 27, S. 202) aus; das Bewusstsein, dass einem etwas zeitlich nur begrenzt zur Verfügung steht, erhöht den Genuss daran. Auch in Liebesbeziehungen ist es für die Beteiligten folgenschwer, wenn sie die Liebe als Zustand statt als Prozess begreifen. Eines der frühen Textbeispiele hierfür bildet *Die Ballade vom Liebestod* aus der *Hauspostille*. In dieser parodiert Brecht den Tristan-und-Isolde-Stoff: aus der Liebesgrotte wird bei ihm eine „Tapetengruft" (GBA 11, S. 111, Z. 46).[92] Aufgrund ihrer Liebe erscheint dem Paar „der verschlissene Himmel" zunächst „lieblich" (S. 110, Z. 10). Während ihre Kleidung schon fault und ihre Körper allmählich verfallen, betreiben sie die körperliche Liebe aktiv, wie in den immer wiederkehrenden Feuchtigkeitsmetaphern betont wird: die Frau ist wie „eine halbersoffne Wiese" (Z. 28), beide sind „Von Liebe ganz durchregnet" (S. 111, Z. 61). Dennoch wirkt die Szenerie durch die Koppelung der Tod-Metaphorik an sexuelle Bilder unheimlich. Die Liebenden sind durch die Abgeschiedenheit in der Kammer aufeinander fixiert, ihre Liebe verbraucht sich schnell. Schon am ersten der vier beschriebenen Tage wünscht er sich Ruhe herbei: „Er will gern schlafen, wenn sie ihn nur ließe!" (S. 110, Z. 30) Bald schon quillt in ihnen „dick wie Hefe grüne Bitternis" (S. 111, Z. 41), sie werden „wie ein Wrack" (Z. 61).
Als sie schließlich gefunden werden, sind sie endgültig tot und erkaltet, das Bett aber riecht noch nach ihrer ‚Liebe' (vgl. S. 112, Z. 73f.). Das Gedicht zeigt, wie kurzlebig Leidenschaft ist. Wenn sich die Liebenden ausschließlich miteinander beschäftigen, ist der Tod der Liebe, in diesem Gedicht mit dem Tod durch Liebe gleichzusetzen, die Konsequenz. Damit zersetzt die Ballade „spielerisch alle bürgerlich und literarisch etablierten Liebesideale".[93]
Eine ähnliche Fixierung der Liebenden aufeinander beschreibt auch eines der bekanntesten Liebesgedichte Brechts, die 1928 entstandenen *Terzinen über die Liebe*[94]:

---

[92] Vgl. Dorothee Ostmeier: Die Ballade vom Liebestod. In: BHB 2, S. 101-104; hier S. 102.
[93] Ebd., S. 104.
[94] Zur Tradition der Terzinen vgl. Carl Pietzcker: Von aufgehobener Sehnsucht. In: Interpretationen. Gedichte von Bertolt Brecht. Hg. v. Jan Knopf. Stuttgart 1995, S. 69-84; hier S. 71-73.

Terzinen über die Liebe

Sieh jene Kraniche in großem Bogen!
Die Wolken, welche ihnen beigegeben
Zogen mit ihnen schon, als sie entflogen

Aus einem Leben in ein andres Leben.
In gleicher Höhe und mit gleicher Eile
Scheinen sie alle beide nur daneben.

Daß also keines länger hier verweile
Daß so der Kranich mit der Wolke teile
Den schönen Himmel, den sie kurz befliegen

Und keines andres sehe als das Wiegen
Des andern in dem Wind, den beide spüren
Die jetzt im Fluge beieinander liegen.

So mag der Wind sie in das Nichts entführen;
Wenn sie nur nicht vergehen und sich bleiben
So lange kann sie beide nichts berühren

So lange kann man sie von jedem Ort vertreiben
Wo Regen drohen oder Schüsse schallen.
So unter Sonn und Monds wenig verschiedenen Scheiben

Fliegen sie hin, einander ganz verfallen.

Wohin, ihr?
    Nirgendhin.
Von wem entfernt?
    Von allen.

Ihr fragt, wie lange sind sie schon beisammen?
Seit kurzem.
    Und wann werden sie sich trennen?
        Bald.
So scheint die Liebe Liebenden ein Halt.

(GBA 14, 15f.)

Hier sind es ein Kranich und eine Wolke – und nicht, wie in vielen Interpretationen beschrieben, zwei Kraniche[95] –, die erst nebeneinander, dann ausschließlich aufeinander bezogen, den Himmel befliegen, und außer sich

---

[95] Über das Bild des Kranich-Paares ergab sich ein Bezug zu Dante, vgl. etwa Marcel Reich-Ranicki: Ungeheuer oben. Brecht und die Liebe. In: Ders.,: Ungeheuer oben. Über Bertolt Brecht, Berlin 1996, S. 11-44; hier S. 39. In jüngerer Zeit hat Tatlow darauf verwiesen, dass der Text aber von Wolke und Kranich spricht, vgl. Antony Tatlow: Terzinen über die Liebe. In: BHB 2, S. 168-172; hier S. 170f.

selbst nichts wahrnehmen: „Und keines andres sehe als das Wiegen / Des andern in dem Wind, den beide spüren" (V. 10f.). Vom Wind lassen sie sich treiben und fürchten keine Gefahr, solange sie „nur nicht vergehen und sich bleiben" (V. 14). Die Beschränktheit der Lebenszeit erscheint ihnen als einzige Gefahr ihrer Liebe, weshalb sie Orte meiden, die ihnen gefährlich werden könnten, der Wolke etwa solche, „Wo Regen drohen", dem Kranich dagegen die, an denen „Schüsse schallen" (V. 17). Da sie „einander ganz verfallen" (V. 19) sind, nehmen sie außerhalb von sich nichts zur Kenntnis, weder den Wechsel der Tageszeiten – Sonne und Mond erscheinen wie ‚wenig verschiedene Scheiben' (vgl. V. 18) – noch andere Wesen, „Von allen" sind sie „entfernt" (V. 21). Sie haben keinen Bezug mehr zur restlichen Welt. Auch ein Ziel haben die Liebenden nicht, sie wollen „Nirgendhin" (V. 20). Dass diese Art des Zusammenseins, die völlige Fixierung aufeinander ohne Kenntnisnahme der Außenwelt, nicht als Liebe bezeichnet werden kann, wird gleichzeitig, zunächst gewissermaßen gegen den Inhalt, durch das Formale des Gedichts behauptet: Die ‚Terzinen über die Liebe' brechen auseinander, sowohl im Druckbild als auch im Reimschema, das nicht mehr durchgehalten wird. Die letzte Strophe desillusioniert abschließend auch inhaltlich, was die Form schon angedeutet hat: „Ihr fragt, wie lange sind sie schon beisammen? / Seit kurzem. / Und wann werden sie sich trennen? / Bald." (V. 22f.) Die Liebe wird von kurzer Dauer sein, sie wird vergehen, auch wenn die Liebenden alle Gefahren und äußeren Einflüsse fliehen. Denn die Liebe, so hält der letzte Vers fest, „scheint [...] Liebenden ein Halt" (V. 24) – sie ist aber nie wirklich einer. Gefühle sind flüchtiger Natur und vergehen früher oder später einfach. Die *Terzinen über die Liebe* entpuppen sich so als Terzinen über die Vergänglichkeit und machen deutlich: diese gehört zur Liebe unausweichlich dazu. „Wer in der Liebe einen Halt erwartet, das heißt also etwas Greifbares, Solides, Dauerhaftes fürs tägliche Leben, klammert sich an eine Illusion."[96]

Von der Unbeständigkeit der Liebe und der Unmöglichkeit, diese zu erklären, handelt auch der um 1921/22 entstandene Prosatext *Die Flaschenpost*. Eine weibliche Ich-Erzählerin schildert hier eine bittere Liebeserfahrung: Ihr Verlobter zieht sich mit der Begründung, eine mehrjährige Reise in die Tropen unternehmen zu wollen, von ihr zurück und hinterlässt als einzige Erklärung einen Brief, den sie aber erst in drei Jahren öffnen soll. Nach Ablauf der Frist, die die Frau gewissenhaft einhält, findet sie lediglich ein lee-

---

[96] William H. Rey: Hohe Lyrik im Bordell. Bertolt Brechts Gedicht „Die Liebenden". In: MONATSHEFTE 63 (1971), H. 1, S. 1-18; hier S. 9. Allerdings relativiert Rey diese Aussage sogleich wieder – gegen den Text: „Ist doch die äußere Vergänglichkeit gerade die Voraussetzung für die Erfüllung der Liebenden in einer inneren Ewigkeit." (Ebd.).

res Blatt vor. Den Gedanken, der ehemalige Verlobte wolle sie verhöhnen, lehnt sie schnell ab und versucht, eine andere Begründung für sein Verhalten zu finden. Sie tröstet sich mit einer Geschichte: Fremde Schiffer, die an der chilenischen Küste den Tod finden, werfen kurz vor dem Untergang in einer Flasche Aufzeichnungen ins Meer. Wenn Jahre später chilenische Fischer die Notizen finden, verstehen sie die fremden Schriftzeichen nicht, aber: „Wie lächerlich wäre die Botschaft, wäre sie lesbar; denn wie unmöglich ist es, in einem Leben ein Wort zu finden, das die Stille nicht stört, die nach Untergegangenem entsteht und irgend etwas sagt, das nicht böse ist!" (GBA 19, S. 167) Diese Textpassage lässt sich ohne weiteres auf das Absterben der Liebe beziehen, auch hier lassen sich kaum Worte finden, die adäquat beschreiben, warum man den anderen verlassen zu müssen glaubt. Doch diese Begründung befriedigt die Erzählerin nicht. Sie kommt deshalb auf den Gedanken, beim Verfassen des Briefes habe es vielleicht Schriftzeichen gegeben, die inzwischen verblasst sein könnten, denn „die Zeit heilt Wunden" (ebd.) – hätte es eine Botschaft gegeben, sie wäre nach dem Verlauf von drei Jahren unwichtig geworden. Schließlich habe sie den Geliebten bereits nach zwei Jahren vergessen, dennoch habe sie das weitere Jahr noch auf die Botschaft gewartet, obwohl sie sich eigentlich erübrigt hatte (vgl. S. 168). Der Verlobte hat ihr so im Grunde beim Heilungsprozess geholfen: Er hat vorgegeben, eine Rechtfertigung zu haben, warum die Liebe erloschen ist, obwohl es dafür keine Begründung gab, sie findet das aber erst heraus, als eine Erklärung für sie ohnehin irrelevant geworden ist. Die Vergänglichkeit der Liebe erscheint bei Brecht wie ein feststehendes Faktum, auf das man unterschiedlich reagieren kann. Der Sprecher des Gedichts *Weil ich ihr nicht genug* ist erbost darüber, dass seine ehemalige Geliebte ihn gleich durch mehrere neue Liebhaber ersetzt hat, während sein „Herz" noch „an diesem Aase" hängt (GBA 13, S. 201, V. 12). Weil er die Abweisung nicht erträgt, so wird in seinen Formulierungen deutlich, wertet er die Frau zu einem „Häutetopf" (V. 4) ab, reduziert sie auf ihr Geschlechtsorgan, das angeblich für sie allein im Vordergrund stehe, er degradiert sie zum ‚Flittchen' – was nur vor dem Hintergrund der herrschenden Sexualmoral funktioniert. Das lyrische Ich ist damit ein Beispiel für jemanden, der das Ende der Liebe nicht zu akzeptieren bereit ist und den Partner beschimpft und herabwürdigt, um ihn für den Liebesentzug zu bestrafen. Jahre später schrieb Brecht zu diesem Thema in seinem *Journal*: „Nichts ist schwerer, als jemanden aufzugeben, ohne ihn zu entwerten, aber eben das ist das richtige." (GBA 27, S. 106f.)
Beleidigungen stehen auch am Ende der Beziehung des Paares in *Letztes Liebeslied*, das um 1937 entstanden ist: „Als der Weg zu End gerannt war / Schimpften wir uns wie zwei Lumpen" (GBA 14, S. 383, V. 4f.). Hier ist

es der Vertrauensbruch durch die Frau, die zur Beendigung des Verhältnisses führt: „Beatrize war gestellet" (V. 5). Am Ende bleibt nur „Haß" (V. 10) auf beiden Seiten. „Hinz und Kunz", so heißt es abschließend, „Wußten dies von Anbeginne" (V. 11f.) – also jeder, denn die Vergänglichkeit der Liebe ist eine alltägliche Erfahrung.

Eine andere Möglichkeit, auf den Verlust der Liebe zu reagieren, ist der Versuch, die alten Gefühle wieder aufleben zu lassen. Darum bemüht sich das weibliche lyrische Ich des Gedichts *Es war leicht, ihn zu bekommen,* das im Anhang der Sammlung *Aus dem Lesebuch für Städtebewohner* zu finden ist. Sie beschreibt, wie einfach es war, den Mann für sich zu gewinnen. Schon „am zweiten Abend" (GBA 11, S. 170, V. 2) hätte sie ihn haben können, aus strategischen Gründen habe sie bis zum dritten gewartet. Als er sich auf sie einlässt, betont er, dass er es nicht tut, weil er an ihr persönlich Gefallen gefunden hat, sondern lediglich, weil sie gut riecht: „das Badesalz ist es / Nicht dein Haar!" (V. 5f.) Schwieriger, als den Mann zu bekommen, ist allerdings, ihn zu halten, wie die Sprecherin festhält. Da sie um die Unbeständigkeit von Gefühlen weiß, geht sie auch weiterhin taktisch vor, sie macht sich rar in der Hoffnung, dass sein Interesse an ihr dann länger vorhält. „Aber bewahre einen Schnee im Topf auf! / Er wird schmutzig von selbst" (V. 11f.), bemerkt sie zu ihren Bemühungen, die nicht von Erfolg gekrönt sind. Als sie das Ende der Beziehung auf sich zukommen sieht, probiert sie verschiedene Reaktionen aus, um zu erkunden, wie sie sich ihm gegenüber verhalten muss, um zu erreichen, was sie will. Sie simuliert sogar einen Selbstmordversuch, um ihn zu halten, doch auch das vermag die Gefühle nicht zurückzubringen. Schließlich, an einem gewöhnlichen Tag, sagt sie sich einfach von ihm los: „Das ist fertig." (V. 26) Doch sie ist nicht konsequent, noch zwei Mal lässt sie sich auf Sex mit ihm ein. Dennoch gelingt es ihr, sich endgültig zu lösen, denn: „Wie alles vorübergeht, so verging / Auch das." (V. 31f.) Das Gedicht macht deutlich, dass Liebe oder sexuelle Attraktion vergängliche Phänomene sind und hitzige Bemühungen sowie psychologisch-strategische Winkelzüge nichts zu ändern vermögen, wenn das Interesse des Partners erloschen ist. Gleichzeitig wird auch betont, dass der oder die Verlassene dem ‚Schicksal' nicht ausgeliefert ist, denn man kann sich bewusst von der Liebe lösen, wenn es notwendig ist, statt in Selbstmitleid zu zerfließen. In ähnlichem Duktus ist auch das Gedicht *Immer wieder*, ebenfalls *Aus dem Lesebuch für Städtebewohner*, verfasst:

> *Immer wieder*
> Wenn ich diesen Mann ansehe
> Er hat nicht getrunken und
> Er hat sein altes Lachen
> Denke ich: es geht besser.
> Der Frühling kommt, eine gute Zeit kommt
> Die Zeit, die vergangen ist
> Ist zurückgekehrt
> Die Liebe beginnt wieder, bald
> Ist es wie einst.
>
> Immer wieder
> Wenn ich mit ihm geredet habe
> Er hat gegessen und geht nicht weg
> Er spricht mit mir und
> Hat seinen Hut nicht auf
> Denke ich: es wird gut
> Die gewöhnliche Zeit ist um –
> Mit einem Menschen
> Kann man sprechen, er hört zu
> Die Liebe beginnt wieder, bald
> Ist alles wie einst.
>
> Der Regen
> Kehrt nicht zurück nach oben
> Wenn die Wunde
> Nicht mehr schmerzt
> Schmerzt die Narbe.
>
> (GBA 11, S. 171f.)

Auch dieses lyrische Ich hofft auf einen Aufwind in der bestehenden Beziehung. Hier ist es allerdings die Sprecherin, deren Gefühle erloschen sind. Sie hofft zwar „Immer wieder" (V. 1), etwa, wenn der Mann „sein altes Lachen" (V. 4) hat oder er mit ihr redet, dass ein zweiter „Frühling" (V. 6) kommt. Doch die letzte Strophe lässt keinen Zweifel daran, dass eine Umkehrung nicht möglich ist, die Vergänglichkeit der Liebe wird in das Bild eines natürlichen Vorgangs gefasst: „Der Regen / Kehrt nicht zurück nach oben" (V. 22f.). Von den Beschädigungen, die man sich in Beziehungen zufügt, bleiben Wunden und Narben (vgl. V. 24-26), deshalb kann die Liebe nicht werden „wie einst" (V. 10). Souverän dagegen verfährt das lyrische Ich in folgendem Vierzeiler mit der Erfahrung von Zurückweisung:

> *Und das Lächeln, das mir galt*
> Gilt nun einem andern
> Konnte ich's nicht behalten halt
> Muß ich's lassen wandern.
>
> (GBA 15, S. 287)

Der Sprecher stellt in einem abgeklärten Ton fest, dass die Zuneigung der Frau nun für einen anderen bestimmt ist und er nichts daran ändern kann. Diese Einsicht lässt ihn überlegen erscheinen. Noch einen Schritt weiter geht der Sprecher des vielinterpretierten Gedichts *Entdeckung an einer jungen Frau*. Das lyrische Ich des um 1925 entstandenen Sonetts will sich am Morgen nach der verbrachten Liebesnacht von der Geliebten verabschieden, bleibt dann aber doch, weil es eine graue Strähne im Haar der Frau erblickt. Die Entdeckung, dass die ausdrücklich junge Frau vergänglich ist, lässt beim kühlen Abschied „Begierde" (GBA 13, S. 312, V. 14) aufflammen, obwohl nur eine gemeinsame Nacht geplant war. Der Sprecher begreift Vergänglichkeit nicht als etwas Negatives, vielmehr steigert sein Bewusstsein über sie den Genuss. Explizit wird auf die barocke Carpe-Diem-Losung verwiesen: „Doch nütze deine Zeit" (V. 10).[97]
In der Sekundärliteratur wurde das ‚Vergehen' gelegentlich mit ‚Vergessen' gleichgesetzt: nur durch die wiederholte körperliche Vereinigung könne das Vergessen aufgehalten werden.[98] Die feministische Forschung sah in diesem Gedicht die „alte Vorstellung" dominieren, dass „die Frau besonders hilflos der Vergänglichkeit ausgesetzt sei"[99]. Das Vergehen werde „an der Frau als Objekt" dargestellt.[100] Joseph Anton Kruse sieht das aber nicht bestätigt, vielmehr betont er: Die Jugend der Frau „war gut fürs Bett, das erste Anzeichen für ihr Altern hingegen drückt den Kern der Liebesbegegnung aus: die Zeit vergeht, und wir sind vergänglich. Allein diese Erfahrung weckt Zärtlichkeit und anhängliche Fürsorge."[101] Die Vergänglichkeit der Frau stößt den Sprecher nicht ab, sondern macht sie erst für ihn attraktiv.
Wer dagegen die Vergänglichkeit von Gefühlen, Zuständen und Menschen nicht zu akzeptieren vermag und an Dingen festhält, die nicht mehr beste-

---

[97] Vgl. dazu Klaus-Dieter Krabiel: Entdeckung an einer jungen Frau. In: BHB 2, S. 123-125; hier S. 124. / Joseph Anton Kruse: Liebe zwischen Tür und Angel. In: FA 13 (1990), S. 207-210; hier S. 209. / Monika Nickelsen: Über das Altern von Frauen in Gedichten von Männern. In: Frauen und Frauenbilder. Dokumentiert durch 2000 Jahre. Redigiert von Jorunn Valgard und Elsbeth Wessel. Oslo 1983 (Osloer Beiträge zur Germanistik 8), S. 129-146; hier S. 140.
[98] Behrmann: „Denn wir vergaßen ganz, daß du vergehst", S. 273.
[99] Nickelsen: Über das Altern von Frauen, S. 138. Vgl. auch Frenken: Das Frauenbild in Brechts Lyrik, S. 105f.
[100] Nickelsen: Über das Altern von Frauen, S. 140.
[101] Kruse: Liebe zwischen Tür und Angel, S. 209. Ähnlich sehen das auch Misch und Wapnewski vgl. Misch: Für alle Liebeslagen, S. 110. / Peter Wapnewski: Entdeckung an einer jungen Frau. In: Ausgewählte Gedichte Brechts mit Interpretationen. Hg. v. Walter Hinck. Frankfurt a.M. 1978, S. 24-28; hier S. 26.

hen, ruiniert sich selbst, was die *Ballade vom Tod des Anna Gewölkegesichts* (entstanden um 1921) anschaulich macht. Der Sprecher des Gedichts berichtet in personaler Form die Geschichte eines Mannes, der eine Frau, vielmehr seine Vorstellung von ihr, erfolglos zu verdrängen sucht. Selbst sieben Jahre nach der Trennung, über die nichts Näheres berichtet wird – die Frau könnte durchaus gestorben sein –, versucht er, mit „Kirsch und Wacholder" (GBA 13, S, 235, Z. 3) „ihr Antlitz aus seinem Gehirn" (Z. 4) zu spülen. Nicht nur Alkohol, auch das Rauchen, die Musik und Sex gehören zu seinen Strategien, um die Frau zu vergessen. Teilweise gelingt ihm das auch, ihr Gesicht wird in seiner Erinnerung undeutlich und verschwimmt „in den Wolken" (Z. 10). Ruhelos reist er „an vielmal viel Küsten" (Z. 13), doch überall begegnet er seinen Erinnerungen an sie in Form ihrer Stimme und ihres Gesichts, das er in den Wolken erblickt. Zwar verblassen später diese Eindrücke, dennoch endet das Gedicht mit der Formulierung seiner „Wünsche: / Ein Gesicht vergeht. Und ein Mund wird still" (S. 236, Z. 40f.), was offenkundig macht, dass ihm das Verdrängen nicht vollständig gelingt.[102] Das Vergessen des Gesichts ist auch ein wichtiges Motiv in folgendem Gedicht:

> *Erinnerung an die Marie A.*
>
> 1
> An jenem Tag im blauen Mond September
> Still unter einem jungen Pflaumenbaum
> Da hielt ich sie, die stille bleiche Liebe
> In meinem Arm wie einen holden Traum.
> Und über uns im schönen Sommerhimmel
> War eine Wolke, die ich lange sah
> Sie war sehr weiß und ungeheuer oben
> Und als ich aufsah, war sie nimmer da.
>
> 2
> Seit jenem Tag sind viele, viele Monde
> Geschwommen still hinunter und vorbei
> Die Pflaumenbäume sind wohl abgehauen
> Und fragst du mich, was mit der Liebe sei?
> So sag ich dir: Ich kann mich nicht erinnern.
> Und doch, gewiß, ich weiß schon, was du meinst
> Doch ihr Gesicht, das weiß ich wirklich nimmer
> Ich weiß nur mehr: Ich küßte es dereinst.

---

[102] Vgl. zu diesem Gedicht Müller/Kindt: Brechts frühe Lyrik, S. 75-77.

Die Vergänglichkeit der Liebe 113

3
Und auch den Kuß, ich hätt ihn längst vergessen
Wenn nicht die Wolke dagewesen wär
Die weiß ich noch und werd ich immer wissen
Sie war sehr weiß und kam von oben her.
Die Pflaumenbäume blühn vielleicht noch immer
Und jene Frau hat jetzt vielleicht das siebte Kind
Doch jene Wolke blühte nur Minuten
Und als ich aufsah, schwand sie schon im Wind.
(GBA 11, S. 92f.)

Hier berichtet ein männliches lyrisches Ich von einer Liebe, die lange Zeit zurückliegt. Das formal und klanglich in der Tradition konventioneller Liebeslyrik stehende Gedicht suggeriert zunächst durch die Überschrift, dass es sich um ein übliches Poem für eine bestimmte Frau handelt, an die erinnert werden soll. Auch die erste Strophe bestärkt diese Erwartungshaltung. Das lyrische Ich bezeichnet einen Zeitpunkt in seiner Vergangenheit: „An jenem Tag im blauen Mond September" (V. 1), an dem „unter einem jungen Pflaumenbaum" (V. 2) ein Liebeserlebnis stattgefunden hat. Doch schon im dritten Vers wird die Geliebte näher bezeichnet als „stille bleiche Liebe" (V. 3), was irritierend wirkt, denn „still" und „bleich" assoziiert man eher mit dem Tod als mit Liebe. Verglichen wird die Geliebte dann mit einem „holden Traum" (V. 4). ‚Hold' klingt hierbei sehr altmodisch, klischeehaft. Dennoch scheinen diese ersten vier Verse der Eingangsstrophe die Überschrift zu bestätigen, auch wenn die „stille bleiche Liebe" und die schablonenhafte Verwendung des Locus amoenus in Verbindung mit dem „holden Traum" ein wenig verunsichern.
Der unauffällige Themenwechsel vollzieht sich im nächsten Vers: „eine Wolke" (V. 6), die das lyrische Ich „lange sah" (ebd.), rückt in den Mittelpunkt der Beschreibung. Die Wolke wird näher charakterisiert: „Sie war sehr weiß und ungeheuer oben" (V. 7), eine ungewöhnliche Formulierung[103], die umso mehr auffällt, als für die Beschreibung der Geliebten und das Liebeserlebnis mit ihr nur Schablonen und Klischees Verwendung finden. In der ersten Strophe widmen sich ebenso viele Verse der Frau wie der Wolke, wobei die Wolke mit weit eindrucksvollerer Sprache beschrieben wird als die Geliebte.
Seit dem geschilderten Erlebnis sind inzwischen „viele, viele Monde" (V. 9) vergangen. Das lyrische Ich vermutet, dass sich viel verändert haben muss: „Die Pflaumenbäume sind wohl abgehauen" (V. 11). In Dialogform

---
103 Schuhmann weist darauf hin, dass Brecht bei dieser Formulierung prägnante Verben meide und die nähere Charakterisierung der Wolke über die Adverbien regle, vgl. Klaus Schuhmann: Der Lyriker Bertolt Brecht 1913-1933. Berlin 1964 (Neue Beiträge zur Literaturwissenschaft, Bd. 20), S. 77.

äußert sich der Sprecher dann zu den Veränderungen bezüglich der Geliebten, oder genauer bezüglich „der Liebe" (V. 12). Von ihr heißt es: „Ich kann mich nicht erinnern." (V. 13) Während man da noch vermuten kann, das lyrische Ich könne sich an das Gefühl der Liebe, das es einmal empfunden hat, nicht mehr erinnern, folgt zwei Verse später die endgültige Desillusionierung. Es ist die Geliebte selbst, die vergessen ist: „Doch ihr Gesicht, das weiß ich wirklich nimmer" (V. 15). Spätestens hier ist der Bruch mit der Überschrift offensichtlich: Die *Erinnerung an die Marie A.* besteht aus der Feststellung, dass sie vergessen wurde. Nur, dass der Sprecher das Gesicht geküsst hat, kann er sich ins Gedächtnis rufen: „Ich weiß nur mehr: Ich küßte es dereinst" (V. 16).

Der Kuss jedoch wäre dem lyrischen Ich ebenfalls entfallen, „Wenn nicht die Wolke da gewesen wär" (V. 18). Die Wolke[104] wird damit zweifellos zum Zentrum des Gedichts erhoben[105]. Nur weil der Kuss dem Anblick der Wolke unmittelbar folgte, ist er nicht vollends vergessen. Die Wolke aber hat einen so bleibenden Eindruck beim lyrischen Ich hinterlassen, dass ihr wiederum zwei Verse gewidmet werden: „Die weiß ich noch und werd ich immer wissen / Sie war sehr weiß und kam von oben her." (V. 19f.) Nahezu desinteressiert stellt das lyrische Ich dann fest, dass jene Pflaumenbäume „vielleicht noch immer" (V. 21) blühen, gesteht der ehemals Geliebten sogar überheblich zu, eventuell einen anderen gefunden zu haben, mit dem sie ein durchschnittliches, bürgerliches Leben führe: „Und jene Frau hat jetzt vielleicht das siebte Kind" (V. 22)[106]. Im Gegensatz zu den Pflaumenbäumen, die noch immer blühen könnten, „blühte" die Wolke „nur Minu-

---

[104] Vielfach wurde die Wolke als Symbol gedeutet, vgl. Franco Buono: Bertolt Brecht. 1917-1922: Jugend, Mythos, Poesie. Göttingen 1988, S. 33. Neuere Arbeiten versuchen außerdem, sich dem Begriff ‚Wolke' dekonstruktivistisch zu nähern (vgl. Hans-Harald Müller/Tom Kindt/Robert Habeck: Love – Not – Memory. An interpretation of ‚Remembering Marie A.' In: Empedocles' Shoe. Essays on Brecht's poetry. Hg. v. Tom Kuhn und Karen Leeder. London o.J. [2002], S. 56-70).

[105] Marcel Reich-Ranicki macht sich die Interpretation dieser Textstelle besonders einfach: Er kehrt den Sinn einfach um. „Wie denn:", heißt es bei Reich-Ranicki, „Er hat doch in seinem Leben unendlich viele weiße Wolken gesehen. Warum also erinnert er sich gerade an diese, die doch nur Minuten ‚blühte'? Aus einem einzigen Grund: Weil er damals sie, ‚die stille bleiche Liebe', in seinem Arm hielt und küßte." (Reich-Ranicki: Ungeheuer oben, S. 28). Somit findet Reich-Ranicki in der *Erinnerung an die Marie A.* doch ein Liebesgedicht vor. Der Text legt diese Lesart keineswegs nahe.

[106] Schöne verweist darauf, dass dieser Vers als einziger um einen sechsten Jambus verlängert wird, „um ganz die plumpe und schwere Wirklichkeit des Irdischen aufzunehmen" (Albrecht Schöne: Bertolt Brecht: Erinnerung an die Marie A. In: Die deutsche Lyrik. Form und Geschichte. Interpretationen von der Spätromantik bis zur Gegenwart. Hg. von Benno von Wiese. Düsseldorf 1959, S. 485-494; hier S. 488).

ten" (V. 23) und war nach dem Kuss bereits verschwunden (vgl. V. 24). Selbst die letzten beiden Verse gelten nicht der Frau, sondern der Wolke, die als flüchtiges, schnell vergängliches Phänomen eine besondere Faszination auf den Betrachter ausgeübt hat.

Die *Erinnerung an die Marie A.* gehört zu den meistinterpretierten Gedichten Brechts. Zu einer der frühesten Deutungen gehört die von Hanns Schukart aus dem Jahr 1933, die insofern bemerkenswert ist, als sie das Gedicht nicht – wie viele der späteren Untersuchungen – als Liebesgedicht missversteht. Schukart sieht in der *Erinnerung an die Marie A.* ein lyrisches Ich, dass die Frau nur während des Liebesakts zu identifizieren imstande ist. In „dem Augenblick, wo das Liebesgefühl, wo die Liebe zur Frau ihren höchsten und für das Ich einzig erlebbaren Punkt" überschreitet, ‚erlöscht' für das Ich auch das Bild der Frau.[107] Einzig die Wolke sei „aus dem sinnlichen Empfindungskomplex dieses Augenblicks in der Erinnerung des Ichs geblieben", was die dichterische Ausgestaltung ausgerechnet der Wolke erklärt.[108] Die „Einmaligkeit"[109] des Brecht'schen Gedichts liege in dem „pessimistische[n] Unglaube[n], dem es unmöglich ist, eine vergangene Lebenssituation wieder erlebbar zu gestalten"[110].

Die über 25 Jahre später erschienene Deutung von Albrecht Schöne ist die erste größere Untersuchung des Gedichtes. Schöne berücksichtigt die entstehungsgeschichtlichen Hintergründe ebenfalls noch nicht und bezeichnet die *Erinnerung an die Marie A.* folglich klar als „Liebesgedicht"[111]. Er stellt zwar fest, dass zur Beschreibung des Liebeserlebnisses nur „abgenutzte, klischeehafte Bilder"[112] verwendet werden. Die eigentliche Erinnerung gelte auch nicht diesem, sondern der Wolke, durch die „erst Kuß, Gesicht und die Liebe ‚jenes Tages' mit einem fast mühsamen Besinnungsprozeß in die Erinnerung und Gegenwärtigkeit treten"[113]. Dennoch beinhalte die Erinnerung an die Wolke zugleich das Nicht-Vergessen der Geliebten; aus diesem Grund erkennt Schöne in den Versen ein Liebesgedicht, obwohl die Geliebte nicht wie gewohnt im Mittelpunkt steht.

Klaus Schuhmann bemerkt in seiner Analyse von 1964, dass die „Rangordnung der Erlebnisse [...] sich [...] umgekehrt [hat]. Das Naturrequisit, Inbe-

---

[107] Hanns Schukart: Gestaltungen des Frauen-Bildes in deutscher Lyrik. Bonn 1933 (Mnemosyne. Arbeiten zur Erforschung von Sprache und Dichtung, H. 11), S. 48.
[108] Ebd.
[109] Ebd., S. 47.
[110] Ebd., S. 48.
[111] Schöne: Erinnerung an die Marie A., S. 486.
[112] Ebd., S. 487.
[113] Ebd., S. 489.

griff alles Vergänglichen, bleibt erinnerbar, das Primärerlebnis, von Menschen getragen, verfällt dem Vergessen"[114]. Dennoch bleibt Schuhmann in seiner Schlussfolgerung der Interpretation Schönes verpflichtet, er sieht in *Erinnerung an die Marie A.* ein Liebesgedicht, wenn auch eines, das die Vergänglichkeit von Liebesbeziehungen in den Vordergrund stellt.[115] Konkreter formuliert Andreas Hapkemeyer das Verhältnis von Frau und Wolke: „Brecht bietet mit seinem Gedicht ‚Erinnerung an die Marie A.' eine virtuose Variation auf ein uraltes Thema [...]. Dabei tauscht er jedoch den traditionellen Gegenstand der Leidenschaft gegen einen anderen, nämlich die Wolke, fast unmerklich aus."[116] Das Gedicht konzentriere sich „eigentlich auf die Wolke und die mit ihr verbundene Selbsterfahrung des lyrischen Ichs", weshalb es „nur bedingt" ein Liebesgedicht sei.[117]

Die erstmalige Einbeziehung des Entstehungszusammenhangs[118] findet sich in den Untersuchungen von Jan Knopf (1995, 1996, 2001). Entsprechend kann der Autor sich von den bisherigen Deutungen lösen und zudem feststellen, dass diese offensichtlich dem „geradezu unerhörten Klang"[119] des Gedichtes erlegen seien. Eine lautliche Untersuchung belegt, dass das Gedicht „Stimmungswerte [setzt], die es unmittelbar, erlebnishaft erscheinen lassen und somit die Rezipienten ‚anrühren'"[120], wobei Knopf daraus den Schluss zieht: „Dieser Stimmung nicht zu erliegen, ist die Aufgabe der Rezipienten"[121]. Entgegen den üblichen Interpretationen stellt Knopf fest, dass es sich bei der *Erinnerung an die Marie A.* nicht um ein Gedicht handle, in dem ein lyrisches Ich sich einer ehemals Geliebten erinnere, vielmehr sei diese Auserwählte eine „gesichtslose Frau, die [...] lediglich Objekt für

---

[114] Schuhmann: Der Lyriker Bertolt Brecht, S. 79.
[115] Zu den Interpretationen von Schöne und Schuhmann vgl. auch Knopf: Gelegentlich: Poesie, S. 72f.
[116] Andreas Hapkemeyer: Bertolt Brecht: Formale Aspekte der ‚Hauspostille' – Am Beispiel von ‚Erinnerung an die Marie A.' In: Sprachkunst 17 (1986), S. 38-45; hier S. 44.
[117] Ebd.
[118] Viele Interpreten vermuteten hinter Marie A. die Jugendliebe Brechts Marie Rose Aman. Inzwischen hat Hillesheim zweifelsfrei erwiesen, dass der Bezug zu Aman nicht so eindeutig ist, wie bislang immer angenommen wurde; vgl. Jürgen Hillesheim: Es war nicht Marie A. allein. Anmerkungen zu dem wohl berühmtesten Stück der Brecht'schen Lyrik. In: Augsburger Allgemeine Zeitung, 1.10.1999. / Vgl. zur Entstehungsgeschichte auch Jan Knopf: Erinnerung an die Marie A. In: BHB 2, S. 78-84; hier S. 78-80.
[119] Jan Knopf: „Sehr weiß und ungeheuer oben". In: Interpretationen. Gedichte von Bertolt Brecht. Hg. v. dems. Stuttgart 1995, S. 32-41; hier S. 35.
[120] Ebd., S. 37.
[121] Ebd., S. 38.

den Selbstgenuß des Mannes [ist], der es sich im Rückblick leistet, ihn, seinen Selbstgenuß, nochmals lyrisch zu feiern und im Bild der Wolke bedeutungsvoll zu überhöhen"[122]. Folglich stellt Knopf heraus, dass „kein Liebesgedicht" vorliegt[123] – eine Analyse, die vielen Interpreten offenbar nicht behagt, wie etwa Daniel Müller Nielaba, der 1997 den Textbeweisen zum Trotz mit allerlei Aufwand und unter Zuhilfenahme Freud'scher Theorie zu belegen sucht, dass die *Marie A.* doch ein Liebesgedicht sei[124].
Obwohl das lyrische Ich des Gedichts in arroganter Weise betont, dass es sich nur an die Wolke, nicht aber an die Geliebte erinnert, muss der These von Knopf, der Sprecher sei ein „frauenverschleißender Zyniker"[125], dennoch widersprochen werden. Der Grundtenor des Gedichtes ist eher apathisch, gleichgültig, abgestumpft, vielleicht sogar ein wenig melancholisch (zumindest bezüglich der Wolke), nicht aber zynisch. Auch das wiederholt vorkommende „still", besonders prägnant verwendet in der Beschreibung der vergangenen Lebenszeit: „Geschwommen still hinunter und vorbei" (V. 13) klingt nicht nach einem genusssüchtigen Mann – so redet ein Narziss nicht von seinem Leben. Der Text widerspricht auch der Interpretation von Bernd Hüppauf, die den Verlust der Erinnerung im Gedicht nicht beklagt, „sondern offensiv als Gewinn – männlicher – Gegenwärtigkeit propagiert"[126] sieht. Eine offensive „Bejahung von Verlust" vermag man angesichts von Formulierungen wie „still" oder „stille bleiche Liebe" (V. 5) nicht zu erkennen, vielmehr fühlt man sich an etwas Abgestorbenes, Totes – mit allen negativen Konnotationen – erinnert. Und eben dies ist das lyrische Ich: tot, weil es sich an Nebensächlichkeiten besser erinnert als an die wichtigen Dinge, weil es die Individualität seines Gegenübers nie wahrgenommen hat. Und weil das lyrische Ich selbst wie abgestorben ist, vermag es sich für die ehemals Geliebte nichts anderes vorzustellen als ein Leben in durchschnittlicher Bürgerlichkeit mit sieben Kindern. Auch das zur Frage nach der Liebe vorgebrachte: „Und doch, gewiß, ich weiß schon, was du meinst" (V. 17) hört sich an wie die abwehrende Antwort eines, der eben nicht weiß, was gemeint ist, und mit einem ‚doch, doch, gewiss' seinen Ge-

---

[122] Knopf, Gelegentlich: Poesie, S. 81.
[123] Knopf: Gelegentlich: Poesie, S. 79.
[124] Vgl. Daniel Müller Nielaba: Vergessen und Erinnern im Text. Noch einmal Bert Brechts *Erinnerung an die Marie A.* In: Poetica 29 (1997), S. 234-254.
[125] Vgl. Knopf: Gelegentlich: Poesie, S. 81f.
[126] Bernd Hüppauf: Über ein unzeitgemäßes Vergessen des Erinnerns. Bertolt Brechts Gedicht *Erinnerung an die Marie A.* In: „Die andere Stimme". Das Fremde in der Kultur der Moderne. Festschrift für Klaus R. Scherpe zum 60. Geburtstag. Hg. v. Alexander Honold und Manuel Köppen. Köln, Weimar 1999, S. 197-217; hier S. 207.

sprächspartner vom Gegenteil zu überzeugen sucht. Entgegen dem Sprecher aus der *Ballade vom Tod des Anna Gewölkegesichts* gelingt es dem lyrischen Ich aus der *Marie A.* zwar, von der vergangenen Liebesbeziehung Abstand zu nehmen. Dennoch ist diese Art des Umgangs mit Vergänglichkeit, die abfällige Distanzierung, ebenso wenig geeignet, denn: „das Vergessen ‚im Leben' [gefährdet] den [...] Lebensgenuß [...]. Wer sich seiner Erlebnisse nicht mehr erinnern kann, verliert das einstmals gelebte Leben und stirbt so schon vor seinem Tod ab."[127]

4.6 Die Liebe im Verfall

> Als der Kopf des Adels fiel, stand ihm wenigstens noch der Schwanz. Der Bourgeoisie ist es gelungen, sogar die Sexualität zu ruinieren.
> (*Journal* vom 13. August 1938;
> GBA 26, S. 317)

„Einer langen literarischen Tradition folgend, ist die Frage nach der Liebe, nach der Möglichkeit oder Unmöglichkeit ihrer Verwirklichung, auch bei Brecht ein Seismograph, an dem der Zustand der Gesellschaft abzulesen ist."[128] Die bisherigen Ausführungen über Ideale wie sexuelle Enthaltsamkeit und Monogamie sowie über die Ignoranz gegenüber den Gegebenheiten der Liebe, wie z.B. ihre Vergänglichkeit, belegen, dass die bürgerlichen Wertvorstellungen im zwischengeschlechtlichen Bereich die Liebe korrumpieren und peu à peu zerstören. Die Prostitution ist ein Ergebnis dieser Fehlentwicklung (vgl. Kapitel 4.4). Desgleichen führen die unreflektierte Erfüllung von Rollenerwartungen, die Fixierung der Liebenden aufeinander sowie die gesellschaftlichen Verhältnisse, in denen die Paare leben, zu einem Verfall der Liebe.

So ruinieren die gegenseitigen Rollenerwartungen des Paares in der *Keuschheitsballade* die aufrichtigen, leidenschaftlichen Gefühle, die die jungen Liebenden füreinander hegen. Statt ihre Leidenschaft miteinander auszuleben, begibt sich der Mann zu einer Hure, während seine Freundin mit einem Fremden Vorlieb nimmt. Die Vorstellung, die beide unbewusst ihrem Verhalten zugrunde legen – dass die Frau bis zur Ehe Sex unmöglich gestatten und der Mann das vorher nicht von ihr verlangen darf –, verbietet

---

[127] Knopf: „Sehr weiß und ungeheuer oben", S. 40.
[128] Dorothea Haffad: Zwischen eingreifendem Denken und Utopie. Zu einem Aspekt der Auffassung Brechts von der Liebe als einer „Produktion". In: Zeitschrift für Germanistik 5 (1995), S. 103-111; hier S. 103.

den Liebenden, sich einander ‚hinzugeben', und führt schließlich dazu, dass sie anderswo ohne Liebe ihren körperlichen Bedürfnissen folgen. Sie wahren so das gegenseitige Bild voreinander, die Erfüllung der Ideale wird geheuchelt, obwohl sie offensichtlich marode sind und nicht gelebt werden.
– Im Einakter *Die Hochzeit* findet Brecht für die Hinfälligkeit der Wertvorstellungen ein passendes Bild: Die Möbelstücke, die der Bräutigam selbst gemacht hat und die damit als Metapher für die kleinbürgerliche Wertewelt verstanden werden können, fallen im Verlauf der Handlung eins nach dem anderen auseinander.[129] Sie stehen damit für die Ideale, deren Umsetzung in der Realität nicht möglich ist, sie brechen in sich zusammen.
Problematisch an der bürgerlichen Moralvorstellung ist insbesondere die ungleiche Bewertung von männlicher und weiblicher Sexualität. Während sexuell aktive Männer nicht mit einer gesellschaftlichen Sanktion rechnen müssen, werden Frauen, die sich so verhalten, herabgesetzt. Dieses Bewertungsschema führt dazu, dass es für Männer einen besonderen Reiz darstellt, Frauen zu verführen, die ihre ‚Ehre' verteidigen, weil sie sich dadurch in besonderem Maße bestätigt fühlen. Implizit bedeutet das eine gezielte Abwertung der Partnerin durch den Mann: Er versucht, sie zu erobern, weil sie sich als ‚Heilige' darstellt, gibt sie seinem und ihrem eigenen Verlangen aber nach, ist sie keine ‚Heilige' mehr. Abstoßend wird das Verhalten des Mannes vollends, wenn er sich mit der Verführung einer ‚Heiligen' vor anderen Männern brüsten will, wie es in *Die Geschichte vom Mann in der andern Kammer* der Fall ist. Die „typische, kleine viehische Geschichte" (GBA 19, S. 50), wie der Erzähler festhält, handelt von einem Mann, der seinen Freund in ein Nebenzimmer einlädt, damit der belauschen kann, wie er seine Freundin beschläft und um damit zu beweisen, „daß die Heilige keine Heilige war" (ebd.). Die Frau durchschaut das Szenarium aber und täuscht eine Vergewaltigung vor, womit sie dem Liebhaber die Beweisführung verdirbt. Der eigentliche Liebesakt ist durch das Verhalten des Mannes zu einer Farce verkommen. Selbst in der intimen Situation eines Beischlafs wird die Frau genötigt, die Rolle der Unnahbaren zu spielen, will sie ihr Ansehen nicht verlieren.
Viele Werke Brechts stellen den Verfall der Liebe in einem gesellschaftlichen Kontext dar, so etwa das folgende Gedicht, das um 1954 entstanden ist:

---

[129] Vgl. dazu auch Hillesheim: Die Einakter von 1919, S. 101, S. 104 sowie Hans-Peter Bayerdörfer: Die Einakter – Gehversuche auf schwankhaftem Boden. In: Brechts Dramen. Neue Interpretationen. Hg. v. Walter Hinderer. Stuttgart 1984, S. 245-265; hier S. 252.

Liebeslied aus einer schlechten Zeit

Wir waren miteinander nicht befreundet
Doch haben wir einander beigewohnt.
Als wir einander in den Armen lagen
Warn wir einander fremder als der Mond.

Und träfen wir uns heute auf dem Markte
Wir könnten uns um ein paar Fische schlagen:
Wir waren miteinander nicht befreundet
Als wir einander in den Armen lagen.

(GBA 15, 286)

Das *Liebeslied aus einer schlechten Zeit* beschreibt einen Mann und eine Frau, die „miteinander nicht befreundet" (V. 1) waren, als sie „einander in den Armen lagen" (V. 3). Obwohl sie sich körperlich nahe gekommen sind, erscheinen sie sich gegenseitig „fremder als der Mond" (V. 4). Würden sie sich heute wieder treffen, so versichert der Sprecher, könnten sie sich „um ein paar Fische schlagen" (V. 6). Diese Art des Liebesverhältnisses ist, wie die Überschrift andeutet, nicht üblich oder gar gut, denn es ist zurückzuführen auf die ‚schlechte Zeit', in der beide leben. Nicht individueller Egoismus macht sie zur Freundschaft untauglich, die zur gelungenen Liebesbeziehung nötig ist, „sondern die schlechten Zeiten, die Liebe zu sexuellem Warentausch pervertieren"[130]. Die Fische, um die man sich schlagen muss, verweisen auf das bürgerliche Konkurrenzdenken, das als Denkstruktur in den Köpfen der Liebenden auch in der Liebe Anwendung findet, das Misslingen des Näherkommens beeinflusst und darüber hinaus als symptomatisch für die Zeit begriffen werden muss: „Die entfremdete Beziehung ist schlecht, doch schlechter sind die Zeiten, die nur entfremdete Beziehungen produzieren; unsozial ist der Egoismus, doch erst recht unsozial ein Staatswesen, das Egoismus nötig macht."[131]

Statt den Partner in seiner ‚besonderen Artung' wahrzunehmen und zu lieben, wird er auf die Eigenschaften reduziert, die für einen selbst verwertbar sind, und verliert seine Anziehung, wenn der Nutzen aufgebraucht ist. Diese Haltung liegt auch dem Sprecher in *Erinnerung an die Marie A.* zugrunde. Er hätte die ehemalige Geliebte vollends vergessen, würde ihn nicht die Wolke an das Liebeserlebnis erinnern. An das Gesicht der Frau, ihre Individualität also, kann er sich nicht mehr entsinnen. Damit ist selbst „in der innigsten Beziehung, der Liebe zwischen Mann und Frau, [...] kein ‚Du'

---

[130] Hiltrud Gnüg: Liebeslied aus einer schlechten Zeit. In: Gedichte mit Interpretationen. Hg. v. Walter Hinck. Stuttgart 1978, S. 79-84; hier S. 81.
[131] Ebd., S. 83.

mehr habhaft zu machen"[132]. Der von der Forschung als Liebesgedicht gedeutete Text erweist sich so vielmehr als „Abgesang auf die Liebe"[133]. Die wenigen, die zu Liebe im herkömmlichen Sinne noch fähig sind, werden durch den Verschleiß ihrer Persönlichkeit grundlegend beschädigt und sind im Nachteil, denn die Liebe erweist sich im gesellschaftlichen Kontext als Schwäche:

Schwächen

Du hattest keine
Ich hatte eine:
Ich liebte

(GBA 15, S. 223)

Dieses 1950 entstandene Gedicht[134] charakterisiert die Liebe als Schwäche, wenn nur einer der Partner zu ihr fähig ist. Der Liebende sieht durch seine Gefühle das Gegenüber in einem verklärten Licht, durchschaut dessen Motive nicht und wird dadurch verwundbar. Das zeigt sich auch an Shen Tes Liebe für Sun in *Der gute Mensch von Sezuan*. Das Stück demonstriert die „Tödlichkeit bürgerlicher Ethik in bürgerlichen Verhältnissen" (*[Notizen zur Einleitung einer Stücke-Ausgabe]*; GBA 23, S. 57) nicht zuletzt am Komplex der Liebe. Shen Te lernt den Flieger Sun im Park kennen, als der gerade Selbstmord begehen will. Das Gespräch mit ihr hält ihn davon ab, sein Leben zu beenden. Von vornherein wird deutlich, dass Sun die intensive Verliebtheit Shen Tes nicht teilt, vielmehr ist ihm wichtig, eine Stelle als Flieger zu bekommen. Der überhebliche Sun fühlt sich den anderen Menschen überlegen: „Wie ich dieses Sezuan hasse! Und was für eine Stadt! Weißt du, wie ich sie alle sehe, wenn ich die Augen halb zumache? Als Gäule." (GBA 6, S. 236) Seinen Lebensunterhalt in Shen Tes Tabakladen zu verdienen, erscheint ihm unter seiner Würde, eben weil er Flieger ist. Um die Bestechungssumme für einen Fliegerposten zur Verfügung zu haben, verkauft er Shen Tes Laden weit unter Wert, wobei er ihre Liebe bewusst ausnutzt, wie er ihr in der Verkleidung des Shui Ta gesteht:

> Haben Sie schon einmal von der Macht der Liebe oder dem Kitzel des Fleisches gehört? Sie wollen an ihre Vernunft appellieren? Sie hat keine Vernunft! [...] Wenn ich ihr die Hand auf die Schulter lege und ihr sage ‚Du gehst mit mir', hört sie Glocken und kennt ihre Mutter nicht mehr.
> (S. 225)

---

[132] Knopf: Gelegentlich: Poesie, S. 81.
[133] Knopf: Erinnerung an die Marie A., S. 83.
[134] Das Gedicht wurde auch Ruth Berlau zugeschrieben, ist aber eine Reaktion Brechts auf Berlaus Gedicht *Die Kälte*, vgl. Hecht: Brecht Chronik, S. 910.

Shen Te begreift daraufhin, dass Liebe unter den bestehenden Verhältnissen den Ruin für den Liebenden bedeutet:

> Dann ereilt einen von uns das Unglück: er liebt. Das genügt, er ist verloren. Eine Schwäche und man ist abserviert. Wie soll man sich von allen Schwächen freimachen, vor allem von der tödlichsten, der Liebe? Sie ist ganz unmöglich! Sie ist zu teuer! Freilich, [...] kann man leben, immer auf der Hut? Was ist das für eine Welt?
> (S. 226)

Gerade der Geliebte erscheint als der größte Feind, er hat Macht über Shen Te, weil sie ihn liebt, ihm blind vertraut und er das zu seinem Vorteil ausnutzt: „Die Liebkosungen gehen in Würgungen über. / Der Liebesseufzer verwandelt sich in den Angstschrei." (Ebd.) Zwar beschließt Shen Te daraufhin, den Barbier Shu Fu zu heiraten, Sun kann die Verlobung aber verhindern. Shen Te lässt sich von den gemeinsamen Erinnerungen erneut berauschen, sie formuliert ihr Ideal im Bezug auf Liebesbeziehungen:

> Ich will mit dem gehen, den ich liebe.
> Ich will nicht ausrechnen, was es kostet.
> Ich will nicht nachdenken, ob es gut ist.
> Ich will nicht wissen, ob er mich liebt.
> Ich will mit ihm gehen, den ich liebe.
> (S. 231)

Diese Zeilen hat Brecht sprachlich einfach, aber ästhetisch sehr raffiniert gestaltet, denn in ihnen konkretisiert sich Shen Tes Liebe: Aus der allgemeinen Formulierung: „Ich will mit *dem* gehen, den ich liebe" wird ihre spezielle Entscheidung für Sun: „Ich will mit *ihm* gehen, den ich liebe." (Hv. d. Verf.). Das Lied ist, wie Dorothea Haffad betont, „keineswegs Ausdruck sexueller Hörigkeit oder weiblicher Irrationalität. [...] Es ist ein Versuch, dem ökonomischen Determinismus einen Akt der Freiheit entgegenzusetzen, um das eigene Ich dem Zwang des Marktgesetzes zu entziehen"[135]. Unter den gegebenen gesellschaftlichen Voraussetzungen muss Shen Tes Versuch scheitern. In ihrer Welt ist es notwendig auszurechnen, was man für die Liebe bezahlt, und man muss sich sicher sein, dass sie erwidert wird, sonst wird man ein Opfer. Der egozentrische Sun versteht das sehr gut, er weigert sich, Shen Te zu heiraten, weil ihr vermeintlicher Vetter Shui Ta nicht das versprochene Geld beibringt. Seine Braut wird so „auch da zur Handelsware, wo sie es wagt, nichts als liebender Mensch zu sein"[136].

---

[135] Haffad: Zwischen eingreifendem Denken und Utopie, S. 105.
[136] Jendreiek: Bertolt Brecht, S. 227.

Die Liebe im Verfall 123

Shen Te erklärt sich Suns Niedertracht aus seiner Bedürftigkeit: „Es kommt alles von der Not. / [...] / Wenn ich sein schlaues Lachen sah, bekam ich Furcht, aber / Wenn ich seine löchrigen Schuhe sah, liebte ich ihn sehr." (S. 244) Auch Sun macht für das Scheitern der Beziehung die materiellen Umstände verantwortlich: „Sie war nicht die Schlechteste. Wenn die Verhältnisse nicht so elend gewesen wären, hätten wir es ganz gut miteinander getroffen." (S. 255) Die Liebe der beiden scheitert, weil die Bedingungen, unter denen sie leben, ein anderes als ein eigennütziges Verhalten nicht zulassen. Selbst Shen Te begreift das schließlich und setzt diese Einsicht als Shui Ta in die Realität um. Dass sie die Rolle des rücksichtslosen Ausbeuters so vollständig ausfüllt, ist nicht zuletzt durch das Scheitern der Liebe zu Sun verursacht[137] – und durch die Liebe zu ihrem ungeborenen Sohn, dem sie die eigenen Entbehrungen ersparen will.
Vor allem auch die körperliche Liebe ist es, die von den Wohlhabenden korrumpiert wird, wie der im Anhang der *Flüchtlingsgespräche* zu findende Text *Was es mit Sodom und Gomorrha auf sich hatte* thematisiert. Der Chauffeur erläutert in diesem, wie sich Sex bei den Reichen abspielt: Während sie nach außen hin Ideale wie sexuelle Enthaltsamkeit und die romantische Liebe propagieren, „ficken" (GBA 18, S. 324) sie bei jeder Gelegenheit, allerdings lustlos, ohne Gefühl oder Fantasie. Es ist für sie kein Genuss, sondern wie ein Sport. Der Erzähler vergleicht die ‚besseren Kreise' deshalb mit Sodom und Gomorrha: auch dort sei, entgegen der verbreiteten Meinung, „nichts los gewesen" (ebd.). Zwar habe man es auch in den biblischen Städten „so und so probiert, aber nichts ist draus geworden" (ebd.). Im letzten Satz des Texts wird das in drastischer Sprache näher ausgeführt: „In Sodom und Gomorrha haben sie den ganzen Tag die Hände in Fotzen gehabt und nichts anderes gemacht als gefickt und geleckt und keinem ists gekommen" (S. 326), d.h. der Sex hat nicht zum Genuss geführt. Eben das bezeichnet der Erzähler als „unsittlich" (S. 324), womit er die Maßstäbe des Sittlichen neu definiert. Sex ist für ihn dann und nur dann anstößig und „ein Greuel" (S. 326), wenn die Beteiligten dabei nichts empfinden, so wie die Menschen, deren Beispiele er schildert: etwa die Dame, die den Akt wie nebenbei erledigen lässt und „immerfort" weiterredet (S. 324) oder eine Frau, die während eines Abendessens an der Hose ihres Tischnachbarn zugange ist, ohne auch nur zu ‚schnaufen', sie tut es aus reiner „Langeweile" (ebd.). Umgekehrt, und darin spiegelt sich der Verfall der Liebe nicht minder, wissen viele Frauen nicht um die Funktionen ihres Körpers und

---

[137] Vgl. Jan Knopf: Figuren-Bilder in Brechts *Die Maßnahme* und *Der gute Mensch von Sezuan*. In: AB 45 (1999), S. 259-271; hier S. 266.

den Genuss, den er ihnen verschaffen kann, weil sie lustfeindlich erzogen werden, so wie das Zimmermädchen, die mit dem Chauffeur „ganz erstaunt" ihren ersten Orgasmus erlebt und mit einem „Hoppla" kommentiert (S. 326).
Das Ausleben der körperlichen Liebe wird zudem durch „die gesellschaftlichen Schranken" (S. 325) unterbunden. Der Chauffeur schildert ein Erlebnis mit einer jungen Dame, die, während sie vornehm auf der Rückbank sitzt und sich von ihm chauffieren lässt, masturbiert. Für den Erzähler ist das „eine Verschwendung und ungesellig" sowie „pervers" (ebd.), denn er hätte das Bedürfnis auch stillen können und hätte sogar selbst noch etwas davon gehabt. Doch für die wohlhabende Frau ist er „kein Mann, sondern ein Schofför, sie ist so beschränkt durch ihre verkehrte Erziehung!" (Ebd.) Die gesellschaftlichen Schranken pervertieren die Beziehungen zwischen Mann und Frau.
Die Gründe für den Verfall der Liebe sucht auch der Text *Über die Kunst des Beischlafs* aus den *Tuitraktaten* im gesellschaftlichen Bereich. Der ‚Beischlaf' sei „in früheren Zeiten" eine „ziemlich allgemeine, da sehr volkstümliche Kunst" gewesen (GBA 17, S. 145), hält der Text zu Beginn fest. In „einen traurigen Verfall" geriet die Liebeskunst „in der Zeit der großen Erfindungen" (ebd.). Die Tuis, damit sind die Intellektuellen gemeint, träfe diesbezüglich aber keine Schuld, eine Aussage, die im Kontext als ironisch gewertet werden muss: „Sie taten, was sie konnten, diesen Verfall aufzuhalten. In einem Zeitraum von nur zehn Jahren erschienen zwei Bücher, welche diesen Gegenstand behandelten." (Ebd.) Die geringe Anzahl der genannten Publikationen macht deutlich, dass die Tuis sich eben nicht ausführlich mit der Problematik beschäftigt haben.
Im Folgenden werden die zwei Werke zur Thematik näher beschrieben. Beim ersten handelt es sich um einen „Roman des Lo-reh" (ebd.), der als D.H. Lawrences *Lady Chatterley* identifiziert werden kann. Spöttisch hält der Text fest, dass der Roman die Frage aufwarf, „ob man durch die völlige Abstinenz von jeder Lektüre sich instand setzen könne, die Weiber zu befriedigen" (ebd.). Der Roman handelt von der Affäre einer englischen Adligen und einem Förster. Die sozialen Unterschiede trennen das Paar anfangs, können aber beim Liebesspiel überwunden werden – was nicht die Gründe des Verfalls analysiert, sondern die Flucht in eine präkulturelle, naturnahe Zeit darstellt, in der alles noch in Ordnung schien.
Das zweite genannte Buch ist das des Van-eh-weh über „74 Stellungen beim Liebesakt" (S. 146), gemeint ist Theodor Henrik van de Veldes *Die vollkommene Ehe. Eine Studie über ihre Physiologie und Technik* (1928). Dieses Buch, so hält der Text fest, stehe unter dem Motto „Genie ist Fleiß" und belehre Unerfahrene über mögliche „Stellungen beim Beischlaf"

Die Liebe im Verfall 125

(ebd.). Van-eh-weh nähert sich dem Problem des Verfalls der Liebe demnach von einer technischen Seite, was typisch für die ‚Zeit der großen Erfindungen' ist. Aus Sicht des Erzählers bietet Van-eh-weh Ausführungsbestimmungen zur klassischen Definition der Ehe durch Ka-ah (Kant), „nach der die Ehe ein Kontrakt zur gegenseitigen Benutzung der Geschlechtsorgane ist" (ebd.).
Den Tuis weist der Erzähler implizit eine Mitschuld am Verfall der Liebe zu, denn sie seien es, die „unentwegt als die Quelle des Beischlafs den Schönheitsdurst" bestimmten (ebd.), dieser sei also nicht von Natur aus für die Partnerwahl ausschlaggebend. „Geschäftsleute" schenken dieser Theorie Glauben, weil sie für sie von Nutzen ist: „Sie verlangten von den Verkäuferinnen und Sekretärinnen Schönheit; diese gaben oft nahezu ein Drittel ihres Gehalts für Schönheitsmittel aus." (Ebd.) Frauen werden so genötigt, sich wie eine Ware zu präsentieren (vgl. auch Kapitel 4.1.3). Die Notwendigkeit ergibt sich aus der Tatsache, dass erwerbstätige Frauen „kümmerlich" (S. 147) für ihre Arbeit bezahlt werden. Das macht die Suche nach dem ‚richtigen' Partner, „nämlich dem Mann, der sie unterhalten konnte" (ebd.), unerlässlich. Entsprechend gerät die Kunst des Beischlafs in einen Verfall, denn die Frauen können es sich nicht leisten, sich mit Männern einzulassen, auf die sie Lust haben, sie müssen solche Männer an sich binden, die temporär oder lebenslang ihre materielle Existenz zu sichern bereit und in der Lage sind. Umgekehrt verlieren die Männer „wenig Zeit in ihrem Studium" der Liebe (ebd.), schließlich kommt es nicht auf ihre Qualität als Liebhaber, sondern lediglich auf ihre Versorgerfunktion an. Unter diesen sozialen Umständen könne man festhalten: „Wenn unsere Mütter mit Schmerzen gebaren, so empfingen unsere Geliebten schon mit Schmerzen" (ebd.), eine Formulierung, die an I Mose 3,16 anspielt, als Gott als Strafe für den Sündenfall gegenüber Eva festhält: „Ich will dir viel Schmerzen schaffen, wenn du schwanger wirst; du sollst mit Schmerzen Kinder gebären". Folglich ist der Liebesakt für die Frau zu einer Strafe geworden. Er bringt ihr Schmerz statt Genuss, weil sie durch die gesellschaftlichen Verhältnisse genötigt wird, ihren Körper dem zu überlassen, der dafür materielle Absicherung bieten kann. Damit zeichnet Brecht eine Parallele zwischen bürgerlicher Ehe und Prostitution. Er benennt explizit die finanzielle Abhängigkeit der Frau vom Mann als Ursache für den Verfall der Ars amandi.
Was mit dem Verfall der Liebeskunst gemeint ist, veranschaulicht das im Umkreis der *Augsburger Sonette* entstandene *Sonett über einen durchschnittlichen Beischlaf*, das bereits in Kapitel 3.4 ausführlich besprochen wurde. In dem oftmals als ‚pornografisch' eingestuften Sonett beschreibt ein männliches lyrisches Ich einen Sexualakt mit einer fast unbekannten

Frau, die dem Sprecher als außergewöhnlich erscheint, weil sie sich auf eine weniger durchschnittliche Variante des Beischlafs einlässt. Die Formulierungen des Sprechers machen deutlich, dass das sexuelle Funktionieren der Frau im Mittelpunkt steht, sie soll seine Erwartungen erfüllen, um ihre Bedürfnisse oder gar ihre Person geht es nicht. Während des Beischlafs ist der Sprecher gedanklich damit beschäftigt, die momentane Geliebte mit einer anderen Frau zu vergleichen. An den wiedergegebenen Kommentaren der Partnerin – sie vergleicht den Sprecher mit einem Pferd und nennt ihn Emil, obwohl das nicht sein Name ist – zeigt sich, dass auch sie in Gedanken mit einem anderen Mann zugange ist. Die Degradierung des Gegenübers wird damit als wechselseitig festgehalten, weder der Mann noch die Frau sehen im anderen einen Menschen, dem man Interesse oder zumindest Respekt entgegenbringt. Mit Genuss hat der beschriebene Beischlaf nicht das Geringste gemein, er dient den Beteiligten lediglich dazu, sich gegenseitig ihrer Geilheit zu entledigen – und auch das nur mit mäßigem Erfolg. Die Liebe erscheint bei Brecht durch das gesellschaftliche System korrumpiert:

> Denn wo der Zustand der Ausbeutung herrscht, werden auch die Ausbeuter ausgebeutet; dies ist nämlich dann die einzig mögliche Form des Verkehrs zwischen den Menschen. Wo der Zustand der Ausbeutung herrscht, wird die Liebe die Form der Ausbeutung annehmen [...].
> (*[Über die Ausbeutung]*; GBA 21, S. 584)

Innerhalb dieses Systems wird die Frau durch die lebenslange Abhängigkeit von Männern (Vätern, Ehemännern, Söhnen) zur fremdbestimmten Ware degradiert. In dieser Konstellation kann der ‚Liebesakt nicht mehr gelingen', wie in folgendem Gedicht ausgeführt wird:

> *Über den Verfall der Liebe*
>
> Ihre Mütter haben mit Schmerzen geboren, aber ihre Frauen
> Empfangen mit Schmerzen.
>
> Der Liebesakt
> Soll nicht mehr gelingen. Die Vermischung erfolgt noch, aber
> Die Umarmung ist eine Umarmung von Ringern. Die Frauen
> Haben den Arm zur Abwehr erhoben, während sie
> Von ihren Besitzern umfangen werden.
>
> Die ländliche Melkerin, berühmt
> Wegen ihrer Fähigkeit, bei der Umarmung
> Freude zu empfinden, sieht mit Spott
> Auf ihre unglücklichen Schwestern in Zobelpelzen
> Denen jedes Lüpfen des gepflegten Hinterns bezahlt wird.

Der geduldige Brunnen
Der so viele Geschlechter getränkt hat
Sieht mit Entsetzen, wie das letzte
Ihm den Trunk entreißt mit verbissener Miene.

Jedes Tier kann es. Unter diesen
Gilt es für eine Kunst.

(GBA 14, S. 416)

Ähnlich wie in *Über die Kunst des Beischlafs* formuliert, beginnt das Gedicht mit der Anspielung auf I Mose 3,16: „Ihre Mütter haben mit Schmerzen geboren, aber ihre Frauen / Empfangen mit Schmerzen" (V. 1f.). Zwar funktioniere die „Vermischung" (V. 4) mechanisch noch, aber aus der Umarmung von Liebenden ist „eine Umarmung von Ringern" (V. 5) geworden, statt Liebkosung und Vereinigung erwartet das Paar ein Kampf. Dabei sind die Frauen die Leidtragenden, denn sie „Haben den Arm zur Abwehr erhoben, während sie / Von ihren Besitzern umfangen werden" (V. 6f.). In dem Bild des erhobenen Arms wird eine Vergewaltigung beschrieben, der Akt geschieht gegen den Willen der Frau, steht dem Mann in seinem Selbstverständnis als ihrem Besitzer gesellschaftlich aber dennoch zu (nicht nur im Gedicht; erst 1997 wurde, nach jahrzehntelangen Debatten, die Vergewaltigung in der Ehe als Strafbestand fixiert). Selbst die „Melkerin" (V. 8), sonst vom Bürgertum wegen ihrer anstrengenden Arbeit und dem minderen gesellschaftlichen Status verachtet, „sieht mit Spott" (V. 10) auf die höhergestellten Frauen, weil diese „unglücklichen Schwestern" (V. 11) ihren Wohlstand mit dem „Lüpfen des gepflegten Hinterns" (V. 12) bezahlen. Die Zobelpelze müssen sich die bürgerlichen Frauen mit sexueller Verfügbarkeit erkaufen – die Ehe erscheint damit als Prostitution. Der Liebesakt, eigentlich ein Vorgang, den „Jedes Tier" (V. 17) beherrscht, wird durch die sozialen Abhängigkeiten der Frau vom Mann pervertiert. Das Bürgertum, dessen zwischenmenschliche wie geschäftliche Beziehungen auf Ausbeutung basieren, kann den Beischlaf nur noch mit Gewalt realisieren. Statt eine Quelle des gemeinsamen Genusses zu sein, wird Sex als Machtmittel und Ware missbraucht. Das Gedicht lässt sich so im weitesten Sinne als eine „Gesellschaftstheorie der Frigidität"[138] verstehen.
Viele der Texte – dabei ist nicht zu vergessen, dass sie von einem Autor stammen, dem die bisherige Forschung gemeinhin Chauvinismus in Leben und Werk unterstellt – explizieren die sexuelle Selbstbestimmung der Frau

---

[138] Mennemeier: Bertolt Brechts Lyrik, S. 55.

als unverzichtbare Basis für den – ausdrücklich auch für den Mann – gelungenen Liebesakt. Die Frau kann allerdings, auch das legen die Texte nahe, nur autonom über ihren Körper verfügen, wenn sie materiell vom Mann unabhängig ist, denn nur dann kann sie sich aus freiem Entschluss für einen Partner entscheiden, statt ihn danach auszuwählen, ob er sich als Versorger eignet. Brechts Betonung der Verhältnisse ist in der feministischen Forschung oftmals kritisiert worden, weil Brecht die Kategorie des Geschlechts fast ausschließlich im Zusammenhang mit den materiellen Abhängigkeiten innerhalb der bürgerlichen Gesellschaft thematisiert habe[139]. Das ist zwar keine unrichtige Feststellung – obwohl eine Analyse der Pawel-Figur aus *Die Mutter* den Schluss zulässt, dass Brecht die ‚sozialistische Nebenwiderspruchstheorie'[140] durchaus kritisch beurteilt hat (vgl. den Abschnitt über Pawel in Kapitel 4.9) –, dennoch bedeutet das nicht, Brecht habe geschlechtsspezifischen Problemen keine gesonderte Beachtung geschenkt. Er war Materialist und hat nach entsprechenden Erklärungsansätzen für gesellschaftliche Phänomene gesucht.[141] Folglich hat er in der strukturell bedingten materiellen Abhängigkeit der Frau das Mittel gesehen, mit denen Frauen von Männern kontrolliert werden. Die Texte Brechts machen ästhetisch anschaulich, mit welchen spezifischen Beschränkungen sich Frauen innerhalb ihrer Gesellschaft konfrontiert sehen (mangelnde Selbstbestimmung von Frauen, nicht nur in Partnerschaften, sondern auch als Töchter und Mütter; gesellschaftliche Erwartungen, die ausschließlich an Frauen herangetragen werden usw.). Das Bemerkenswerte an Brechts Analyse des gesellschaftlichen Systems seiner Zeit besteht gerade darin, dass er es als ein männergemachtes und männerdominiertes beschreibt, es auf die Mechanismen der materiellen Abhängigkeit (u.a. der Frau vom Mann) zurückführt, und damit aufzeigt, wo der Hebel zur Veränderung an-

---

[139] Vgl. beispielsweise Mumford: ‚Dragging' Brecht's Gestus Onwards, S. 245. / Elizabeth Wright: The Good Person of Szechwan: discourse of a masquerade. In: The Cambridge Companion to Brecht. Hg. v. Peter Thomson und Glendyr Sacks. Cambridge 1994, S. 117-127; hier S. 121. / Wedel: Rolle der Frau, S. 116. / Fenn: Characterisation of Women, S. 14. / Führich: Aufbrüche des Weiblichen, S. 34. / Fischetti: A Feminist reading, S. 32f. / Dagegen argumentiert Nussbaum etwa in Bezug auf den *Guten Menschen*: „it is the indictment of an exploitative system of which sexism is an integral part" (Nussbaum: The Image of Woman, S. 149).
[140] In der sozialistischen und marxistischen Theorie wird die Diskriminierung der Frau als ‚Nebenwiderspruch' verstanden, der sich von selbst auflösen würde, sobald die gesellschaftlichen Verhältnisse geändert seien (vgl. dazu Mechthild Cordes: Die ungelöste Frauenfrage. Eine Einführung in die feministische Theorie. Frankfurt a.M. 1995, 62f. / Osinski: Einführung, S. 35).
[141] Vgl. Thomson: From Shen Te to Shui Ta, S. 226.

gesetzt werden kann. Soziologische Studien aus der jüngeren Zeit ordnen die Zusammenhänge zwischen materieller Abhängigkeit und Geschlecht vergleichbar ein, so etwa Heidrun Stalb, die in ihrer Untersuchung zu ehelichen Machtverhältnissen festhält, dass sich „die eheliche Machtstruktur über Ressourcen konstituiert" und die Frau dabei „besonders benachteiligt" wurde (und wird),

> da die strukturelle gesellschaftliche Diskriminierung ja gerade darin besteht, Frauen an der Gewinnung sozioökonomischer Ressourcen zu behindern. Tatsächlich ist die Geschichte der Frauenunterdrückung gekennzeichnet durch den tendenziellen Ausschluß von Frauen am Erwerb von Bildung und Vermögen.[142]

Die „traditionellen Ressourcen", über die Frauen verfügten, seien „Schönheit und Sexualität", nur über diese war es für Frauen lange Zeit möglich, zumindest „indirekt über Männer Zugang zu sozio-ökonomischen Ressourcen" zu erlangen.[143]

4.7 Lichtblicke

Doch Brecht hat nicht nur den Verfall der Liebe dargestellt. In einigen Texten, insbesondere innerhalb der Keuner-Geschichten, hat er auch Gegenbilder zur bestehenden bürgerlichen Liebeskonzeption aufgezeigt. Der Schlüsselbegriff ist hierbei die Produktivität, auf die es auch in Liebesbeziehungen ankomme und die eine bewusste und vorurteilsfreie Auseinandersetzung mit dem Partner zur Voraussetzung habe.

Die Liebe, so verdeutlichen zwei frühe Geschichten, ist nicht abhängig von der Leistung des Partners im bürgerlichen Sinne oder den Fehlern, die er begeht. In *Die dumme Frau* von 1921 überträgt der Mann, der „über Land" (GBA 19, S. 156) muss, die Verantwortung für den nicht unerheblichen Besitz seiner Ehefrau. Diese hält sich für „ein dummes Weib" (ebd.) und fühlt sich der Aufgabe nicht gewachsen. Er dagegen ist der Ansicht: „Wenn du mich lieb hast, dann kannst du es." (Ebd.) Für die Frau bedeutet das eine doppelte Belastung: Sie hat fortan nicht nur mit ihrem mangelnden Selbstvertrauen zu kämpfen, sondern auch mit seinem Anspruch, ihr Achthaben auf den Besitz als Liebesbeweis werten zu wollen. Aus Angst zu versagen,

---

[142] Heidrun Stalb: Eheliche Machtverhältnisse. Ein Theorienvergleich. Herbholzheim 2000 (Soziologische Studien, Bd. 13), S. 12.
[143] Ebd., S. 64. Vgl. dazu auch Ilse Lenz: Neue Frauenbewegung, Feminismus und Geschlechterforschung. In: Geschlechterverhältnisse im sozialen Wandel. Interdisziplinäre Analysen zu Geschlecht und Modernisierung. Opladen 2002 (Geschlecht und Gesellschaft, Bd. 26), S. 35-66; hier S. 42.

wendet sie sich an ihren Bruder, von dem sie Hilfe erwartet, dieser ist aber „ein schlechter Mensch" (ebd.) und hintergeht sie. Als sie das merkt, isst sie weniger, schläft kaum noch und wird krank davon. Statt den Bruder zur Rede zu stellen, zieht sie sich vollends zurück, sie hofft, durch Passivität allen Fehlern auszuweichen: „Wenn ich nichts sage, ist es nichts Dummes, und wenn ich nicht esse, dann wird es nicht weniger." (Ebd.) Schließlich muss das Haus versteigert werden. Die Frau wird hiervon „ein wenig irre" (S. 157), sie beginnt, auf den Feldern zu arbeiten, verlangt aber keinen Lohn und verdient deshalb nichts dabei. Dieses Verhalten zeigt, woher das Versagen der Frau rührt: Sie versteht nicht, wie die männliche Produktionswelt funktioniert, weil niemand es ihr gezeigt hat. Sie ist nicht dumm, sondern für diesen Bereich nicht ausgebildet. Ihr Mann war zwar bereit, ihr seine Macht zu übertragen, in dieser Konstellation kann sie damit aber nicht umgehen und überträgt sie wieder auf einen Mann, ihren Bruder. Der Vorwurf der Forschung, in der Geschichte werde „die gesellschaftlich-typische Geschlechtsrollenverteilung [...] reproduziert"[144], ist so nicht haltbar. Vielmehr werden die Mechanismen offengelegt, die zu den Rollenverteilungen führen.

Die Frau erfährt eines Tages, dass ihr Ehemann zurückgekommen ist. Aus Angst läuft sie fort, kehrt aber doch um, weil sie sich an ihr Eheversprechen erinnert. Als sie ihn sieht, vergisst sie den Verlust des Besitzes und umarmt ihn zitternd. Der Mann, zunächst „sehr zornig" (ebd.), weil die Leute ihn auslachen, erkennt, dass sie nicht aus Angst, sondern aus „Freude", ihn wiederzusehen, zittert (ebd.). Deshalb küsst er sie. Seine Liebe ist demnach doch nicht abhängig von ihrer Leistung beim Zusammenhalten des Besitzes. Und umgekehrt gilt für sie, dass sie zumindest eines sorgsam gehütet hat, denn: „The only thing she saved through the years is the love for her husband."[145]

Eine ähnliche Konstellation findet sich auch in der Geschichte *Die Antwort* (um 1924). Sie handelt von einem reichen, glücklich verheirateten Mann, der eines Tages seinen Nachbarn pfändet. Dieser ist ausdrücklich „kein guter Mensch" (GBA 19, S. 196). In der Nacht bemerkt der Mann, dass seine Frau nicht neben ihm im Bett liegt. Er entdeckt sie im Haus des Nachbarn und vermutet eifersüchtig eine Liaison, hört dann aber, wie seine Frau dem Nachbarn Schmuck schenkt, damit dieser seine Schulden doch noch begleichen kann. Sie begründet ihre Tat mit: „ich will nicht, daß mein Mann eine solche Sünde auf sich lädt, und ich will auch nicht, daß ich ihm wehe

---

[144] Boie-Grotz: Brecht – der unbekannte Erzähler, S. 54.
[145] Nussbaum: The Image of Woman, S. 213.

tue, indem ich dir helfe; denn du bist ein schlechter Mensch" (S. 196f.). Als sie wiederkommt, gibt der Mann vor, aufgrund seines schlechten Gewissens nicht schlafen zu können. Später in der Nacht überfällt ihn „eine große Scham, denn nun war er zweimal zu klein gewesen, einmal, als er ihr mißtraute, und zum andernmal, als er sie anlog" (S. 197). Er flüchtet deshalb aus dem Haus, wird Einsiedler, schließlich Bettler. Viele Jahre später kehrt er zufällig in seine Stadt zurück und trifft schließlich auf seine Frau, die ihm, nachdem sie ihn erkannt hat, sagt: „Mein lieber Mann, wie hast du mich doch lange warten lassen, bis daß ich nun häßlich geworden bin, dieweil sieben Jahre mir wie Schmerzen vergangen sind und ich *fast* an dir gezweifelt hätte." (S. 198) Der Mann war sich sicher, durch die zwei kleineren Fehler die Liebe der Frau verloren zu haben, sie dagegen glaubt selbst nach der langen Zeit, die er ferngeblieben ist, an seine Loyalität.

Eine der positivsten Liebesschilderung in Brechts Werk findet sich in *Der kaukasische Kreidekreis* (wobei allerdings angemerkt werden muss, dass das ‚Happy End' nicht zuletzt ein Zugeständnis an den Broadway war, wo Brecht das Stück 1944 aufzuführen hoffte). Der Soldat Simon und das Küchenmädchen Grusche finden in den Wirren einer Palastrevolte endlich den Mut, sich ihre Liebe zu bekunden. Formell macht Simon, der pflichtbewusst die Frau des Gouverneurs als Wächter begleiten will, dem Küchenmädchen einen Heiratsantrag. Grusche verspricht, auf ihn zu warten:

> Kommst du aus der Schlacht zurück
> Keine Stiefel stehen vor der Tür
> Ist das Kissen neben meinem leer
> Und mein Mund ist ungeküßt
> Wenn du wiederkehrst, wenn du wiederkehrst
> Wirst du sagen können: alles ist wie einst.
>
> (GBA 8, S. 24)

Doch ihr Versprechen kann Grusche nicht halten. Sie rettet den zurückgelassenen Gouverneursjungen vor den Revolutionären, flieht mit dem Kind zu ihrem Bruder und gibt es als ihr eigenes aus. Da die Leute „über ein lediges Kind" reden (S. 45), sieht sie sich genötigt, einen scheinbar todkranken Bauern zu heiraten, dabei geht es ihr lediglich darum, für Michel „ein Papier mit Stempeln" zu erhalten (S. 46). Doch der Bauer, der seine Krankheit vortäuscht, um dem Kriegsdienst zu entgehen, ‚gesundet' überraschend, als das Ende des Krieges verkündet wird. Grusche ist plötzlich eine verheiratete Frau: „O Verwirrung! Die Ehefrau erfährt, daß sie einen Mann hat!" (S. 53) Dennoch bleibt sie Simon treu, worüber der Bauer sich ärgert: „Du bescheißt mich. Du bist meine Ehefrau und bist nicht meine Ehefrau. Wo du liegst, liegt nichts, und doch kann sich keine andere hinlegen." (S. 54) Diese Situation Simon nach seiner Rückkehr zu erklären, scheitert zunächst an der Sprachlosigkeit, mit der sich die Liebenden gegenüberstehen. Es ist der Sänger, der den Zuschauern die Gefühle Grusches und Simons mitteilt, ihre Motive für das Annehmen des fremden Kindes, seine bitteren Erlebnisse im Krieg (vgl. S. 57f.).[146] Vor der Gerichtsverhandlung, bei der Grusche darum kämpfen muss, das Kind behalten zu dürfen, erfährt sie, dass Simon verstanden hat, um welches Kind es sich bei Michel handelt, aber nicht nachvollziehen kann, warum sie verheiratet ist; die gesellschaftlichen und materiellen Bedrängnisse einer vermeintlich ledigen Mutter begreift er nicht. Dank der Rechtsbeugung des Richters Azdak, der Grusches Ehe mit dem Bauern ungefragt scheidet, kann das Paar doch noch zueinander finden und begründet gemeinsam mit Michel eine Familie. Grusches Produktivität in der Mutterrolle erscheint somit als „Basis einer neuen Sittlichkeit" (*[Notizen zur Einleitung einer Stücke-Ausgabe]*; GBA 23, S. 57).

Eben weil sich Umstände, wie bei Grusche und Simon, ständig ändern und gegebene Versprechen angesichts der Veränderungen nicht eingehalten werden können, plädiert das um 1939 entstandene Gedicht *Allem, was du empfindest* für ein behutsames Umgehen mit Sprache, die Gefühle beschreiben soll. Ohnehin ist die Sprache unbrauchbar, wenn es darum geht, Gefühle zu vermitteln, wie der Text verdeutlicht. Das lyrische Ich bittet die angesprochene Partnerin, den eigenen Empfindungen verbal „Die kleinste Größe" (GBA 14, S. 456, V. 2) zu geben. Im Rausch des Moments seien die Worte größer als die Gefühle selbst: „Er hat gesagt, ohne dich / Kann er nicht leben, rechne also damit, wenn du ihn wieder triffst / Erkennt er dich wieder." (S. 457, V. 3-5) Die Partnerin solle ihm den Gefallen erweisen, ihn „nicht zu sehr" (V. 6) zu lieben – er meint damit: verbal soll sie ihre Liebe nicht zum Ausdruck bringen. „Nicht die kleinste Freundlichkeit" (V. 8) habe er erfahren, das letzte Mal, als er ‚geliebt' wurde. Auf die Handlungen des Partners, nicht auf seine wortreichen Liebesbekundungen kommt es an, die Taten, nicht die Worte sind es, die Liebe zum Ausdruck bringen.

In einer Reihe von Keuner-Geschichten thematisiert Brecht außerdem eine realistische Liebeskonzeption. So hält Keuner in *Herr Keuner sagte: Es ist ein weitverbreiterer Unfug* fest, dass Liebe sich auf Freundschaft gründen muss; die Liebe sei „nur so viel wert, als sie Freundschaft enthält, aus der allein sie sich immer wiederherstellen kann" (GBA 18, S. 40). Es sei „ein

---

[146] Zu den nonverbalen Elementen des Stücks vgl. Lauren D. McKinney: Weeping in the Night: Reading Beyond Language in the Caucasian Chalk Circle. In: Modern drama 35 (1992), S. 530-537.

weitverbreiteter Unfug, daß die Liebe über die Freundschaft gestellt wird und außerdem als etwas völlig anderes betrachtet" werde (ebd.). Mit der „Liebe der üblichen Art", gemeint ist die romantisch-verklärende Liebeskonzeption, werde man nur „abgespeist, wenn es zur Freundschaft nicht reicht" (ebd.) – und damit auch nicht zu ‚wahrer Liebe', denn diese basiert laut Keuner auf Freundschaft. Diese wiederum setzt ein gleichberechtigtes Gegenüber voraus, mit dessen Bedürfnissen und Sorgen man sich auseinander setzt, das man durch diesen Prozess kennenlernt und in seiner Widersprüchlichkeit akzeptiert – so wie die zweite Frau in der Keuner-Geschichte *Wer kennt wen?*, in der Keuner zwei Frauen über ihren Mann befragt.[147] Die erste erklärt ihm, dass sie seit 20 Jahren alles mit ihrem teilt: das Zimmer, das Bett, die Mahlzeiten, geschäftliche Angelegenheiten, den Familien- und Freundeskreis. Bei ihr muss Keuner dennoch nachfragen: „Kennst du ihn also?" (GBA 18, S. 28) Die zweite Frau hat ein weniger definiertes Verhältnis zu ihrem Mann: Er kommt oft längere Zeit nicht zu ihr, sie weiß nie, ob er wiederkommt; sie kennt seine Herkunft nicht; er besucht sie in dem guten Haus, in dem sie wohnt, ob er auch in ein schlechtes käme, weiß sie nicht einzuschätzen; in ähnlichen Situationen verhält er sich unterschiedlich und damit unberechenbar. Diese Frau unterbricht Keuner „hastig" (S. 29), denn in diesem Fall steht für ihn fest, wie gut die Frau den Mann versteht: „Mehr kennt kein Mensch einen andern als du ihn." (Ebd.) Während die erste Frau aus dem Teilen der Alltäglichkeiten schließt, dass sie ihren Mann kennt, begreift die zweite Frau die Widersprüchlichkeit ihres Partners. Aus dem, was war, kann man nicht ableiten, was sein wird, denn Menschen verändern sich fortwährend. Sie hat Einblick in seine ‚Natur' und kennt ihn, weil sie begriffen hat, dass sie von ihm nicht eine bestimmte Verhaltensweise erwarten kann. Für Keuner stellt diese Art des Kennens die überzeugendere dar und bildet den Ausgangspunkt für eine Liebe, die den Partner nicht festlegt, sondern ihm Raum zu Veränderung und Revision der eigenen Verhaltensweisen lässt.

Noch einen Schritt weiter geht die Keuner-Geschichte *Liebe zu wem?*, die den Fall der „Schauspielerin Z" diskutiert, die angeblich „aus unglücklicher Liebe" Selbstmord begangen hat (GBA 18, S. 40). Für Keuner erscheint klar, dass sie sich in Wirklichkeit „aus Liebe zu sich selbst umgebracht" hat (ebd.). „Der übermäßige Wunsch, geliebt zu werden, hat wenig mit echter Liebe zu tun" (ebd.), denn diese Art von Liebesbegehren sei egozentrisch. Vielmehr bedeute Liebe den „Wunsch, etwas zu geben, nicht zu erhalten.

---

[147] Vgl. zu dieser Keunergeschichte Dorothee Sölle: Dialektik und Didaktik in Brechts Keunergeschichten. In: BJB 2 (1972), S. 121-130; hier S. 128f.

Liebe ist die Kunst, etwas zu produzieren mit den Fähigkeiten des andern." (Ebd.) Damit wird die Liebe nicht als Zustand, sondern als Prozess beschrieben, an dem die Partner aktiv und produktiv beteiligt sind. Voraussetzungen für diese Entwicklung seien „Achtung und Zuneigung" (ebd.), die Liebe aber erst ein Ergebnis des gemeinsamen produktiven Prozesses und deshalb nicht von vornherein zu erwarten. Diese Produktion erstreckt sich auch auf die Persönlichkeit des Partners selbst, wie die vieldiskutierte Geschichte *Wenn Herr K. einen Menschen liebte* verdeutlicht[148]:

> „Was tun Sie", wurde Herr K. gefragt, „wenn Sie einen Menschen lieben?" „Ich mache einen Entwurf von ihm", sagte Herr K., „und sorge, daß er ihm ähnlich wird." „Wer? Der Entwurf?" „Nein", sagte Herr K., „der Mensch."
> (GBA 18, S. 24)

Von der Forschung bislang nicht zur Kenntnis genommen wurde, dass der anonym bleibende Fragende, wie seine ungewöhnliche Erkundigung: „Was tun Sie[,] [...] wenn Sie einen Menschen lieben?" (ebd.; Hv. d. Verf.) belegt, Liebe von vornherein als etwas Aktives, eben als ein Tun versteht. Selbst der Frager ist nicht der Ansicht, dass man dem Gefühl passiv erliegt, vielmehr manifestiert sich Liebe in Handlungen. Keuners Antwort, er mache einen Entwurf und trage Sorge, „daß er ihm ähnlich wird" (ebd.), lässt zunächst den Schluss zu, dass der Entwurf dem Menschen ähnlich werden muss. Auch der Frager versteht Keuners Antwort so, hakt aber nach: „Wer? Der Entwurf?" (ebd.) Hierauf folgt die Pointe: Nein, der Mensch ist es, der dem Entwurf immer ähnlicher werden soll. Der Partner soll eben nicht, wie in der bürgerlichen Liebesbeziehung[149], angenommen werden, wie er ist, sondern positiv durch den Liebenden verändert werden. Der Begriff Entwurf betont dabei das Offene, Unfertige der Konzeption, die bei Bedarf immer noch verändert werden kann. Sie ist „nicht Resultat individueller Selbstverherrlichung oder Willkür, sondern ergibt sich aus dem produktiven Umgang mit dem Mitmenschen"[150], ist „ständig veränderungsbedürftig", weil sie „die Tendenz zum Vorschlag hat"[151].

---

[148] Vgl. zu dieser Keunergeschichte Inge Häußler: Denken mit Herrn Keuner. Zur deiktischen Prosa in den Keunergeschichten und Flüchtlingsgesprächen. Berlin 1981 (Brecht-Studien 3), S. 30-33.
[149] Jan Knopf: Die deutsche Kalendergeschichte. Ein Arbeitsbuch. Frankfurt a.M. 1983, S. 281.
[150] Maximilian Nutz: Geschichten vom Herrn Keuner. In: BHB 3, S. 129-155; hier S. 153. Das Unfertige, sich Entwickelnde, das der Begriff beinhalte, betont auch Knopf: Die deutsche Kalendergeschichte, S. 281.
[151] Haffad: Zwischen eingreifendem Denken und Utopie, S. 104.

Doch selbst wenn Brecht das Wort ‚Bildnis' wählt, ist damit kein abgeschlossenes, unveränderbares Bild des Menschen gemeint, wie etwa das 1933 entstandene *Über das Anfertigen von Bildnissen* deutlich macht. Bilder des Mitmenschen seien „kleine Modelle", die einem „verraten, wie sie funktionieren" (GBA 22, S. 10). Aus dem Verhalten des Mitmenschen in bestimmten Situationen schließe man sein Verhalten „in anderen, zukünftigen Situationen" (ebd.). Deshalb fußen die Bilder einerseits auf beobachteten, andererseits aber auch auf erschlossenen Verhaltensweisen, was „oft zu falschen Bildern" (ebd.) führe und zu Enttäuschungen, wenn der Andere sich dann nicht nach der Prognose verhält. Zu diesen Enttäuschungen komme es, „weil die Menschen nicht ebenso fertig sind wie die Bildnisse, die man von ihnen macht und die man also auch besser nie ganz fertig machen sollte" (ebd.). Halte man dem anderen ein „gutes Bildnis" (S. 11) vor, bestehe die Möglichkeit, dass die ‚wünschbaren' Eigenschaften zu „Wirklichkeiten" werden (ebd.). So wird das Bildnis, das als Summe von ‚ausführbaren Vorschlägen' verstanden werden kann, „produktiv": „Solch ein Bildnis machen heißt lieben." (Ebd.)
Auch in *Liebende machen Bilder voneinander* aus dem *Buch der Wendungen* ist ausdrücklich von Bildern die Rede, dennoch ist hier der Vorwurf des Dogmatismus ebenfalls unberechtigt, denn explizit wird der Zusammenhang von Urbild und Bild betont. In diesem Text wird der kreative Aspekt des Liebens betont, typisch für die Liebe ist, dass „der Liebende Neues schafft" (GBA 18, S. 61). Der Liebende macht sich ein „gutes Bild" von dem Geliebten und kann ihn dadurch bereichern, weil der „besser" werden will, indem er „es zu rechtfertigen sucht" (ebd.). Der Geliebte arbeitet an sich, schöpft die eigenen Möglichkeiten aus, das ‚Bild-Machen' trägt so zur Veredelung der Persönlichkeit bei, es dient nicht der Manipulation. Gegen Bilder, die nicht zu ihm passen, soll sich der Geliebte ausdrücklich zur Wehr setzen: „Aber es ist schlecht, ein nicht zu rechtfertigendes zu dulden." (Ebd.) Der Liebende, der entdeckt, dass sein Bild nicht erfüllt wird, „rächt sich" nämlich, „wenn das Urbild versagt, nicht am Bild, sondern am Urbild" (ebd.), d.h. am Geliebten.
Der Text *Kin-jeh über die Liebe*, ebenfalls aus dem *Buch der Wendungen*, nimmt viele der bereits genannten Aspekte auf und betont die Wirkung der Liebe über die Beziehung der Liebenden hinaus. Zunächst unterscheidet Kin-jeh die Liebe von den „fleischlichen Freuden" ebenso wie von der „Verliebtheit", denn die Liebe „muß gesondert betrachtet werden, da sie eine Produktion ist" (GBA 18, S. 175). Sie verändere beide Partner, „ob in guter oder in schlechter Weise" (ebd.), sie verhalten sich anders als zuvor, „immer auf der Suche nach freundlichen Handlungen" (S. 176). Das Produktive der Liebe liegt in ihrer Entfaltung selbst, die Liebenden „bauen ihre

Liebe" (ebd.) erst, sie ist nicht von vornherein gegeben. Dinge, die sonst in der Welt keine große Rolle spielen, etwa „der Unterschied zwischen keinem Fehler und nur einem Fehler", sind in ihrer Bedeutung für die Liebenden „ungeheuer" (ebd.). Die Verpflichtungen, die sie gegenseitig eingehen, werden sehr wichtig genommen. Abschließend heißt es: „Den Besten gelingt es, ihre Liebe in völligen Einklang mit anderen Produktionen zu bringen; dann wird ihre Freundlichkeit zu einer allgemeinen" (ebd.). Die Liebe zu einem einzelnen Menschen wird so zur Basis für die Freundlichkeit zu vielen Menschen.

4.8 Von den Abhängigkeiten als Mutter und Tochter

Die bisherigen Ausführungen dieser Arbeit konzentrierten sich auf das Verhältnis der Geschlechter in Liebesbeziehungen. Einige Texte Brechts thematisieren darüber hinaus das generationenübergreifende Abhängigkeitsverhältnis von Frauen, etwa als Mutter oder Tochter. Einige Frauenfiguren in Brechts Texten werden als Mütter gezeigt, die vom Einkommen des Sohnes abhängig sind. Sie sind Witwen oder aus anderen Gründen allein erziehend, manchmal auch berufstätig, verdienen dann aber so wenig, dass der Sohn sie zusätzlich unterstützen muss. So lebt etwa Baal bei seiner Mutter, die sich für den gemeinsamen Lebensunterhalt aufreibt: „Und ich weiß nicht, woher den Mietzins bezahlen für den Herrn Sohn." (GBA 1, S. 35) Als Baal entlassen wird, sieht sich die Mutter der materiellen Grundlage beraubt: „Jetzt ist alles aus." (S. 36) Für den Lebensstil ihres Sohnes hat sie kein Verständnis: „Deine alte Mutter weint sich die Augen aus und du zerrst die schmutzigen Weibsbilder herum! Schäm dich! Huren!" (S. 46). Auffallend an dieser Textstelle ist, dass Baals Mutter nicht ihren Sohn beschimpft, sondern die Frauen, die bei ihm sind, als ‚Huren' abtut. Dies spiegelt die Doppelmoral der bürgerlichen Gesellschaft wider, nach der sexuell aktive Männer positiv, sexuell aktive Frauen negativ beurteilt werden – und zwar auch von Frauen. Die Äußerung ist umso bezeichnender, als die Mutter selbst ihr Kind nicht unter gesellschaftskonformen Umständen bekommen hat, wie Baal ihr vorhält:

> MUTTER Noch nicht eine Freude habe ich an dir gehabt, seit du lebst!
> BAAL *gequält:* Aber vorher, Mama!
> MUTTER *weint:* O du Gotteslästerer. Das ist es! Und wie habe ich dafür gebüßt ...
>
> (S. 35)

Seiner Mutter gegenüber verhält sich Baal unverschämt und respektlos, nur selten zeigt er ihr gegenüber ansatzweise Gefühl (vgl. S. 46). Erst als sie im

Sterben liegt, ist Baal überraschend einfühlsam und verspricht, ihr ein konventionelles, angesehenes Leben zu ermöglichen: „Ich werde ein ordentliches Haus kaufen, einen Garten dazu, und du bekommst eine Magd." (S. 73) Hierzu ist es jedoch zu spät. Diese Figurenkonstellation zeigt, dass zwei Menschen, die so verschieden und im Alltag inkompatibel sind wie Baal und seine Mutter, allein durch die materiellen Verhältnisse genötigt sein können, zusammen zu leben. Die Mutter/Frau ist dabei diejenige, die der Situation ausgeliefert ist, denn sie vermag aufgrund der gesellschaftlichen Rahmenbedingungen nicht, eine Änderung herbeizuführen.
Eine Veränderung ihrer sozialen Position erkämpft sich dagegen die Hauptfigur des nach Maxim Gorkis Roman *Die Mutter* 1931 entstandenen, gleichnamigen Stücks. Im Mittelpunkt steht Pelagea Wlassowa, die sich im Handlungsverlauf von einer hilflosen Muttergestalt zu einer selbstbewussten Revolutionärin entwickelt. Zu Beginn definiert sie sich allein über die Männer in ihrem Leben: „Witwe eines Arbeiters und Mutter eines Arbeiters" (GBA 3, S. 263). Sie scheint sich die Schuld zu geben für die miserable finanzielle Lage ihrer kleinen Familie: „Fast schäme ich mich, meinem Sohn diese Suppe hinzustellen" (ebd.) und empfindet sich als „eine Last" (ebd.). Ihre Situation erscheint ihr hoffnungslos: „Ich sehe keinen Ausweg." (Ebd.)
Wie selbstverständlich begreift ihr Sohn Pawel, der Alleinverdiener des Haushalts, seine Mutter als Haushälterin: „Meine Mutter wird uns Tee kochen." (S. 265) Von seinen politischen Aktionen erzählt er ihr nichts, er hält sie für zu alt, um von Nutzen sein zu können (vgl. S. 266). Auf die Freunde ihres Sohnes reagiert die Mutter abweisend, der Grund ist die Sorge um Pawel (vgl. S. 266f.). Tatsächlich scheint sich ihr schlechtes Bild von den Besuchern zunächst zu bestätigen, schrittweise begreift sie aber, wofür die jungen Menschen kämpfen und schließt sich ihnen an.
Mit der Verhaftung des Sohns fällt für die Wlassowa der Ernährer weg. Man bringt sie bei einem Lehrer unter, der sie als Haushälterin anstellt. Sie bekommt da zwar nur „ein ganz kleines Gehalt" (S. 285), aber erstmals verdient sie eigenes Geld, ist nicht von einem Mann als Versorger abhängig. Es ist kein Zufall, dass ihre Entwicklung zur Revolutionärin hier ihren Ausgangspunkt hat, die materielle Lage ist es, die ihr (Selbst-)Bewusstsein verändert[152]. Später bezeichnet sie sich als „selber eine Arbeiterin" (S. 298), eben nicht mehr Witwe oder Mutter eines Arbeiters, sie definiert sich über ihre eigene Position in der Erwerbswelt.

---

[152] Die Wlassowa ist als Angehörige des Proletariats wie auch als Frau doppelt benachteiligt (vgl. Albrecht Dümling: Die Mutter. In: BHB 1, S. 294-309; hier S. 299).

Die Bedeutung ihrer politischen Arbeit nimmt im Verlauf des Stücks immer weiter zu. Die sonst den Sohn emsig umsorgende Mutter ist mit dem Drucken von Flugblättern beschäftigt, als Pawel aus dem Gefängnis kommt, sodass er sich selbst ein Butterbrot machen muss. Ihre Entwicklung hat er aufgrund seiner Abwesenheit nicht erfasst, er sieht sie noch als die „Mutter des Revolutionärs Pawel Wlassow" (S. 306). Folglich fühlt er sich zurückgesetzt, weil sie sich nicht in ihrer altbewährten Art um ihn kümmert: „Setzt sie ihm Tee vor? Bereitet sie ihm ein Bad? Schlachtet sie ein Kalb? Keineswegs!" (Ebd.) Sie stellt ihre revolutionäre Arbeit über ihre Mutterrolle, was den Sohn irritiert. Inzwischen ist die Wlassowa nicht mehr nur die Mutter eines Revolutionärs, sondern selbst eine bekannte Revolutionärin: „Sie kennt man, aber ihn [Pawel] kennt man nicht!" (S. 307) Sie betont, dass der gemeinsame Kampf gegen das Unrecht sie und ihren Sohn verbinde: „Er und ich waren zwei, aber die dritte / Gemeinsame Sache, gemeinsam betrieben, war es, die / Uns einte." (Ebd.) Verschiedene Episoden veranschaulichen, wie die Mutter das Bewusstsein ihrer Mitmenschen zu ändern oder neue Revolutionäre anzuwerben versucht. Die letzte Szene zeigt die Mutter wieder bei einer Demonstration, diesmal geht es um „die Macht im Staate" (S. 324).

In der Forschung ist die Figur der Pelagea Wlassowa unterschiedlich bewertet worden. Von feministischer Seite wurde z.B. von Sara Lennox betont, dass die Wlassowa sich willig für Ziele anderer instrumentalisieren ließe, während sie ihre eigenen subjektiven Bedürfnisse ignoriere[153], eine Auffassung, die der Text nicht stützt, da die Wlassowa in den politischen Zielen ihre eigenen Bedürfnisse identifiziert. In jüngeren Publikationen, so z.B. bei Führich, wird stärker darauf verwiesen, dass Pelagea „den Emanzipationsbegriff nicht wie ihr Sohn in eine politische und private Angelegenheit" aufspalte, sondern „ihre Protesthaltung auch als Mutter geltend" mache[154]. Desgleichen sieht Ritchie in Brechts Drama „ein Musterbeispiel für die Emanzipationsgeschichte einer Frau"[155].

Frau Yang aus *Der gute Mensch von Sezuan*, die Mutter Suns, ist ebenfalls von Einkommen und Gutdünken ihres Sohnes abhängig. Shen Te lernt sie kennen, als sie um das Geld für Suns Fliegerstelle bittet. Wie sich auch Shen Te vornimmt, als sie ihre Schwangerschaft entdeckt, ist Frau Yang auf das Leben und die Karriere des Sohnes konzentriert. Sie stellt sich als ebenso geschäftstüchtig und hinterlistig wie Sun heraus. Aber sie ist auch

---

[153] Lennox: Women in Brecht's Works, S. 86.
[154] Führich: Aufbrüche des Weiblichen, S. 31f.
[155] Ritchie: Der Dichter und die Frau, S. 246.

ein Opfer ihres Sohnes: „Ich weiß, er ist ein Lump. Er hat auch meine Möbel schon verkauft gehabt und wollte ohne seine alte Mama nach Peking. *Sie weint.*" (GBA 6, S. 254)
Die materielle Abhängigkeit erwachsener Frauen von ihren männlichen Nachkommen ist auch in höheren Schichten üblich, selbst, wenn es sich bei dem Sohn um ein Kind handelt, wie Frau Zingli in *Der Augsburger Kreidekreis* oder die Gouverneursfrau in *Der kaukasische Kreidekreis* belegen[156]. Vor dem Aufstand scheint die Gouverneursfrau um das Wohlergehen ihres Sohnes sehr besorgt zu sein: „Er hustet! Georgi, hast du gehört?" (GBA 8, S. 16) Später betont sie, dass das Kind im Mittelpunkt ihres und des Lebens ihres Mannes steht: „Michel ist alles, alles für Michel!" (S. 19) Während des Aufstandes verkennt sie die Lage aber völlig: Anstatt zu fliehen, wählt sie Kleider aus, die sie mitnehmen will. Sie erkundigt sich zwar fortwährend nach ihrem Sohn: „Wo ist Michel?" (S. 24), „Was macht Michel?" (S. 25), kümmert sich aber in dieser kritischen Situation nicht selbst um ihn[157] und flieht schließlich Hals über Kopf ohne das Kind.
Bei der späteren Gerichtsverhandlung, die klären soll, ob Michel weiterhin bei der Magd Grusche verbleiben soll oder der Gouverneursfrau zurückgegeben werden muss, versucht sie, den Richter Azdak auf einer emotionalen Ebene zu gewinnen: „Ein höchst grausames Schicksal, mein Herr, zwingt mich, von Ihnen mein geliebtes Kind zurückzuerbitten. Es ist nicht an mir, Ihnen die Seelenqualen einer beraubten Mutter zu schildern" (S. 84). Beraubt ist die eitle Gouverneurswitwe in doppeltem Sinne, denn die Güter ihres ermordeten Mannes bleiben ihr ohne den Nachkommen vorenthalten.[158] Ihr Anwalt gibt ihre Motive leichtgläubig preis: „man sperrt ihr die Einkünfte aus den Gütern, man sagt ihr kaltblütig, sie seien an den Erben gebunden" (S. 84). Nicht zuletzt deshalb kommt es Azdak im Prozess nicht auf den Anspruch der leiblichen Mutter auf das Kind an, „sondern auf den Anspruch des Kindes auf die bessere Mutter" (*Ein Umweg. („Der kaukasi-*

---

[156] Die beiden Mutter-Figuren sind analog angelegt, deshalb wird im Folgenden nur die Gouverneursfrau näher betrachtet. Entsprechendes gilt auch für Frau Zingli.
[157] Allerdings verhält sie sich damit gemäß ihrer gesellschaftlichen Rolle: „die Mutterbindung der Gouverneursfrau" an das Kind ist „wegen der durch ihre soziale Stellung bedingten Überlassung seiner Fürsorge an Abhängige ohnehin nicht stark ausgeprägt" (Mews: Der kaukasische Kreidekreis, S. 521).
[158] Weber ist der Ansicht, der Besitz habe die biologische Mutterschaft korrumpiert und ins Gegenteil verkehrt, vgl. Albrecht Weber: Bert Brechts ‚Kreidekreis' und Augsburg. In: Handbuch der Literatur in Bayern. Vom Frühmittelalter bis zur Gegenwart. Hg. v. dems. Regensburg 1987, S. 523-538; hier S. 534.

sche Kreidekreis"); GBA 23, S. 404).[159] Grusches Triumph über die leibliche Mutter ist der „Sieg der Helferin über den Anspruch der Gebärerin"[160]. Ein besonderes Abhängigkeitsverhältnis beschreibt Brecht auch zwischen Vätern und Töchtern, denn in der Regel ist es der Vater als Oberhaupt der Familie, der über das Schicksal der Tochter (Heirat etc.) zu verfügen oder zumindest seine Zustimmung zu geben hat. Einige dieser Vater-Tochter-Konstellationen wurden in Kapitel 4.1 im Zusammenhang mit der Verheiratung der Tochter, die oftmals wie eine Ware behandelt wird, bereits diskutiert. Eine anders geartete Verbindung zwischen Vater und Tochter findet sich in dem Stück *Leben des Galilei*. Die Tochter des Wissenschaftlers, Virginia, ist in der bisherigen Forschungsliteratur sehr kritisch gesehen worden, weshalb hier ein ausführlicherer Blick auf die Figur angezeigt ist. Die Zuschauer erfahren noch vor ihrem ersten Auftritt einiges über die Tochter Galileis. Zum einen geht der Wissenschaftler davon aus, dass sie bald heiraten wird: „Meine Tochter ist jetzt fünfzehn Jahre alt und braucht eine Aussteuer" (GBA 5, S. 15, vgl. S. 27), zum anderen charakterisiert er sie als „nicht intelligent" (S. 27). Virginia[161] erscheint dann zunächst als eine besorgte Tochter, die ihren Vater bemuttert: „Du hast doch versprochen, daß du heute nacht zu Bett gehen willst." (S. 34) Ganz im Gegensatz zu Galileis Charakterisierung ist Virginia offen und neugierig: „Hast du etwas Neues entdeckt?" (Ebd.) Galilei macht sich nicht die Mühe, ihr seine neuen Erkenntnisse zu erklären oder sie auszubilden: „Warum läßt du mich nie durchs Rohr schauen?" (Ebd.) Nicht zu vergessen ist hierbei die Tatsache, dass der Physiker den Sohn seiner Haushälterin kostenfrei unterrichtet.

---

[159] Dass es sich bei beiden Frauen um ‚Mütter' handelt und Azdak dadurch gezwungen ist, den Mutterbegriff kritisch zu hinterfragen, betont Christine Hamm: Über Kriterien in Werturteilen und Textinterpretationen. Bertolt Brechts *Der kaukasische Kreidekreis* und *Ordinary language philosophy*. In: AB 46 (1999), S. 99-134; hier S. 110.

[160] Walter Hinck: Die „große Helferin" im Drama Bertolt Brechts. In: Études Germaniques 44 (1989), S. 79-93; hier S. 88.

[161] Der Name Virginia steht in einer langen Dramentradition. Wie von Livius überliefert, konnte der Decemvirn Appius Claudius 449 v. Chr. die Gunst der Tochter des Lucius Verginius nicht gewinnen. Vor Gericht sprach er sie deshalb seinem Schützling Marcus Claudius zu, der zuvor öffentlich behauptet hatte, es handle sich bei Virginia um die Tochter einer seiner Sklavinnen. Lucius Verginius erstach daraufhin seine Tochter mit den Worten, dass er so ihre Freiheit bewahren wolle (vgl. Livius: Die Anfänge Roms. Römische Geschichte I-V. München 1991 (Bibliothek der Antike), S. 257-263). Der Name Virginia steht damit für die Opferung der Tochter, um das eigene Wertesystem einzuhalten (z.B. wird die Virginia-Geschichte als Anspielung bei Lessings *Emilia Galotti* verwendet). Wie die weiteren Ausführungen zeigen werden, wird auch Galileis Virginia ein Opfer ihres Vaters, der seine Wissenschaft über das Glück seiner Tochter stellt.

Auf dem Fest in Rom zeigt sich Virginia überschwänglich und glücklich verliebt. Sie ist eine junge Frau geworden, die das Leben genießen will: „Ich habe Herzklopfen. Ich möchte schön aussehen." (S. 56) Galilei nimmt die Emotionen seiner Tochter nicht ernst, reagiert statt dessen unsensibel und bezieht alles auf sich und seine Wissenschaft: „Ja, sieh schön aus! Sonst zweifeln sie sofort wieder, daß sie sich dreht." (Ebd.) Von Außenstehenden wird Virginia durchaus positiv aufgenommen. Barberini assoziiert Galilei sogar zuerst mit seiner Tochter und nicht etwa mit seinen bahnbrechenden wissenschaftlichen Erkenntnissen:

> BELLARMIN Herr Galilei, Herr Kardinal Barberini.
> BARBERINI Ach, das ist der Vater?
> (S. 57)

Aufgrund ihrer mangelnden Bildung ist Virginia allerdings autoritätsgläubig, was sich besonders an ihrem Verhalten gegenüber dem Kardinal Inquisitor bestätigt, sie „*küßt seinen Ring*", beantwortet „*atemlos*" seine Fragen (S. 62). Da ihr Vater es nie getan hat, erklärt ihr der Kardinal die Verschiedenartigkeit der beiden Weltsysteme. So überrascht es nicht, dass Virginia sich durch die Kirche gestärkt sieht, hier bekommt sie das Gefühl vermittelt, als ernsthafte Gesprächspartnerin akzeptiert zu sein[162].

Beim Brautwäschenähen berichtet Virginia der Sarti, sie habe sich ein Horoskop erstellen lassen. Sie ist demzufolge nicht nur gläubig, sondern auch abergläubisch, was wiederum Sartis Einfluss auf sie zeigt sowie die Distanz zur Wissenschaft des Vaters betont. Sie versteht, dass die Forschungen ihres Vaters risikoreich sein können: „Wenn er nur nicht wieder mit diesen gefährlichen Entdeckungen anfängt, geht alles gut." (S. 73) Ihr Verlobter Ludovico will die Vermählung vorverlegen, nachdem er sich vergewissert hat, dass Galilei kein Buch über die Sonnenflecken schreibt (vgl. S. 75). Ludovico erstarrt, als der Schwiegervater in spe die verbotenen Forschungsfragen doch wieder behandeln will. Galilei bemerkt treffend: „Steh nicht so herum wie ein Grabstein" (S. 76); tatsächlich bedeutet aber seine Forschung den Tod für Ludovicos Zukunft mit Virginia. Ehrlich äußert er gegenüber seiner Verlobten: „Virginia, ich liebe dich, ich weiß es. Aber ich kann dich nicht heiraten, wenn es so kommt. Ich besitze kein Vermögen." (S. 77) Selbst Andrea bittet Galilei, sein Verhalten zu überdenken: „Vielleicht sollten Sie den jungen Leuten ein wenig helfen, Herr Galilei." (Ebd.) Ludovico versucht, Galilei das Unrecht, das er seiner Tochter antut, be-

---

[162] Allerdings nutzt der Kardinal Inquisitor das sehr bewusst zu Manipulationszwecken: Er lässt sich den Beichtvater Virginias nennen, wohl als Möglichkeit, über Informationen zu verfügen oder sie zu beeinflussen, was sie nicht durchschaut.

greiflich zu machen: „Warum sehen Sie Virginia nicht in die Augen?" (Ebd.) Ein einziges Mal fragt Virginia ihren Vater selbst (bezogen auf Ludovico): „Du kannst ihm wohl nichts sagen, Vater?" (Ebd.) Galilei macht sich nicht einmal die Mühe, ihr zu antworten, er ist schon wieder in seine Forschungen vertieft: „Aber der Spiegel steht ja falsch!" (Ebd.) Wortlos gibt so Virginia ihrem Verlobten den Ring zurück. Während Galilei bedeutungsvoll über wissenschaftstheoretische Gedankengänge sinniert, packt am Rande der Szenerie Virginia stumm die Brautwäsche in eine Truhe, sie hat in der doppelten Bedeutung ‚nichts zu sagen'. Galileis Wissenschaft geht auf Kosten der Zukunft seiner Tochter, die ohnehin sehr bescheiden in einer üblichen Ehe bestanden hätte. Galilei bildet seine Tochter weder aus, was ihr Leben auf andere Weise bereichert hätte, noch bietet er ihr die Möglichkeit, ein konventionelles Leben mit einem Ehemann zu führen. Ohne Skrupel lässt er sie einen hohen Preis für seine Forschung bezahlen, während er, als er selbst für seine Wahrheit einstehen soll, den Widerruf vorzieht.

Virginia beweist in verschiedenen Szenen eine höhere Aufmerksamkeit und soziale Kompetenz als ihr Vater (vgl. S. 82-85), was wiederum belegt, dass sie nicht so unbedarft ist, wie Galilei sie einschätzt. Die dreizehnte Szene zeigt, wie sie den Rest ihres Lebens verbringen muss: als Haushälterin ihres Vaters und Spitzel der Kirche. Mit Galilei redet sie wie eine Krankenschwester mit einem Kind: „So, jetzt essen wir unsere gute Suppe und verschütten nicht den kleinsten Löffel." (S. 94) Die wissenschaftlichen Arbeiten des Physikers übergibt sie der Kirche (vgl. S. 94f.), das Aushorchen ihres Vaters betreibt sie durchdringend: „Was denkst du?" (S. 97), „Davon darf nicht gesprochen werden." (S. 101).

Mit der Erwähnung von „Pater Ludovico" (S. 98) wird einprägsam verdeutlicht, dass Galilei nicht nur Virginias, sondern ebenso das Leben ihres früheren Verlobten zerstört hat. Die einzige Hoffnung, die Virginia noch hat, ist die, dass ihr Vater reuevoll „in die Reihen der Gläubigen [...] aufgenommen" (S. 102) wird, für sie die einzige Möglichkeit, in ihrem ‚Schicksal', für das ihr Vater die Verantwortung trägt, einen Sinn zu erkennen.

Gert Sautermeister urteilt entgegengesetzt: „Der ihnen [Virginia und Frau Sarti] anerzogene Glaube macht ihren geistigen Sinn taub gegen Galileis neue Wissenschaft"[163]. Die hier vorgelegte Deutung zeigt aber, dass besonders Virginias Sinn nicht ‚taub' ist, obwohl sie Kirchgängerin ist, ihr ‚Glaube' verstärkt sich aber in dem Maße, in dem Galilei seine Tochter geistig nicht fördert. Virginias Entwicklung beurteilt Sautermeister wie

---

[163] Sautermeister: Zweifelskunst, abgebrochene Dialektik, S. 150.

folgt: „Welch ein borniertes, von Brecht an keiner einzigen Stelle aufgehelltes, in Schutz genommenes Leben!"[164] Sautermeister verkennt, wie differenziert die Figur – und Virginia ist eine künstlich geschaffene Figur und eben kein ‚Leben' – von Brecht gestaltet wurde. Nicht der ‚subjektfeindliche Prozess der Geschichte', sondern der frauenfeindliche, die Anlagen seiner Tochter ignorierende Galilei ist es, der das misslungene Leben Virginias zu verantworten hat. Brecht ‚hellt' diesen Zusammenhang durchaus ‚auf', denn der Text thematisiert soziale Konsequenzen der wissenschaftlichen Erkenntnisse Galileis und nennt hierbei die Emanzipation der Frau explizit: „Ich sagte zu meinem Mann: / Vielleicht, lieber Mann, daß was du kannst / Auch ein anderer Fixstern kann." (S. 81)

Gisela F. Ritchie beurteilt die Figur der Virginia ähnlich: „Es ist Galileis Behandlung Virginias, seine patriarchalischen Ansichten, seine von patriarchalischem Brauch geprägte Erziehung Virginias, die ihrem Leben seine Richtung zuweist."[165] Auch Helmut Jendreiek sieht Virginia am Ende als „Opfer und Produkt"[166] des Vaters, allerdings in einem weiteren Kontext: „Sie ist ganz und gar Gefangene des Denkschemas, das Galilei durch seinen Widerruf verfestigt hat."[167]

Zusammenfassend betrachtet lässt sich festhalten, dass Virginias ‚geistiges Vakuum' deshalb entsteht, weil ihr Vater es nicht mit Wissen besetzt. Statt dessen findet dort der (Aber-)Glaube einen Platz. Galilei versucht nicht einmal, sich vor ihr für sein Verhalten zu rechtfertigen oder ihr zumindest zu erklären, warum seine Wissenschaft und ihre öffentliche Verbreitung für ihn Bedeutung hat, wichtiger ist als ihr persönliches Glück. Ebenso wie Sarti bezahlt sie den Preis für die Forschungen Galileis, eine Tatsache, die umso qualvoller erscheinen muss, als er letzten Endes doch widerruft.

Zudem sind Frauen innerhalb der bürgerlichen Gesellschaft nicht nur in Familien dem Willen von Männern unterworfen, selbst abstrakte, männerdominierte Institutionen wie der Staat haben einen besonderen Zugriff auf den Körper der Frau, wie die 1929 entstandene *Ballade zu Paragraph 218* thematisiert, die von der Forschung trotz (oder gerade wegen) des explizit feministischen Inhalts weitgehend ignoriert wurde. Das Rollengedicht gibt das Gespräch von Frau Renner mit ihrem Arzt wieder. Die junge Frau ist schwanger, kann es sich aber aufgrund der sozialen Umstände – „ohne

---

[164] Ebd.
[165] Ritchie: Der Dichter und die Frau, S. 263. Dass Virginia das letzte Wort im letzten Dialog mit Galilei hat, deutet sie als „Hoffnung für die Stellung der Frau auch im wissenschaftlichen Leben" (ebd., S. 264).
[166] Jendreiek: Bertolt Brecht, S. 266.
[167] Ebd., S. 267.

Wohnung" (GBA 14, S. 40, Z. 5), der Mann ist „'n Arbeitsloser" (Z. 16) – nicht leisten, das Kind zu bekommen. Frau Renner versucht, dem Arzt ihre Bedenken mitzuteilen, er aber lässt sie nicht ausreden: „Herr Doktor, die Periode ... / Na, freuen Sie sich doch man" (Z. 2f.). Ihre Argumente nimmt er nicht ernst, er speist sie mit Floskeln ab: „Herr Doktor, 'n Arbeitsloser, daß der keen Kind ham kann / Na, Frauchen, das ist bloß 'n Antrieb für Ihren Mann" (S. 40f., Z. 16f.) und verstrickt sich in Widersprüche: So behauptet er, der Staat brauche den Nachwuchs, damit später Männer „an der Maschine stehen" (S. 41, Z. 21), dabei ist der Vater des Ungeborenen arbeitslos. Der Arzt behandelt die Frau wie eine Unmündige, nennt sie „nette Mutter", „Kleene" (S. 40, Z. 9) oder „Frauchen" (S. 41, Z. 17). Er vertritt die Position des Staates: „Und wenn wir schon mal was verbieten / Dann wissen wir schon, was wir tun." (Z. 34) Private Entscheidungen werden gesetzlich geregelt, die Frau hat nicht das Recht, über den eigenen Körper zu bestimmen. Das Gedicht ist vor dem Hintergrund des §218 des Strafgesetzbuchs der Weimarer Republik zu sehen, der besagte: „Eine Frau, die ihre Leibesfrucht abtötet oder die Abtötung durch einen anderen zuläßt, wird mit Gefängnis, in besonderen Fällen mit Zuchthaus bestraft." 1929 und 1930 war der Paragraf vehement in der Öffentlichkeit diskutiert worden.[168]

4.9 Männerbilder
Bislang standen Frauenfiguren im Mittelpunkt der Betrachtung. Gezeigt wurden Auswirkungen der gesellschaftlichen Restriktionen auf ihre Lebensentwürfe und ihre Verhaltensweisen. Darüber hinaus unterstreichen Brechts Texte aber, dass das männergemachte System auch die Männer selbst einschränkt. Obwohl sie eigentlich diejenigen sind, die von dem System profitieren, sind sie gewissermaßen auch Opfer, weil auch sie die vorgeprägten Rollenmuster erfüllen müssen.
Für Brechts erste große Figur Baal aus dem gleichnamigen Stück scheint diese Behauptung nicht zuzutreffen: Der aus armen Verhältnissen stammende Tagelöhner lebt unkonventionell, beutet andere Menschen aus, gibt sich jedem Genuss ohne Kompromisse und Rücksichten hin. Er erweist sich durchgehend als nicht gesellschaftsfähig, wie schon die Soirée-Szene zu Beginn deutlich macht. Obwohl die Anwesenden seine Kunst auf ihre oberflächliche Art zu schätzen wissen und ihre Bewunderung zum Ausdruck bringen: „verehrter Meister", „Genie" (GBA 1, S. 22), stößt Baal sie

---

[168] Vgl. dazu auch Joachim S. Hohmann: Sexualforschung und -aufklärung in der Weimarer Republik. Eine Übersicht in Materialien und Dokumenten. Berlin, Frankfurt a.M. 1985, S. 43-46.

vor den Kopf, zunächst nur, indem er isst und trinkt, ohne auf die Komplimente näher einzugehen, dann, indem er einen Dichterkollegen bei der Lesung von Gedichten kränkt (vgl. S. 23f.). Da die Herrschaften seinem Motto „Die Hauptsache ist, daß etwas lebt" (S. 24) in seinen Augen nicht gerecht werden: „Keiner lebt. Jeder will herrschen. Jeder will nur herrschen. Das ist kein Ehrgeiz. Es ist nur Eitelkeit." (Ebd.), fühlt er sich berufen, die Gesellschaft zu beleidigen. Hierfür wird er zurechtgewiesen: „Schämen Sie sich! – Wissen Sie nicht, was sich gehört?" (S. 26) Das gesellschaftliche Zusammenleben zwischen Menschen funktioniert nach stillschweigend vereinbarten Regeln: Wenn man eingeladen, freundlich empfangen und gelobt wird, gehört es sich, das zu erwidern, auch wenn es geheuchelt ist. Baal lässt sich auf diese Spielregeln nicht ein, weil sie ihm zuwider sind: „Muß ich euer Geschwätz mitfressen, um meinen Bauch vollstopfen zu können? Leckt mich am Arsch!" (Ebd.) Er wird hierauf hinausgeworfen. Diese Szene ist symptomatisch für Baal: Er nimmt sich aus der Gesellschaft, was er haben will, verabscheut aber ihre Normen und ist nicht bereit, der Gemeinschaft etwas zurückzugeben. Menschen, die sich auf ihn einlassen, ob nun Freunde oder Frauen, werden von Baal verwertet, genossen; verpflichtet fühlt er sich ihnen nicht. Auf ihn ist „kein Verlaß", wie die Holzfäller, die mit ihm arbeiten müssen, festhalten (S. 39). Sein asoziales Verhalten wird selbst von seinem besten Freund Eckardt kritisiert: „Du hast dein Teil Holz immer noch nicht gehackt." (S. 43) Baal will nicht einsehen, dass die „Welt" nicht sein „Zirkus" ist (S. 65). Er entzieht sich der Gesellschaft und ihren durchaus kritikwürdigen Schablonen, bietet aber keine lebbare Alternative an, weil er geradezu krankhaft unkonventionell sein will. Er reagiert auf die Regeln der Gesellschaft, indem er das Gegenteil von dem tut, was von ihm erwartet wird. Folglich ist er aber an diese Regeln gebunden, wenn auch in der Negation, er lebt Anti-Schablonen, die mit der von ihm postulierten Freiheit nicht sehr viel zu tun haben.
Auch in der Forschungsliteratur, so etwa von Jürgen Hillesheim, wird Baals Handeln als „Reaktion, nicht Alternative"[169] zur bürgerlichen Gesellschaft gedeutet. Hieraus resultiere die „Tragik" der Figur: „Er hat die Gesellschaft kompromisslos und radikal hinter sich gelassen und ist dennoch von ihr determiniert"[170]. Baals propagierter „Subjektivismus" entpuppe sich als „artifiziell, nicht lebbar"[171]. Mary J. Cronin ist ebenfalls der An-

---

[169] Hillesheim: Baal, S. 81.
[170] Ebd., S. 79.
[171] Ebd., S. 78.

sicht, dass Brecht Baals sexuelle Anarchie nicht als „viable alternative"[172] darstellt.
Brecht selbst hat seine Figur ähnlich gesehen. Nicht als ‚positiven Helden' verstand er die Baal-Figur, sondern als „absolut unsozialisierbar", Baals Lebensart stelle keine ernstzunehmende Alternative zur bürgerlichen Gesellschaft dar (was die Forschungsliteratur vereinzelt gegen den Text annimmt[173]), vielmehr sei seine „Produktionsweise [...] ganz unverwertbar" (*[Das Theater und die neue Produktion]*; GBA 21, S. 308). Wie Brecht in seinem *Journal* am 10. Februar 1922 betont, war ihm wichtig, die Zuschauer nicht einzuladen „mitzuempfinden, sich im Helden zu inkarnieren" (GBA 26, S. 271). In *Bei Durchsicht meiner ersten Stücke* hält er außerdem fest, dass für das Verständnis der Figur dialektisches Denken notwendig sei, sonst könne man „darin kaum etwas anderes als die Verherrlichung nackter Ichsucht erblicken" (GBA 23, S. 241). Baal sei „asozial, aber in einer asozialen Gesellschaft" (ebd.).

Gemäß ihrer bürgerlichen Rollen verhalten sich die Männerfiguren in *Trommeln in der Nacht*. Nicht nur Annas Vater Karl Balicke und ihr Verlobter Murk, auch der aus dem Krieg unerwartet zurückgekehrte Andreas Kragler findet sich in der bürgerlichen Wertewelt zurecht. Balicke ist ein Kriegsgewinnler, der Krieg war für ihn „ein Glück" (GBA 1, S. 183). Er erfüllt durch und durch die Rolle des nie ruhenden Geschäftsmanns: „Ich habe keine Zeit, müde zu sein." (S. 190), „Zeit ist Geld." (Ebd.) Selbst die Heirat seiner Tochter behandelt er wie ein Geschäft: „Wir sind alle einig?" (S. 191) Auch als es darum geht, Kragler von Anna fernzuhalten, denkt er, das mit einer finanziellen Gegenleistung erreichen zu können, mehrfach fragt er Kragler: „Was wollen Sie?" (S. 195)

Dieser hat bei seiner Rückkehr zunächst große Schwierigkeiten, was vornehmlich an seiner Sprachlosigkeit deutlich wird. Er redet in unvollständigen, abgehackten Sätzen: „Spanien, Schwindel, mit Paß und so. Aber jetzt: Wo ist Anna?" (S. 187), oft ist er „*sprachlos*" (ebd.), „*Zerstreut*" (S. 188) und „*stumm*" (ebd.). Ähnlich verhält er sich, als er Anna erstmals wieder begegnet. Zunächst starrt er sie nur schweigend an (vgl. S. 191), dann begreift er nicht, was sie zu ihm sagt: „Ich weiß nicht, was du meinst"

---

[172] Cronin: The Politics of Brecht's Women Characters, S. 50.
[173] So etwa Wedel, die im *Baal* sexuelle Gewalt gegen Frauen literarisch gerechtfertigt sieht (vgl. Wedel: Rolle der Frau, S. 130). Diese Annahme setzt voraus, dass man Baal als positiven Helden begreift. Clos wiederum fragt in ihrem Aufsatz, „ob dieses [Baals Lebens-]Konzept und dessen Umsetzung im Stück wirklich eine Alternative zur Gesellschaft christlicher Tradition darstellen kann" (Clos: Brechts *Baal*, S. 123), was der Text an keiner Stelle behauptet.

(S. 192), „Ich kann dich nicht verstehen" (S. 193). Schließlich bringt er sein Problem auf den Punkt: „Ich kann nimmer gut reden mit dir. Ich habe eine Negersprache im Hals." (Ebd.) Er fühlt sich der bürgerlichen Gesellschaft nicht mehr gewachsen: „ich bin nicht fein und die Gläser zerbreche ich beim Trinken" (ebd.). Nach und nach versteht er, warum er sich als Bräutigam disqualifiziert hat: „Er hat einen englischen Anzug und die Brust mit Papier ausgestopft und Blut in den Stiefeln. Und ich habe nur meinen alten Anzug, in dem die Motten sind. Sag, du kannst mich wegen meinem Anzug nicht heiraten" (S. 199). Als er erfährt, dass Anna von Murk ein Kind erwartet, ist er zunächst sehr aufgebracht: „Ich bin im Dreck gelegen. Wo bist du gelegen, als ich im Dreck gelegen bin." (S. 222) Schließlich arrangiert er sich aber mit der Vorstellung, denn mit Anna erwartet ihn eine bequeme bürgerliche Zukunft: „Jetzt kommt das Bett, das große, weiße, breite Bett" (S. 229).

Murk wiederum ist ein rücksichtsloser Aufsteiger, der sich von der Welt nimmt, was er von ihr haben will. Er zeigt damit Dispositionen, die gemeinhin als männliche Charaktereigenschaften gelten und die auch seinem eigenen Männer-Bild entsprechen: „Was ein Mann ist, kommt durch. Ellenbögen muß man haben, genagelte Stiefel muß man haben und ein Gesicht und nicht hinabschauen." (S. 182) Dieses Bild will er unbedingt nach außen, auch vor seiner Verlobten Anna, aufrechterhalten. Als sie ihn in der Picadillybar um einen Kuss bittet, lehnt er mit Verweis darauf, dass man sich in der Öffentlichkeit befindet, ab: „Unsinn! Halb Berlin sieht hier zu!" (S. 189) Gefühle offenbaren ist etwas, was Männer nicht tun, vor den Augen anderer erscheint ihm das besonders unangemessen. Als ihn Anna daraufhin als „Feig!" (ebd.) bezeichnet, beugt er sich „*über den Tisch, wobei er Gläser umreißt, und küßt Anna gewaltsam*" (ebd.). Da Zärtlichkeiten einem Mann in der Öffentlichkeit nicht zustehen, er aber vor seiner Verlobten nicht als Feigling dastehen will, der die gesellschaftlichen Normen stupide einhält, bleibt ihm nur die Möglichkeit, sie so zu küssen, wie er es mit seiner Vorstellung von Männlichsein vereinbaren kann: mit Gewalt. Gerade dieses Beispiel zeigt, dass Männer im Umgang mit dem anderen Geschlecht nicht viel freier sind als Frauen: Sie müssen den Rollenerwartungen ebenfalls gerecht werden, und auch bei ihnen kann sich die Sanktion eines Fehlverhaltens existenziell auswirken. Ein Geschäftsmann wie Murk ist ruiniert, spricht sich herum, dass er in Wirklichkeit ein verhätschelter, vor seiner Verlobten kuschender Mann mit sanftem Wesen ist. Folglich ist der Druck, wie ein ‚richtiger Kerl' zu wirken, sehr groß.

Was aber Anna angeht, ist Kragler erfolgreicher, der hat nichts zu verlieren und kann seine Gefühle entsprechend frei zum Ausdruck bringen: „Da ich es fühle, daß ich hier kein Recht habe, bitte ich dich, aus dem Grunde meines Herzens, mit mir zu gehen an meiner Seite." (S. 196f.) Dass die anderen ihn auslachen, hält ihn nicht davon ab, darauf zu insistieren: „Weil kein Mensch ein Recht hat ... Weil ich ohne dich nicht leben kann ... Aus dem Grunde meines Herzens." (S. 197) Annas Entscheidung für Kragler deutet an, dass Frauen sensible, mit ihren Emotionen souverän und offen umgehende Männer schätzen und nicht ‚Machos' – genau so müssen sich Männer aber nach außen hin verkaufen, wollen sie in der von Männern geprägten (Geschäfts-)Welt bestehen. Ironischerweise glauben sie, mit den Attributen des unnachgiebigen Kämpfers Frauen erobern zu können, die sich von solchem Verhalten aber eher abgeschreckt fühlen.

Ein Gedicht aus dem Jahr 1955, entstanden für das Stück *Pauken und Trompeten*, verdeutlicht diese Problematik und macht ihre epochenübergreifende Bedeutung greifbar:

> *Melindas Lied*
>
> Chloe saß an einem Bach
> Aus dem Schlehdorn trat Achill
> Fragte sie der Held, ob sie ihn, ach
> Lieben will?
> *Sah das Mädchen fürchtesam ihn an*
> *Und verbarg im Klee das Angesicht.*
> *Sprach der Held und staunte: Mädchen, dann*
> *Gefällt dir wohl mein güldner Küraß nicht?*
>
> Wandte sich zum Gehn Achill
> Und es rauschte hell der Bach
> Und im Dorn die Vöglein wurden still –
> Sprach sie: Ach.
> *Sprach das Mädchen: Ach, wie leicht doch ficht*
> *Es sich gegen Löwe, Hirsch und Pfau*
> *Ach, dein güldner Küraß ist es nicht*
> *Gefallen könnt mir deiner Augen Blau.*
>
> (GBA 15, S. 289)

Der Held Achill tritt zu Beginn des Gedichts – in der Szenerie eines Locus amoenus mit Bach und Vöglein – auf Chloe zu und fragt unverblümt, ob sie ihn „ach / Lieben will?" (V. 3f.) Sie versteckt genant das Gesicht, was er als Ablehnung deutet, über die er sich allerdings wundert: „*dann / Gefällt dir wohl mein güldner Küraß nicht?*" (V. 7f.) Es erstaunt ihn, dass der für sein Heldentum stehende Panzer die junge Frau nicht beeindruckt. In der zweiten Strophe spricht das Mädchen, als Achill schon gegangen ist. Wie sich herausstellt, hat er vorschnell den Schauplatz verlassen, denn ihr Schweigen war keine Ablehnung seiner Person, sondern nur seiner Vorstellung, sie wolle ihn, weil er ein Held ist. Tatsächlich ist sie der Ansicht:

„*Ach, wie leicht doch ficht / Es sich gegen Löwe, Hirsch und Pfau*" (V. 13f.). Mit seinen Heldentaten kann Achill Chloe nicht beeindrucken. Dagegen gefallen ihr seine körperlichen Attribute, genauer: seine blauen Augen. Das Gedicht zeigt, dass Achill die falsche Vorstellung hat, eine Frau mit heldenhaftem Tun gewinnen zu müssen, statt einfach mit dem, was ihn als Person attraktiv macht. Auch er erfüllt seine Rolle als Kämpfer und Held und begreift nicht, dass es zumindest im zwischengeschlechtlichen Bereich darauf nicht ankommt.

In seiner Rolle als immer beherrschter Soldat gefangen ist auch Simon aus *Der kaukasische Kreidekreis*. Ungeschickt versucht er zu Beginn, Grusche den Hof zu machen, indem er andeutet, sie beim Wäschewaschen beobachtet zu haben (vgl. GBA 8, S. 18f.). Das Küchenmädchen ist darüber erbost, weil sie glaubt, er habe „wahrscheinlich noch zusammen mit einem andern Soldaten" (ebd.) den Voyeur gespielt. Er bestreitet das aber: „Nicht mit einem andern!" (Ebd.)

In der kritischen Situation des Umsturzes versucht er, Grusche zu finden, und will besorgt und mitfühlend wissen, was sie zu tun gedenkt: „Da bist du ja, Grusche. Was wirst du machen?" (S. 22) Schon einen Augenblick später hat er sich aber gefangen: „*Wieder förmlich.*" (Ebd.) Grusches Erkundigung nach seinen Vorhaben freut ihn, da es ihr Interesse zeigt, er kann das aber nur sehr steif zum Ausdruck bringen: „Grusche Vachnadze, deine Frage nach meinen Plänen erfüllt mich mit Genugtuung." (Ebd.) Die gefährliche Aufgabe, die Gouverneursfrau als Wächter zu begleiten, spielt er herunter, um vor Grusche mutig dazustehen: „In Tiflis sagt man: ist das Stechen etwa gefährlich für das Messer?" (Ebd.) Da Eile geboten ist, macht er ihr einen Antrag, allerdings so umständlich, dass Grusche schon zusagt, noch bevor er gefragt hat, das macht ihn „*sehr verlegen*" (S. 23). Den Soldaten, der sonst keine Gefahr fürchtet, verlässt der Mut, wenn es um das Aussprechen von Gefühlen geht, und er reagiert eingeschüchtert, wenn Grusche ihm zuvorkommt.

Auch bei seiner Wiederkehr aus dem Krieg ist er Grusche gegenüber „*förmlich*" (S. 55), doch nach wenigen Sätzen bricht Vertrautheit zwischen den Geliebten hervor:

> SIMON Darf man fragen: hat eine gewisse Person noch die Gewohnheit, das Bein ins Wasser zu stecken beim Wäschewaschen?
> GRUSCHE Die Antwort ist ‚nein', wegen der Augen im Gesträuch!
> SIMON Das Fräulein spricht von Soldaten. Hier steht ein Zahlmeister.
> GRUSCHE Sind das nicht zweihundert Piaster?
> SIMON Und Logis.
> GRUSCHE *bekommt Tränen in den Augen:* Hinter der Kaserne, unter den Dattelbäumen.
> SIMON Genau dort. Ich sehe, man hat sich umgeschaut.

GRUSCHE Man hat.
SIMON Und man hat nicht vergessen.
Grusche schüttelt den Kopf.
(S. 56)

Doch als Grusche andeutet, dass die Situation zwischen ihnen sich verändert hat, weil sie verheiratet ist, verharrt Simon in Schweigen. Es ist der Sänger, der die Gefühle des Soldaten dem Publikum erläutert (vgl. S. 57). Umgekehrt schließt Simon aus der Mütze Michels, die im Gras liegt, was passiert ist, und will von Grusche keine Erklärung hören: „Die Frau muß nichts mehr sagen." (S. 57) So fasst sie die Geschehnisse nicht in Worte, der Sänger muss auch für sie sprechen (vgl. S. 57f.). Simons Rolle verbietet ihm, Wut und Enttäuschung zum Ausdruck zu bringen, was eine schnelle Klärung der Situation zur Folge hätte. Statt dessen verlässt er Grusche gefasst, aber schweigend und ohne eine Erklärung bekommen zu haben. Dennoch bietet er Grusche „*finster*" an zu behaupten, es sei sein Kind (vgl. S. 80). Da der Richter Azdak für ein gutes Ende sorgt – er scheidet Grusche von dem Bauern, an den sie gebunden ist, sodass Simon Grusche wird heiraten können –, finden der Soldat und die Küchenmagd doch noch zueinander. Michel wird er akzeptieren, bei seiner Antwort, ob ihm das Kind gefalle, kommt allerdings wieder seine Förmlichkeit durch: „Melde gehorsamst, daß er mir gefällt." (S. 91) Simon wird im Stück als ein Mann gezeigt, der sehr darauf bedacht ist, immer sein Gesicht zu wahren, wie ein tapferer Soldat zu wirken und seine Gefühle nie nach außen dringen zu lassen. Auch er versucht damit, einem Männer-Bild, das er für angemessen hält, zu genügen.

Wie selbstzerstörerisch es für Männer sein kann, die gesellschaftlich definierte Rolle aufrechtzuerhalten, wenn diese der eigenen Anlage widerspricht, zeigt sich am Puntila in *Herr Puntila und sein Knecht Matti*, dessen Rolle als Gutsherr seiner ‚Natur' widerspricht, die nur zum Vorschein kommt, wenn er betrunken ist[174], oder auch an der Figur des Sergeanten Fairchild in dem Stück *Mann ist Mann*, das Brecht selbst 1956 noch „erschreckend aktuell" fand (Brief an Klaus Schlette vom 23. April 1956; GBA 30, S. 448). Der Sergeant ist innerhalb seines sozialen Systems ein respektierter und gefürchteter Herr. Die Soldaten nennen ihn „Blody Five" und „Tiger von Kilkoa" (GBA 2, S. 104). Er hat einen guten Instinkt, denn „er riecht Verbrechen. Und wenn er ein Verbrechen riecht, singt er [...]: Johnny, pack deinen Koffer!" (S. 105) Dies wird durch die Handlung mehrfach bestätigt (vgl. S. 108, S. 122, S. 127 u.a.). Nur wenn es regnet, ge-

---

[174] Vgl. dazu Neureuter: Herr Puntila, S. 448.

schieht mit dem „gefährlichsten Mann der indischen Armee" (S. 107) Sonderbares: Er verfällt „in schreckliche Zustände von Sinnlichkeit", wird „ungefährlich wie ein Milchzahn" und „befaßt sich drei Tage lang nur mit Mädchen" (ebd.). Gegen seine ‚Natur', die er nicht zulassen, sondern beherrschen will, weil er seine Sinnlichkeit als Schwäche versteht, setzt Fairchild die Regeln des Militärs: „Das Exerzierreglement ist [...] das einzige, an das man sich als Mensch halten kann, weil es einem Rückgrat gibt" (S. 108). Die Verleugnung seiner sexuellen Bedürfnisse grenzt an Schizophrenie; als Witwe Begbick ihm vorhält, beim nächsten Regen werde er wieder zahm werden, antwortet er: „da würden wir gegen dieses kleine, mutwillige Blodyfivechen in einer grundlegenden Weise durchgreifen" (ebd.). Doch Begbicks Behauptungen erweisen sich als richtig. Sie verlangt von Blody Five, ihren Salon in Zivilkleidung zu betreten. Fairchild will dieser Forderung „Nie, nie, nie" (S. 130) nachgeben, tut es wegen seiner „sinnlichen Natur" (ebd.) aber dennoch, was ihn den Respekt seiner Soldaten kostet, er wird von ihnen beschimpft: „Halt das Maul, Zivilist!" (S. 137) Aus der Nacht, die er saufend mit seinen Soldaten und schließlich mit Witwe Begbick verbringt, zieht er Konsequenzen: Er entmannt sich, „damit ich Blody Five bleibe" (S. 150). Sein Instinkt gibt ihm zu verstehen, dass er damit ein Verbrechen begeht, denn er singt dabei „Johnny, pack deinen Koffer." (Ebd.)

Die Fairchild-Figur zeigt, dass Männer ähnlich wie Frauen Rollen erfüllen müssen, die ihrer Anlage widerstreben, um gesellschaftlich zu bestehen. Gelegentliches Fehlverhalten wird sofort sanktioniert, auch und gerade von den Menschen, die üblicherweise Respekt vor einem haben müssen wie in Fairchilds Fall die Soldaten. Der Sergeant schreckt sogar vor Selbstverstümmelung nicht zurück, um das Bild, das er nach außen vermitteln will, aufrechtzuerhalten.

Im Gegensatz dazu erkennt die Hauptfigur des Lustspiels, Galy Gay, dass der Verlust von Individualität und Selbstbild ein Gewinn und „eine lustige Sache" (*Rede im Rundfunk*; GBA 24, S. 42) sein kann.[175] Er charakterisiert sich selbst in der ersten Szene als einen Packer, „der nicht trinkt, ganz wenig raucht und fast keine Leidenschaften hat" (GBA 2, S. 95). Außerdem hat Galy Gay „ein weiches Gemüt" (ebd.), was sich etwa darin äußert, dass

---

[175] Dass Brecht den Verlust der eigenen Individualität als Lustspiel behandelt, ist in der Forschung unterschiedlich bewertet worden, vgl. zusammenfassend Ana Kugli: Mann ist Mann. In: BHB 1, S. 152-166: hier S. 160-162. Die Austauschbarkeit von Individualität wird innerhalb des Stücks nicht nur an den Figuren Fairchild und Galy Gay, sondern auch an der Verwandlung Jeraiah Jips und der Vierergruppe demonstriert, vgl. ebd., S. 156-160.

er, der nur kurz einen Fisch kaufen gehen wollte, statt wie versprochen, „in einer Minute" (ebd.) nach Hause zurückzukehren, sich „fast zehn Stunden durch lauter Unvorhergesehenes" (S. 101) von seinem eigentlichen Ziel abhalten lässt. Die drei Soldaten, denen der vierte Mann abhanden gekommen ist und die umgehend einen Ersatz für diesen benötigen, überreden Galy Gay, sich beim Appell als Jeraiah Jip auszugeben (vgl. S. 108). Da dadurch keine negativen Folgen für ihn entstehen, freut sich Galy Gay, behilflich gewesen zu sein, übermütig bietet er sogleich weitere Mitarbeit an (vgl. S. 109). Die Soldaten lehnen das Angebot ab, da sie noch mit der Wiederkehr des echten Jip rechnen. Gegenüber der Witwe Begbick verleugnet Galy Gay erstmals unaufgefordert seine Identität. Der Mann, der angeblich ‚nicht nein sagen kann', beteuert zweimal mit einem Kopfschütteln, nicht Galy Gay zu sein und erklärt dann auch verbal: „Nein, ich bin es nicht." (S. 109) Das zeigt, dass Galy Gay – zumindest unter dem Einfluss von Alkohol und Zigarren – in dieser frühen Phase durchaus Spaß am Identitätstausch zu haben scheint.

Das ändert sich, als die drei Soldaten erkennen, dass ihr vierter Mann nicht mehr zu ihrer Maschinengewehrabteilung zurückkehren wird und sie Galy Gay dazu bewegen müssen, dauerhaft als Jeraiah Jip bei ihnen zu bleiben. Prinzipielle Schwierigkeiten, eine Person in eine andere zu verwandeln, sehen sie nicht, denn „Einer ist keiner." (S. 117) Erst über die Gruppe bzw. über das Kollektiv, in dem er lebt, werde der Mensch definiert, weshalb man über „weniger als 200 zusammen [...] gar nichts sagen" (ebd.) könne. Speziell Galy Gays Verwandlung sehen sie als umso einfacher an, als er, in ärmlichen Verhältnissen lebend, ohnehin nichts zu verlieren hat. Tatsächlich gelingt die Verwandlung Galy Gays in Jeraiah Jip im Lauf des Stücks, wobei die Selbstkastration Fairchilds ein „Schlüsselerlebnis"[176] darstellt und als Wendepunkt in der Identitätskrise von Galy Gay zu sehen ist, von da an begreift er, „wohin diese Hartnäckigkeit führt und wie blutig es ist, wenn ein Mann [...] so viel Aufhebens aus seinem Namen macht" (S. 150). Bereitwillig will er von nun an Jeraiah Jip sein. In direktem Gegensatz zum Sergeanten, der vor seiner Selbstverstümmelung behauptet: „Daß ich esse, ist nicht wichtig, sondern daß ich Blody Five bin" (S. 149), zieht Galy Gay für sich den Schluss: „Ja, es ist sehr wichtig, daß ich esse." (S. 151) Die letzte Szene zeigt, wie gut sich Galy Gay in seine neue Identität eingefunden hat. Das Kriegsgeschehen bereitet ihm gehörigen Spaß (vgl. S. 152), den gefürchteten Sergeanten erpresst er (vgl. S. 153). Selbst gegen-

---

[176] Ralf Witzler: Bertolt Brechts „Mann ist Mann" oder von der Lust, die Identität zu verlieren. In: Der junge Brecht. Aspekte seines Denkens und Schaffens. Hg. v. Helmut Gier und Jürgen Hillesheim. Würzburg 1996, S. 144-165; hier S. 147.

über den Kameraden hat er sich eine Machtposition aufgebaut, er isst deren Reisportionen auf (vgl. S. 154f.). Galy Gay gelingt es sogar, mit fünf Schüssen die Bergfestung zum Einsturz zu bringen, er lässt sich daraufhin von den Soldaten als „Jeraiah Jip, menschliche Kampfmaschine" (S. 157) feiern. Das Ende des Stücks betont seinen Aufstieg innerhalb der Vierereinheit: Er ist es, der die Pässe der anderen drei Soldaten einsammelt (ebd.). So ist aus Galy Gay, dem Packer aus Kilkoa, der nicht trank, nur wenig rauchte und fast keine Leidenschaft besaß (vgl. S. 95), der Soldat Jeraiah Jip geworden, der auf das auf ihn „entfallende Quantum Whisky" (S. 153) besteht und das Schießen und Töten leidenschaftlich betreibt.
Freilich ist Galy Gays Rollentausch nicht als Befreiung von gesellschaftlichen Normen zu werten, schließlich wechselt er von einer Rolle in eine andere, ist innerhalb der neuen Identität aber auch an typische Verhaltensweisen gebunden. Dennoch betont das Stück, dass vermeintlich Unabänderbares wie ein Charakter durchaus modifiziert werden kann, wenn Bedarf besteht. In Galy Gays speziellem Fall ist der Gewinn für ihn so groß, weil er Teil eines Kollektivs wird, für das er zunächst seine Individualität aufgeben muss, das er schließlich aber eben dadurch beeinflussen kann.[177] Er wird „der Stärkste, nachdem er aufgehört hat, eine Privatperson zu sein, er wird erst in der Masse stark" (*Rede im Rundfunk*; GBA 24, S. 41). Individualität wird damit als austauschbare Größe gezeigt[178], wenn sie unangenehm wird, kann sie in eine andere umgewandelt werden, ohne dass der Person Verluste entstehen. Dagegen führt die strikte Einhaltung von Rollenerwartungen, die nicht mit den eigenen Bedürfnissen in Einklang zu bringen sind, zur Selbstverstümmelung, wie die Figur des Sergeanten veranschaulicht.
Dabei sind die Rollen, die es in der bürgerlichen Gesellschaft zu vergeben gibt, ohnehin nicht so eindeutig definiert, wie gemeinhin angenommen, was etwa *Die Dreigroschenoper* auf amüsante Weise aufzeigt. Pollys Vater Peachum erweckt nach außen hin den Anschein eines bürgerlichen Geschäftsmanns, er führt ein legales Unternehmen. Tatsächlich verhält er sich aber wie ein Ganove: Herzlos beutet er seine Mitarbeiter aus, schlägt aus

---

[177] Umgekehrt ist dieses Kollektiv auch notwendig, um ihn als Person zu definieren, denn „Einer ist keiner" (GBA 2, S. 117), was sich auch an Jip zeigt, der als einzelner seine Identität nicht beweisen kann (vgl. dazu Witzler: Bertolt Brechts „Mann ist Mann", S. 151).
[178] Klaus-Detlef Müller geht davon aus, dass Brecht schon in der bürgerlichen Gesellschaft den Individualismus negiert sah, etwa in der Fließbandproduktion (vgl. Klaus-Detlef Müller: „Mann ist Mann". In: Brechts Dramen. Neue Interpretationen. Hg. v. Walter Hinderer. Stuttgart 1984, S. 103).

ihrer Armut Profit, macht sie sich mit Gewalt gefügig[179]. Den Schwiegersohn liefert er an den Galgen, weil die Wahl der Tochter ihm nicht gefällt. Peachum schreckt auch nicht davor zurück, den Polizeichef zu erpressen.[180] Umgekehrt ist der Ganove Macheath bemüht, kleinbürgerliche Gepflogenheiten und Maßstäbe zu erfüllen, etwa in Fragen der Einrichtung:

> MAC So was von Versagen! Lehrlingsarbeit ist das. Nicht die Arbeit reifer Männer! Habt ihr denn keine Ahnung von Stil? Man muß doch Chippendale von Louis...
> WALTER Louis?
> MAC Quatorze unterscheiden können.[181]
> [...]
> WALTER Na, und das? Chippendale! *(Er enthüllt eine riesenhafte Chippendale-Standuhr.)*
> MAC Quatorze.[182]

Ebenso ist Mac beim Essen auf bürgerliche Sitten fixiert, er ermahnt seine Platte ständig, sich angemessen zu benehmen[183]. Selbst bei seinen Verbrechen verhält er sich bürgerlich, er führt Buch über sein ‚Geschäft', das er explizit auch selbst so bezeichnet.[184] Auch ins Hurenhaus geht er, weil ihn dort nichts anderes erwartet als „*ein bürgerliches Idyll*": „*die Huren, meist im Hemd, bügeln Wäsche, spielen Mühle, waschen sich*"[185]. Die Bürgerlichkeit Macheaths sowie die Vermengung bürgerlicher und krimineller Eigenschaften sollten nach Brecht auf der Bühne klar erkennbar sein:

> *Der Räuber Macheath* ist vom Schauspieler darzustellen als bürgerliche Erscheinung. Die Vorliebe des Bürgertums für Räuber erklärt sich aus dem Irrtum: ein Räuber sei kein Bürger. Dieser Irrtum hat als Vater einen anderen Irrtum: ein Bürger sei kein Räuber.
> *(Anmerkungen zur „Dreigroschenoper"; GBA 24, S. 60)*

Die Durchlässigkeit der Rollen lässt sich auch an den anderen Figuren des Stücks zeigen. So sieht Lucy in Polly eine „Schlampe"[186], obwohl die auch nichts anderes tut als sie selbst, Polly schlüpft problemlos in die Rolle der

---

[179] Fassung Universal-Edition, S. 9.
[180] Ebd., S. 67.
[181] Ebd., S. 18.
[182] Ebd., S. 20.
[183] Vgl. ebd., S. 23.
[184] Vgl. ebd., S. 42.
[185] Ebd., S. 46.
[186] Fassung Universal-Edition, S. 54.

Männerbilder 155

Seeräuber-Jenny[187], die Hure Jenny wiederum besteht gegenüber Frau Peachum sehr bürgerlich auf der Zahlung des vereinbarten Honorars für den Verrat an Mackie[188]. Das vermeintlich feste Rollengefüge der bürgerlichen Gesellschaft – hier die Guten, dort die Bösen – wird innerhalb des Stücks als eine Fiktion entlarvt, was ein Seitenhieb auf das Bürgertum ist: Die Werte, für die sie stehen, erfüllen sie selbst nur dem Anschein nach und auch nicht besser als Verbrecher und Huren. Das wiederum bedeutet, dass Rollen prinzipiell modifiziert werden können, dass man sich ihnen zumindest gelegentlich entziehen oder man sich eine neue aneignen kann, wenn die alte einen zu sehr einschränkt.

Trotz der vereinzelt lustspielhaften Behandlung des Themas wie in *Mann ist Mann* und *Die Dreigroschenoper* hat Brecht die Eingeschränktheit von Rollen für Männer wie für Frauen als schwer wiegendes Problem der bürgerlichen Gesellschaft behandelt. Die Tatsache, dass in Brechts Werk Männer durch ihre Rollen ebenfalls sich entfremdet erscheinen, bedeutet nicht, Brecht apologisiere das Verhalten der gesellschaftlich dominierenden Männer oder stilisiere sie zu Opfern. Vielmehr enthüllt er an einzelnen Beispielen, wie Männer das System aktiv aufrecht erhalten, das Frauen aus den öffentlichen Bereichen ausschließt.

So zeigt die Figur des großen Wissenschaftlers Galilei, der sonst auf Modernisierung und Fortschritt bedacht ist und eine „neue Zeit" (GBA 5, S. 10) sehnsuchtsvoll erwartet, wie die Ausschaltung des Weiblichen im Kleinen tagtäglich funktioniert. Seine Tochter Virginia (vgl. Kapitel 4.8) hält Galilei von den Wissenschaften fern. Ihren Wunsch zu lernen, ignoriert er einfach, während er Andrea, den Sohn seiner Haushälterin, kostenlos schult. Auf die Bedürfnisse seiner Tochter reagiert er unsensibel, selbst ihr bescheidener Lebensplan, bestehend aus einer Heirat mit Ludovico, geht aufgrund Galileis Verhalten nicht in Erfüllung. Diese Konsequenz seiner Forschungen nimmt der Physiker nicht einmal wahr. Ohne Hemmungen ruiniert er das Leben seiner Tochter, während er, als er sich selbst bedroht sieht, widerruft.

Überhaupt erscheint der geniale Wissenschaftler in Fragen des sozialen Zusammenlebens erstaunlich unbedarft. So glaubt er fest an die „Vernunft" des Menschen (S. 30) und folglich, dass er sich deshalb mit seiner neuen Theorie durchsetzen wird. Dass es den Machthabern nicht um Wahrheit, sondern um Erhaltung ihrer Macht geht, diesen Zusammenhang versteht er nicht, weshalb ihn sein Freund Sagredo auch „leichtgläubig wie ein Kind"

---

[187] Vgl. ebd., S. 25f.
[188] Ebd., S. 62.

(S. 33) nennt. Galilei fehlt es – hier hat ihm seine Tochter einiges voraus – an sozialer Intelligenz, selbst seine Haushälterin Sarti durchschaut das: „Ich wußte, was ich sagte, als ich ihm riet, den Herren zuerst ein gutes Abendessen vorzusetzen, ein ordentliches Stück Lammfleisch, bevor sie über sein Rohr gehen. Aber nein!" (S. 36) Nicht nur diese menschlichen Faktoren unterschätzt Galilei, er begreift auch nicht, dass man das Spiel nach außen hin mitspielen muss, wenn man etwas verändern will. Die eingeladenen Wissenschaftler schenken ihm nicht zuletzt deshalb keine Aufmerksamkeit, weil er nicht in der Lage ist, eine Diskussion zu führen, „wie sie in wissenschaftlichen Kreisen üblich ist" (S. 43), was ihm der Philosoph offen vorhält.
Durchgehend wird Galilei als Egozentriker gezeigt, der sich nicht auf den Umgang mit anderen Menschen versteht. Als Andrea ihn weinend aufsucht, weil er von der Krankheit seiner Mutter erfahren hat, die sich nur wegen Galilei der Pestgefahr ausgesetzt hat, weiß der Wissenschaftler keinen anderen Trost als dem Jungen „*hilflos*" seine neuen Erkenntnisse mitzuteilen (S. 50). Selbst in dieser Situation setzt er Andrea dazu ein, ihm ein Buch für seine weitere Arbeit zu beschaffen. Auch am Schluss ist es Andrea, dem er das heimlich verfasste Manuskript anvertraut, womit er wiederum einen anderen der Gefahr aussetzt, der er sich selbst nicht zu stellen bereit ist.[189] So genial er in seiner Wissenschaft sein mag, für normale Menschen wirkt er wie ein weltfremder Kauz, der „Eisstückchen aufs Wasser" legt (S. 71). Neben Sagredo sieht auch Sarti Galileis Arglosigkeit, wenn es um gesellschaftliche Zusammenhänge geht: „Fünfzigmal wiegt er seine Eisstückchen ab! Aber was in seinen Kram paßt, das glaubt er blind! [...] Wenn das nicht ein Narr ist!" (S. 76)
In der bisherigen Forschungsliteratur ist das Bild, das von Brechts Galilei gezeichnet wird, bei Weitem nicht so negativ wie das hier vorgestellte, allenfalls sein Widerruf wird als Inkonsequenz und Schwäche gewertet[190], als Übergabe der Wahrheit in die Hände der Herrschenden[191], wodurch er nicht zuletzt seinen aufopfernden, idealistischen Schüler und Freund Andrea vor den Kopf stößt. In einem weiteren Sinne stellt sich Galilei durch seinen Widerruf als „sozialer Verbrecher"[192] heraus, „weil er mit der Wahrheit die Chance der historischen Stunde des Volkes, die Revolution,

---

[189] Vgl. Jendreiek: Bertolt Brecht, S. 266.
[190] Vgl. Rémy Charbon: Die Naturwissenschaften im modernen deutschen Drama. Zürich, München 1974, S. 113-129.
[191] Vgl. Jendreiek: Bertolt Brecht, S. 262.
[192] Ebd., S. 258.

verrät"[193] – was Brecht selbst ähnlich formulierte: „Galilei gab den eigentlichen Fortschritt preis, als er widerrief, er ließ das Volk im Stich, die Astronomie wurde wieder ein Fach, Domäne der Gelehrten, unpolitisch, isoliert." (*Journal*; GBA 27, S. 183) Bei genauer Textbetrachtung ist Galilei auch über den Widerruf hinaus sehr negativ dargestellt: Zwar hat er einen sinnlichen Zugang zum Leben und bereichert die Wissenschaft um maßgebliche Erkenntnisse, den Preis hierfür zahlen allerdings die Menschen, die mit ihm zusammenleben und die er rücksichtslos für seine Zwecke einsetzt.

Die Galilei-Figur zeigt, dass gerade auch die Männer, die eigentlich fortschrittlich denken, Frauen in ihren Bedürfnissen und Forderungen nicht unbedingt unterstützen. Noch etwas zugespitzter wird dieser Widerspruch in der Figur des Kommunisten Pawel Wlassow in *Die Mutter* thematisiert (vgl. auch Kapitel 4.8). Der Sohn der Arbeiterwitwe ist es gewohnt, dass seine Mutter für ihn kocht und den Haushalt führt; wenn er Freunde einlädt, hat sie die Funktion einer Haushälterin (vgl. GBA 3, S. 265). Was seine politische Arbeit angeht, ist er sich sicher, dass die Mutter „doch nicht helfen" kann (S. 266), und hält sie zunächst von allem fern. Sukzessive schaltet sie sich aber in die Aktivitäten ein und wird nach der Verhaftung Pawels für die Revolutionsarbeit immer wichtiger. Als ihr Sohn auf der Flucht bei ihr einen Zwischenhalt macht, fühlt er sich von ihr zurückgesetzt, weil sie an der Druckmaschine steht, statt ihm ein Butterbrot zu machen (vgl. S. 305f.). Für ihn ist sie nach wie vor die „Mutter des Revolutionärs Pawel Wlassow" (S. 306), dabei ist sie inzwischen bekannter als er (vgl. S. 307). Die Figur des Pawel belegt, dass Brecht nicht, wie ihm die feministische Forschungsliteratur vorwirft, die Arbeiter- mit der Frauenfrage in eins gesetzt hat (vgl. die letzten Abschnitte des Kapitels 4.6). Vielmehr zeigt er in der *Mutter* präzise, wie Männer, die eigentlich für diese Problematik offen erscheinen, sich in ihren patriarchalischen Rechten beschnitten fühlen, wenn ihre Mütter und Frauen eigene Wege gehen und selbstständig ihr Leben gestalten. Ferner ließe sich an der Pawel-Figur problematisieren, dass die Arbeiter – trotz eines proletarischen Bewusstseins – in einer bürgerlichen Welt leben und bürgerliche Werte auch für sie maßgeblich sind.[194]
Die wirtschaftliche Situation bewirkt in einigen Texten Brechts, dass Frauen in die Rollen von Männern schlüpfen, um einen leichteren Zugang zum Arbeitsmarkt zu erhalten, wie etwa die Geschichte *Der Arbeitsplatz* oder das Stück *Der gute Mensch von Sezuan* näher beschreiben. Interessant ist

---
[193] Ebd., S. 279.
[194] Vgl. dazu etwa Rühle: Kultur- und Sittengeschichte, Bd. 2, S. 9, S. 86f.

im vorliegenden Kontext, inwiefern es den Frauenfiguren gelingt, den herrschenden Männerbildern gerecht zu werden.

„Bei ökonomischem Druck – sinkender Nachfrage nach Arbeitskraft geben die Menschen sogar ihr Geschlecht auf" (GBA 21, S. 539), notierte Brecht 1931 in seinem Notizbuch und fügte hinzu: „Erstaunen wird erwartet davon, daß *das Geschlecht nicht absolut* ist. [...] Bekämpft also die Vorstellung: das Geschlecht sei absolut." (S. 539f.) Die Notizen beziehen sich wahrscheinlich auf die Begebenheit, von der 1931 in Zeitungen und Zeitschriften berichtet wurde und die Brecht später in seiner Geschichte *Der Arbeitsplatz oder Im Schweiße Deines Angesichts sollst Du kein Brot essen* aufgegriffen hat[195]. Ähnlich wie in dem realen Fall schlüpft in dieser eine junge Witwe, Frau Hausmann, in die Rolle ihres verstorbenen Mannes, um dessen gerade erworbenen Arbeitsplatz, „den sie zusammen mit dem Mann verloren hatte" (GBA 19, S. 346), einzunehmen. Für die Familie, die „durch dreijährige Arbeitslosigkeit an den Rand der Verzweiflung gebracht war" (S. 345), bedeutet der Tausch der Geschlechtsidentität der Frau die einzige Möglichkeit, die Existenz zu sichern. Insofern ist Hausmanns Idee, „anstelle ihres Mannes und als Mann den Wächterposten in der Fabrik" einzunehmen, „nicht abenteuerlicher, als ihre Lage verzweifelt war" (S. 346). Während ihr Mann begraben wird, muss sie ihre Identität als Frau ablegen: Ihr neues Dasein entspricht damit gewissermaßen der „Grube" (S. 347), in die ihr Ehemann gelegt wird; mit ihm begraben wird auch seine Frau, die nun als Herr Hausmann weiterleben muss. Ohne Zwischenfälle gelingt es der Hausmann, die Rolle als Mann und Wächter überzeugend zu leben, was, so der Erzähler der Geschichte, „beweist, daß Mut, Körperkraft, Besonnenheit schlechthin von jedem, Mann oder Weib, geliefert werden können, der auf den betreffenden Erwerb angewiesen ist" (ebd.) – der Ausdruck ‚geliefert' betont dabei, dass Arbeiter Eigenschaften wie eine Ware veräußern müssen. Die Hausmann ist dazu in der Lage, obwohl diese Eigenschaften als ‚typisch männliche' gelten[196], was beweist, dass die Vorstellungen von männlich und weiblich sozialen Konstrukten entspringen und nicht einer biologischen Determinierung. Dabei ist die Übernahme der sozialen Rolle sehr verbindlich, auch wenn sie erst so spät erfolgt wie im Fall der Hausmann. Diese muss – als sie nach einem Unfall in der Frauenklinik erwacht und die Oberin, die sich gerade umzieht, um Stillschweigen bitten will – „grotesker Weise erst eine angewöhnte Scheu überwinden, zu

---

[195] Vgl. GBA 21, S. 793.
[196] Vgl. Siegfried Mews: Der Arbeitsplatz oder Im Schweiße Deines Angesichts sollst Du kein Brot essen. In: BHB 3, S. 220-227; hier S. 226.

einer halb bekleideten Frau ins Zimmer zu treten, was doch nur der Geschlechtsgenossin erlaubt ist" (S. 348f.). Obwohl sie alle Aufgaben immer gut erfüllt hat, verliert die Hausmann den Arbeitsplatz schließlich, weil sie „zwischen den Beinen" das falsche „Organ" trägt (S. 349). Nachdem es ihr durch Vermarktung ihrer Geschichte für kurze Zeit gelingt, als Kellnerin Geld zu verdienen, verschwindet sie „wieder in der Millionenarmee[197] derer, die eines bescheidenen Broterwerbs wegen gezwungen sind, sich ganz oder stückweise oder gegenseitig zum Kauf anzubieten" (ebd.).

Zum Kauf anbieten muss sich anfangs auch die Prostituierte Shen Te im *Guten Menschen*. Ausgangspunkt dieses Stücks ist die Ankunft dreier Götter[198] in Sezuan, die sich auf der Suche nach guten Menschen befinden, denn „die Welt kann bleiben, wie sie ist, wenn genügend gute Menschen gefunden werden, die ein menschenwürdiges Dasein leben können"[199] (GBA 6, S. 179). Der Wasserverkäufer Wang beschafft ihnen bei Shen Te ein Nachtlager. Diese ist fortan der ‚gute Mensch' des Stücks. Doch Shen Te will die Götter zunächst gar nicht einquartieren, weil sie einen Freier erwartet (vgl. S. 181). Dennoch nimmt sie die Götter auf und erklärt ihnen am nächsten Morgen, warum sie sich selbst nicht für einen guten Menschen hält:

> [...] ich bin gar nicht sicher, daß ich gut bin. Ich möchte es wohl sein, nur, wie soll ich meine Miete bezahlen? [...] Freilich würde ich glücklich sein, die Gebote halten zu können der Kindesliebe und der Wahrhaftigkeit. Nicht begehren meines Nächsten Haus, wäre mir eine Freude, und einem Mann anhängen in Treue, wäre mir angenehm. [...] Aber wie soll ich dies alles? Selbst wenn ich einige Gebote nicht halte, kann ich kaum durchkommen.
> (S. 184)

Die Götter gehen auf Shen Tes Bedenken nicht ein, geben nur oberflächliche Kommentare ab: „Dies alles, Shen Te, sind nichts als die Zweifel eines guten Menschen" (S. 184), und weisen sie an: „Vor allem sei gut" (ebd.).

---

[197] Brecht knüpft mit diesem militärischen Begriff an das Kriegsvokabular an, das er im Lauf der Geschichte häufiger einsetzt, was betont, dass der tägliche Existenzkampf für die Armen mit Krieg und Gewalt gleichgesetzt werden muss, vgl. „Vorstoß" (GBA 19, S. 346), „So treten in die Lücken durch feindliches Feuer gelichteter Bataillone frische Rekruten." (S. 347).

[198] Goldhahn bemerkt zu den Göttern, dass sie „als Personifikationen [...] abstrakter Prinzipien bürgerlicher Ethik [wirken], die in den Spielszenen um den ‚guten Menschen' Schritt für Schritt ad absurdum geführt werden" (Johannes Goldhahn: Brechts *Der gute Mensch von Sezuan. Eine realistische Parabel*. In: WB 30 (1984), S. 1657-1675; hier S. 1671).

[199] In der Forschung wurde oft übersehen, dass nicht der ‚gute Mensch' von den Göttern auf die Probe gestellt wird, sondern ‚die Welt'.

Den Zusammenhang zwischen Gutsein und den materiellen Möglichkeiten sehen die Götter durchaus: „Wenn sie etwas mehr hätte, könnte sie es vielleicht eher schaffen." (Ebd.) So wird Shen Tes Gastfreundlichkeit finanziell belohnt[200]; allerdings bitten die Götter sie, es nicht weiterzuerzählen, sie befürchten, dass es „mißdeutet" werden könnte (ebd.).
Von dem Geld kauft Shen Te sich einen Tabakladen und verschenkt Reis an Bedürftige. Im Laufe der ersten Szene nimmt sie eine achtköpfige Familie auf, deren Mitglieder sie schamlos ausnutzen. Bald wird deutlich, dass der Tabakladen eine Fehlinvestition war, weil der Kundenkreis eher klein ist (vgl. S. 185). Die vorherige Besitzerin des Ladens, Frau Shin, hat zudem Stellagen nicht bezahlt; der Schreiner kommt nun mit den Forderungen zu Shen Te[201]. Als obendrein die Hausbesitzerin Mi Tzü von ihr Referenzen verlangt, um sie als Mieterin zu akzeptieren, sieht Shen Te sich gezwungen, zu lügen, wofür sie sich schämt: *„mit niedergeschlagenen Augen:* Ich habe einen Vetter." (S. 190) Die Idee, einen angeblichen Verwandten vorzuschieben, stammt nicht von Shen Te selbst, sondern wird vom Mann der Familie mehrfach vorgeschlagen, erstmals: „Sag, er gehört einem Verwandten, der von dir genaue Abrechnung verlangt." (S. 187), später dann spezifiziert als „Vetter" (S. 188, S. 189). Die Rolle des Shui Ta wird so auf der Bühne aufgebaut.
Am nächsten Morgen tritt Shen Te als Vetter verkleidet im Tabakladen auf und entledigt sich der Schnorrer. Im angeblichen Auftrag seiner Kusine erklärt Shui Ta/Shen Te: „Meine Kusine bedauert natürlich, das Gebot der Gastfreundschaft nicht auf unbegrenzte Zeit befolgen zu können." (S. 196) Darauf kommentiert der Mann: „Unsere Shen Te würde so etwas nicht über die Lippen bringen" (ebd.), was diese aber gerade getan hat – allerdings ist ihr dieses Handeln so fremd (oder besser: entfremdet), dass sie es nur sagen kann, indem sie vorgibt, jemand anders zu sein. Shui Ta/Shen Te handelt auch den Preis für die Stellagen kaltblütig herunter, obwohl das, wie die Zuschauer später erfahren, den Schreiner ruiniert (vgl. S. 246).
Während sie als Shen Te in den Menschen das Gute sieht, begreift sie in ihrer Rolle als Shui Ta deren schlechte Seite zuerst. So geht sie wie selbst-

---

[200] Falsch ist daher Uedings Behauptung, die Götter seien „Beobachter, die sich nicht einmischen, weil das den Sinn ihrer Aufgabe verkehren würde und der gerade darin besteht, die selbständige menschliche Leistung herauszufinden" (Ueding: „Der gute Mensch von Sezuan", S. 179f.). Die Götter mischen sich in diesem Fall sehr wohl ein, weil es in ihrem Interesse liegt, dass dieser eine gute Mensch, den sie endlich gefunden haben, auch gut bleibe – das enthebt sie von der Verpflichtung, die Welt zu verändern.
[201] Im Unterschied zu den anderen Fordernden hat der Schreiner Arbeit geleistet und verlangt nun seinen Lohn, er hat einen berechtigten Anspruch.

verständlich von der Bestechlichkeit der Menschen aus: „*kalt:* Frau Mi Tzü, ich bin beschäftigt. Sagen Sie mir einfach, was es uns kosten wird, in diesem respektablen Haus zu wohnen." (S. 200)
Shen Te will den Vetter eigentlich wieder verschwinden lassen, sie gerät aber im Lauf des Stücks zunehmend in Situationen, in denen sie ‚seiner' Hilfe bedarf: „Ich wollte ihn eigentlich nicht mehr rufen, da er zu hart und zu schlau ist. Es müßte wirklich das letzte Mal sein" (S. 219), nimmt sie sich immer wieder vor.
Über die Entdeckung der Schwangerschaft ist sie zunächst beglückt: „O Freude! Ein kleiner Mensch entsteht in meinem Leibe." (S. 244) Als sie aber das Kind des Schreiners in Mülleimern nach Essen fischen sieht, schwört sie sich, dass ihr Sohn[202] niemals so leben soll: „Sohn, zu dir / Will ich gut sein, und Tiger und wildes Tier / Zu allen andern" (S. 249). Hieraus folgt der Entschluss, Shui Ta ein drittes Mal auftauchen zu lassen, der sogleich einen neuen Abschnitt ankündigt: „Die Speisungen ohne Gegendienst werden aufhören. Statt dessen wird jedermann die Gelegenheit gegeben werden, sich auf ehrliche Weise wieder emporzuarbeiten." (S. 250) Mit dem Blankoscheck des Barbiers und dem von einem Ehepaar bei ihr eingelagerten gestohlenen Tabak gründet Shui Ta/Shen Te eine Tabakfabrik. Schnell steigt Shui Ta/Shen Te zum „Tabakkönig von Sezuan" (S. 266) auf. ‚Seine' Anwesenheit ist nun permanent notwendig, Shen Te zeigt sich gar nicht mehr.
Ihr vermeintliches Verschwinden wird von den Bewohnern Sezuans bemerkt, sie bedrängen Shui Ta schließlich, ihren Aufenthaltsort preiszugeben. Zuletzt glaubt man an ein Verbrechen und klagt Shui Ta an. Als Richter erscheinen die drei Götter. Shui Ta/Shen Te erklärt ihnen: „Ich habe nichts getan, als die nackte Existenz meiner Kusine gerettet [...]. Meine Kusine war beliebt, und ich habe die schmutzige Arbeit verrichtet. Darum bin ich verhaßt." (S. 271f.) Die schlechten Verhältnisse in der Fabrik begründet Shui Ta/Shen Te mit „Das war für das Kind!" (S. 273) Der Schrei-

---

[202] Baumgart kritisiert dies sehr vehement.: „als könnte Brecht sich einfach nicht vorstellen, daß sich eine Frau etwas anderes vorstellen könnte als Söhne" (Reinhard Baumgart: Selbstvergessenheit. Drei Wege zum Werk: Thomas Mann, Franz Kafka, Bertolt Brecht. München 1989, S. 267; vgl. dazu auch Pietzcker: „Ich kommandiere mein Herz", S. 243). Dagegen hält beispielsweise Thomson zu dem Sachverhalt, dass Shen Te sich einen Jungen und kein Mädchen wünscht, fest: „Of course Shen Te would want her child to be a male because she has experienced that in a male society only male children have the opportunities to become leaders and conquerors" (Thomson: From Shen Te to Shui Ta, S. 224). Da sich Shen Te nicht nur einen Sohn, sondern explizit einen Flieger wünscht, liegt auch die Deutung nahe, dass sie mit dem Kind den Verlust von Sun zu kompensieren versucht.

ner verweist darauf, dass seine Kinder durch Shui Tas Schuld hungern. Shui Ta/Shen Te hat darauf keine Antwort und bestätigt damit schweigend, dass der Existenzkampf immer auf Kosten von jemandem geht, der noch schwächer ist als man selbst.
Mit den Göttern allein gibt Shui Ta/Shen Te schließlich preis: „ich bin euer guter Mensch!" (S. 275) und führt die Problematik näher aus: „Euer einstiger Befehl / Gut zu sein und doch zu leben / Zerriß mich wie ein Blitz in zwei Hälften." (Ebd.) Sie kommt zu dem Schluss: „Etwas muß falsch sein an eurer Welt." (S. 275) Die Götter weigern sich, das zu begreifen, weil sie hilflos sind: „Niemals! Soll die Welt geändert werden? Wie? Von wem? Nein, es ist alles in Ordnung." (S. 276) Wie zu Beginn wird Shen Te mit Floskeln abgespeist: „Sei nur gut und alles wird gut werden!" (S. 277) Sie gestehen ihr sogar zu, „Jeden Monat" (ebd.) den Vetter zu rufen – was angesichts der Tatsache, dass die Bewohner Sezuans ihr Spiel durchschaut haben, wertlos geworden ist. Insofern lässt die Handlung keineswegs, wie im Epilog behauptet, „alle Fragen offen" (S. 278), vielmehr wird deutlich, dass Shen Te sogar weit schlechtere Bedingungen für sich und ihr Kind vorfindet als zu Beginn des Stücks.[203]
Die Doppelrolle Shen Tes hat in der Forschung unterschiedliche Bewertungen erfahren. Während Ueding und Wright[204] so argumentieren, als seien Shen Te und Shui Ta als verschiedene Figuren betrachtbar, verweist Jendreiek darauf, dass bei der Figur keine „Persönlichkeitsspaltung"[205] vorliege: „Shen Te und Shui Ta sind identisch, nicht zwei Personen"[206]. Gerade darin liegt der Kernpunkt des Stücks: Die Frau Shen Te kann ohne Schwierigkeiten in die Rolle des Mannes Shui Ta schlüpfen, ihre ‚Weiblichkeit' gefährdet die Einhaltung der Shui Ta-Rolle in keiner Weise[207]. Shen Te kann als Beleg dafür verstanden werden, dass „die konventionellen Zuschreibungen von Männlichkeit oder Weiblichkeit künstlich fabri-

---

[203] Vgl. dazu Jan Knopf: Der gute Mensch von Sezuan. In: BHB 1, S. 418-440; hier S. 427. In völliger Verkennung des Texts glaubt Ritchie in dem Schluss des Stücks eine „fröhliche Note" entdecken zu können, da die Götter lächelnd und winkend auf einer rosa Wolke verschwinden und zudem nach wie vor der Ansicht seien, „in Shen Te den guten Menschen gefunden zu haben" (Ritchie: Der Dichter und die Frau, S. 300). Der Text zeigt deutlich, dass die Götter Shen Te als Beweis vorschieben, um die Welt nicht verändern zu müssen.
[204] Vgl. Ueding: „Der gute Mensch von Sezuan", S. 185. / Wright: The Good Person, S. 118.
[205] Jendreiek: Bertolt Brecht, S. 225.
[206] Ebd., S. 245.
[207] Vgl. Giese: Das „Gesellschaftlich-Komische", S. 95f.

ziert und nicht angeboren sind"[208]. Das vermeintlich in der ‚Natur' festgelegte Verhalten von Mann und Frau wird durch die Übernahme beider Geschlechtsrollen durch eine Figur „als künstliches, von der Gesellschaft diktiertes Konstrukt enthüllt"[209]. Shen Tes Verwandlung in den Ausbeuter Shui Ta gelingt so überzeugend, dass sie „der beste Mann des Stücks"[210] wird – legt man als Definition für einen ‚guten Mann' den gewissenlosen Unternehmer zugrunde, der für seinen Profit über Leichen geht. Wright betont deshalb, dass Shen Te gespalten sei in „the good exploited female and bad exploiting male"[211]. Ritchie ist der Ansicht, das Stück demonstriere, „daß die Frau sich nur in der Rolle des Mannes durchsetzen und erfolgreich sein kann"[212], eine Annahme, die Knopf teilt[213]. Sowohl Knopf als auch Ritchie sind der Ansicht, *Der gute Mensch von Sezuan* könne als „ein dezidiert ‚feministisches' Stück"[214] verstanden werden. Dies ist insofern richtig, als anhand von Shen Tes Verwandlung in Shui Ta nachvollziehbar wird, wie das Geschlecht als soziales Konstrukt funktioniert – und dass es nicht nur Frauen in ihren Handlungsmöglichkeiten beschränkt, sondern eben auch Männer, von denen erwartet wird, dass sie gefühllos und profitorientiert sind.[215]

Allerdings erscheint eine Überbetonung der geschlechtsspezifischen Aspekte dem Stück nicht angemessen. Schließlich darf nicht vergessen werden, dass Hosenrollen in einer langen Theatertradition stehen und unter rein dramaturgischen Gesichtspunkten eingesetzt werden können, ohne dass deshalb ein feministischer Impetus zu konstatieren ist (z.B. verrät Sun seine Vorhaben in dem Gespräch mit Shui Ta nur deshalb, weil er ihn für einen Mann hält). Und tatsächlich ist das fiktive Sezuan in der Gleichstellung der Geschlechter im Guten wie im Schlechten bereits weiter. So ist die Hausbesitzerin Mi Tzü als erfolgreiche Geschäftemacherin anerkannt, ‚obwohl' sie eine Frau ist – freilich legt sie dafür eine Reihe von ‚männlichen' Eigenschaften an den Tag (wie Profitorientiertheit und Gefühlskälte). Und

---

[208] Kleber: Die Courage der Mütter, S. 142.
[209] Ebd., S. 143. Vgl. dazu auch Lug: The „good" woman demystified, S. 7. / Mumford: ‚Dragging' Brechts Gestus Onwards, S. 249.
[210] Knopf: Figuren-Bilder, S. 270.
[211] Wright: The Good Person, S. 118.
[212] Ritchie: Der Dichter und die Frau, S. 294.
[213] Knopf: Der gute Mensch von Sezuan, S. 433.
[214] Ebd. Vgl. auch Ritchie: Der Dichter und die Frau, S. 302.
[215] Zu weiteren Deutungsmöglichkeiten der Doppelfigur als den hier diskutierten vgl. zusammenfassend Rudolf Schier: Der gute Mensch von Sezuan: Eine dialektische Parabel. In: BJB 28 (2003), S. 135-153; hier S. 135f.

der Flieger Sun wird von ihr – obwohl er ‚der Mann' ist – als Sexobjekt betrachtet; bei Verhandlungen mit Shui Ta feilscht sie um ihn wie um einen Gegenstand[216]. Die Gegebenheiten innerhalb des Stücks bedingen nicht zwangsläufig, dass Shen Te sich den Vetter Shui Ta erfinden muss, sie könnte auch als Shen Te mit den gegebenen Mitteln zum Ausbeuter ‚aufsteigen' – sie würde dann aber ihrer Rolle als ‚Engel der Vorstädte', auf die sich ihr Selbstverständnis gründet, nicht mehr gerecht werden. Sie braucht Shui Ta, um Shen Te bleiben zu können, zumindest nach außen hin.

---

[216] Auch Nussbaum spricht sich gegen eine Fokussierung auf die Spaltung in eine männliche und eine weibliche Komponente aus. Sie begründet ihre Bedenken mit der Tatsache, dass auch in anderen Stücken Brechts Figurenspaltungen gezeigt werden, diese aber gleichgeschlechtlich seien, z.B. Anna I und II aus den *Sieben Todsünden* oder Herr Puntila (vgl. Nussbaum: The Image of Woman, S. 149).

5. Geschlechterverhältnis und politische Konstellation

„Wirklich, ich lebe in finsteren Zeiten!" (GBA 12, S. 85), betont das Gedicht *An die Nachgeborenen* im Bezug auf die Zeit, in denen der Stückeschreiber lebte. Angesichts von Weltkriegen und Naziherrschaft liegt es nahe, dass Brecht die Verhältnisse im NS-Staat und den Krieg als weitere Faktoren, die das Geschlechterverhältnis beeinflussen, dargestellt hat.

5.1 Liebe im NS-Staat

Die Macht des nationalsozialistischen Staates basierte auf Kontrolle – von Institutionen, die über die Gleichschaltung dem Einfluss des Regimes unterworfen wurden, ebenso wie von Einzelpersonen, die sich nicht einmal mehr im Kreis der eigenen Familie sicher fühlen konnten. Wie perfide das nationalsozialistische System die Bevölkerung im Alltag infiltrierte, kommt innerhalb Brechts Werk am deutlichsten in den fast 30 Szenen von *Furcht und Elend des III. Reiches* heraus, die zwischen Juli 1937 und Juni 1938 entstanden und die Alltagsereignisse in Hitler-Deutschland thematisieren. Brecht verstand sie als „eine große Sammlung von Gesten, artistisch genommen" (*Der Messingkauf*; GBA 22, S. 799) und wollte sie im Stil der „Goyaschen Radierungen über den Bürgerkrieg" (Brief an Erwin Piscator vom März/April 1938; GBA 29, S. 83) aufgeführt sehen.

Bei einigen der Szenen stehen Paarbeziehungen im Mittelpunkt, die sich durch den Einfluss der Nationalsozialisten auf einen oder beide Partner verändern. Die Szene *Das Kreidekreuz* zeigt ein Dienstmädchen, dem nach und nach klar wird, wie sehr sich ihr Freund, ein SA-Mann, von den Nationalsozialisten vereinnahmen lässt. Zu Beginn der Szene besucht er sie. Hinter ihrem Interesse – das Mädchen fragt, ob er „noch raus bis Reinickendorf" muss (GBA 4, S. 345) – vermutet er einen der ‚Tricks', wie er sie bei anderen einsetzt, und antwortet schleierhaft, um zu demonstrieren, dass er nicht auf ihren vermeintlichen Aushorchversuch hereinfällt: „Reinickendorf oder Rummelsburg und vielleicht ist es auch Lichterfelde, wie?" (Ebd.) Sie ist daraufhin „*etwas verwirrt*" (ebd.). Liebevoll ist sie um sein körperliches Wohlbefinden besorgt, sie bietet ihm Essen an, fragt ihn, ob er „müde" (S. 346) ist. Die Fürsorge weiß er nur bedingt zu schätzen, in seinen Aussagen wird deutlich, welches Frauenbild er hat: „Das Weib will das." (Ebd.) Den arbeitslosen Bruder der Köchin stuft er als nicht national genug ein, sein „Verdacht" ist ihm „schon gradsogut wie Gewißheit" (S. 347). Ständig spricht er von sich in der ‚wir'-Form, was seine starke Anbindung an die SA verdeutlicht – dieser fühlt er sich verpflichtet, nicht seiner langjährigen Freundin. Vor ihr erzählt er ausführlich, wie er unzufriedene Menschen auf dem Arbeitsamt zum Plappern verführt. Sie zeigt unbedarft an den ‚Tricks' Interesse: „Ja, Theo, erzähl, wie ihr's macht!" (S. 350) und schenkt ihm uneingeschränkt Vertrauen: „Da können Sie sich auf Theo ganz verlassen" (S. 351). Der Bruder der Köchin mimt daraufhin einen Unzufriedenen, sodass der SA-Mann seinen Trick mit dem Kreidekreuz vorführen kann: Menschen, die sich gegen den Staat äußern, markiert er mit einem Kreuz aus Kreide auf dem Rücken, das er sich zuvor auf die Handfläche gemalt hat. Die mit einem Kreidekreuz Gekennzeichneten werden später verhaftet. Das Dienstmädchen schaut nach dem Trick „doof drein", ihr Freund vermutet, dass sie „wohl den ganzen Trick nicht verstanden" (S. 355) hat. Das hat sie sehr wohl – ihr ist erstmals vor Augen geführt worden, wozu ihr Geliebter imstande ist.

In einem nachfolgenden Gespräch unter vier Augen bittet sie ihn dann um zwanzig Mark vom gemeinsamen Sparbuch. Deutlich wird hierbei das gegenseitige Misstrauen der Liebenden: Sie will nicht sagen, wofür sie das Geld benötigt, er vermutet sogleich einen Liebhaber oder eine Abtreibung (vgl. S. 357f.). Tatsächlich will das Mädchen ihre Schwester beim Kauf eines Wintermantels unterstützen (vgl. S. 358). Der SA-Mann reagiert hierauf empfindlich, weil er das als Angriff auf ‚seinen' Staat betrachtet: „Und die Winterhilfe? Aber das ist es ja eben, ihr habt kein Vertrauen in den nationalsozialistischen Staat." (S. 358) Sie gibt ihm schließlich zu verstehen, dass sie die von ihm eingesetzten Methoden nicht schätzt: „Wenn du meine ehrliche Meinung wissen willst, dann gefällt mir so was auch nicht.", „Daß du die armen Schlucker noch reinlegst mit Verstellung und Tricks und so was. Mein Vater ist auch arbeitslos." (Ebd.) Er sieht seine Denunziationen als „Erfüllung" seiner „Pflicht" (S. 359), schließlich müsse die „Gesinnung des Volkes" ständig kontrolliert werden (ebd.). Das gemeinsame Geld hat er bereits darauf verwendet, seine neuen SA-Stiefel zu bezahlen, die er, wie er zugeben muss, nicht von seinem Staat gestellt bekommt. Sie ist daraufhin in ihrem Vertrauen ihm gegenüber vollends erschüttert und warnt nach seinem Weggang die Köchin, diese soll ihren Bruder bitten, „sich in acht" zu nehmen (S. 360). Der Umgang mit den SA-Leuten habe ihn „so verändert. Den haben sie ganz ruiniert" (ebd.) – und damit auch die Beziehung des jungen Paares, die nun von Misstrauen geprägt ist, wie der Schlusssatz des Dienstmädchens verdeutlicht: „ich möchte Sie geradezu bitten, mir auf der Schulter nachzusehen, ob da nicht auch ein Kreuz drauf ist!" (Ebd.) Der eigene Partner ist für die Frau zum potenziellen Denunzianten geworden, der ihr Leben in Gefahr bringen kann, falls sie sich unbedacht gegen den Staat äußert. Seine Loyalität gilt nicht mehr seiner Freundin, sondern seinem ‚Führer'; mit ‚wir' bezeichnet der Mann nicht mehr die Zweierbeziehung, sondern politisch Gleichgesinnte. Die Kommunikation des Paares ist dadurch dauerhaft geschädigt, das Politische ist ins Private vorgedrungen.

Aus Angst, selbst auffällig zu wirken, schützt man in dieser Art von Staat den Partner nicht ausreichend, wie die Szene *Das neue Kleid* demonstriert. In dieser flüchtet sich ein junges Paar vor dem Regen in einen Hausflur, in dem bereits zwei SA-Männer unterstehen. Das junge Mädchen hat die beiden nicht bemerkt und ärgert sich über ihr neues Kleid, das nach den ersten Regentropfen bereits wie ein „Lumpen" (S. 417) aussieht, obwohl sie mehr als einen Wochenlohn dafür ausgeben musste. Weil sie sich nur in der Gegenwart ihres Freundes glaubt, lässt sie ihrem Unmut freien Lauf: „Was glauben die eigentlich, was sie mit einem Menschen alles machen können, der sich sein Brot verdienen soll?" (Ebd.) Die minderwertige Qualität des Stoffs führt sie richtigerweise darauf zurück, dass die guten Materialien dem Militär vorbehalten bleiben: „Aber sie müssen ja Uniformen machen aus der Wolle. Und wir können bald nackicht gehen. Alles Beschiß!" (Ebd.) Ihr Freund, der die SA-Männer gesehen hat, verhält sich in der ganzen Situation sehr zurückhaltend, nur ein einziges Mal warnt er sie zaghaft: „Sei mal ruhig." (Ebd.) Vor die Wahl gestellt, ob er sich selbst schützt oder seine Freundin – und hätte er das konsequenter getan, wäre er selbst vielleicht verdächtig erschienen –, gilt seine Sorge zunächst sich selbst. Als das Mädchen die Männer entdeckt, schreit sie auf, er versucht immerhin, sie zu verteidigen: „Sie ist nur ein bißchen aufgeregt wegen dem Kleid." (Ebd.) Selbst in bereits bestehende Ehen greift das nationalsozialistische Überwachungssystem ein, wie die Szene *Der Verrat* demonstriert. Mann und Frau stehen in dieser an ihrer Wohnungstür und horchen, wie ein vom Mann denunzierter Nachbar abgeholt wird. Angesichts der beim Abtransport ausgeübten Gewalt: „Sie haben das Geländer zerbrochen. Er war schon bewußtlos, wie sie ihn aus der Wohnung geschleppt haben" (S. 344), versucht er, seine Tat vor der Frau zu rechtfertigen: „Ich habe doch nur gesagt, daß das Radio mit den Rußlandsendungen nicht von hier kam." (Ebd.) Sie glaubt ihm nicht: „Du hast doch nicht nur das gesagt." (Ebd.) Als er erneut abstreitet, mehr offenbart zu haben, gibt sie ihm zu verstehen, dass sie ihn wegen der Denunziation nicht verurteilt: „Es geschieht ihnen recht. Warum sind sie Kommunisten." (Ebd.) Er wiederum ist angesichts der Gewalt ernüchtert, was deutlich macht, dass er zuvor eine naive Vorstellung davon hatte, welche Auswirkungen seine Aussage haben würde: „Aber sie hätten ihm nicht die Jacke zu zerreißen brauchen." (Ebd.) Auch bei diesem Paar ist die Kommunikation gestört: Er verheimlicht ihr zunächst, dass er den Nachbarn denunziert hat, und er lügt sie an, als sie ihre Vermutung äußert, seine Aussage sei der Auslöser für die Verhaftung. Sie hat bislang ihre Haltung gegenüber Kommunisten für sich behalten. Die Beziehung ist, bedingt durch das herrschende politische System, von gegenseitigem Misstrauen geprägt.

In der Szene *Arbeitsbeschaffung* wird anschaulich, dass der Staat neue Konstellationen schafft, sodass Eheleute sich plötzlich auf verschiedenen Seiten wiederfinden. Der Mann hat vor kurzem eine Stelle bekommen, er baut nun „Bomber" (S. 434). Aus dem Gespräch mit der Nachbarin geht hervor, dass er zwar kein überzeugter Anhänger der Nazis ist, aber auch keine Bedenken hat, das Kriegsmaterial herzustellen, weil er dadurch Geld verdient: „Ich gehöre zu gar nichts. Ich mache meine Arbeit." (Ebd.) Ohnehin lehnt er eine Unterscheidung zwischen moralischer und unmoralischer Arbeit ab:

> Was arbeitet denn Ihr Mann? Glühlampen, wie? Das ist wohl nicht für den Krieg? Das ist nur Beleuchtung! Aber wofür ist die Beleuchtung? Was wird da beleuchtet? Vielleicht werden da Tanks beleuchtet? [...] Wo soll ich denn Arbeit finden, wenn ich mir sage: nicht für den Krieg! Soll ich verhungern?
>
> (S. 436)

Seine Frau dagegen hat ganz andere Sorgen: Sie hat soeben erfahren, dass ihr Bruder tot ist, angeblich ist er „verunglückt" bei einer „Nachtübung auf dem Truppenübungsplatz" (S. 435), was aber keiner der Anwesenden so recht glauben kann. Die Nachbarin bringt das Dilemma des Ehepaares auf den Punkt, zu dem Mann sagt sie: „Aber Ihr Schwager [...] ist grad mit so einem Ding ‚verunglückt', wie Sie es in den Motorenwerken machen." (S. 436) Erschwerend kommt hinzu, dass der Mann seine Frau davon abbringen will, Trauerbekleidung zu tragen, „sonst bin ich meine Stelle gleich wieder los" (S. 437), befürchtet er. Sie verwehrt sich gegen diese Forderung: „Ich laß mir nicht die Trauer verbieten! Wenn sie ihn schon abschlachten, dann muß ich wenigstens heulen dürfen." (Ebd.) In ihrem Zorn lässt sie sich zu unvorsichtigen Äußerungen hinreißen: „Weil sie dir sonst deine Stelle wegnehmen, drum sollen wir stillhalten? Weil wir sonst verrecken, wenn wir ihnen nicht ihre Bombenflieger machen? Und dann verrecken wir doch? Grad wie Franz?" (Ebd.) Ihr Mann will ihr darauf den Mund zuhalten, ihr Wutausbruch ‚helfe' nichts, woraufhin sie von ihm fordert: „Dann mach doch, was hilft!" (Ebd.) In diesem Satz schwingt ein Vorwurf gegen den Mann mit, als könne er etwas ausrichten gegen das Regime. Eben das erwartet die Frau aber offensichtlich von ihrem Ehemann, dass er sie vor Schaden beschützt, wie es sich ‚für einen Mann' gehört. Hierin wird ihre Verachtung für ihren Partner erkennbar, der ihr Männerbild nicht erfüllt. Dass sie ‚als Frau' selbst gegen den Staat aktiv werden könnte, kommt ihr nicht in den Sinn.

Die Entfremdung zwischen Eheleuten ‚arischer' und jüdischer Herkunft beschreibt die dreiteilige Szene *Die jüdische Frau*. Schon der Beginn – die Jüdin Judith Keith, Ehefrau eines ‚Ariers', packt einen Koffer – deutet auf

die Distanz zwischen den Partnern hin: Die Frau entschließt sich, die Fotografie ihres Mannes, die auf der Kommode steht, nicht mitzunehmen (vgl. S. 385). Der erste Teil der Szene besteht dann aus Telefongesprächen, die die Frau mit einigen Bekannten und Freunden führt. Im ersten Telefonat teilt sie einem ihrer bisherigen „Bridgepartner" (S. 385) mit, dass sie verreisen werde und ein neuer Mitspieler gesucht werden muss. Bereits seit zwei Wochen wurde aber gar kein Bridge mehr gespielt, als Grund wurde eine Erkältung vorgeschoben. Nach außen hin wahrt Judith Keith den Schein, als ob sie die Ausrede glaube: „Natürlich, Fritz war auch erkältet." (Ebd.) Sie tut auch so, als glaube sie, dass die Zurückhaltung nicht an ihrer jüdischen Herkunft liege: „Warum sollte ich so was denken?" (Ebd.) Das nächste Telefongespräch führt sie mit Frau Schöck, die sie für einen Abend nach ihrer Abreise gemeinsam mit ihrem Partner einlädt, damit ihr Mann Gesellschaft hat. In einem dritten Telefonat gibt sie dann ihrer Schwägerin Bescheid, dass sie verreisen wird. Auch ihr vermittelt sie das Gefühl, ihre Ausreden nicht zu bezweifeln: „Das weiß ich doch, daß ihr nicht so seid" (S. 386). Sie bittet die Schwester ihres Mannes, nach ihrer Abreise nach ihm zu sehen. Zuletzt meldet sie sich telefonisch bei ihrer Freundin Anna, die sie bittet, nach ihrem Weggang dem Mann gut zuzureden, sich eine kleinere Wohnung zu nehmen – sie sieht demnach keine Möglichkeit für sich zurückzukehren. Nach dem letzten Telefongespräch *„zündet sie das Büchlein an, in dem sie die Telefonnummern nachgeschlagen hat"* (S. 387). So besorgt ist sie um ihre Freunde und Verwandten und versucht, jeden Schaden von ihnen fernzuhalten – umgekehrt lässt sich das nicht behaupten.
Der zweite Teil der Szene besteht aus einem Monolog der Frau, sie *„probt die kleine Rede ein, die sie ihrem Mann halten will"* (ebd.). Die Entfremdung der Ehepartner ist so weit fortgestritten, dass das, was man sich zu sagen hat, nicht geradeheraus besprochen werden kann, es muss inszeniert werden. Mehrfach setzt Judith Keith zu der Begründung an, warum sie gehen wird, und mit jedem Mal wird der Zorn auf ihren Mann offensichtlicher. Während sie zu Beginn behauptet, sie müsse fort, damit er seine Arbeit nicht verliert, ist sie beim dritten Anlauf so weit, ihm ehrlich kundzutun, wie sehr das herrschende politische System ihre Beziehung verändert hat: „Sage nicht, du bist unverändert, du bist es nicht! [...] Oh, Fritz, was ist mit uns geschehen!" (Ebd.) Beim vierten Versuch bringt sie ihre berechtigten Zweifel an der Politik vor: „Was ist eigentlich in sie gefahren? Was wollen sie in Wirklichkeit? Was tue ich ihnen?" (S. 388) Sie erinnert sich daran, wie ihr Mann ihr vor Jahren erklärt hat, „es gäbe wertvolle Menschen und weniger wertvolle, und die einen bekämen Insulin, wenn sie Zucker haben, und die anderen bekämen keins" (ebd.). Damals habe sie den

Chauvinismus für richtig befunden, jetzt aber „haben sie eine neue Einteilung dieser Art gemacht und jetzt gehöre ich zu den Wertloseren" (ebd.). Unverhohlen äußert sie ihre Meinung beim fünften und letzten Anlauf. Sie fürchtet sich davor, ihrem Mann gegenüber nicht ehrlich sein zu können: „alles geht, nur eines nicht: daß wir in der letzten Stunde, die uns bleibt, einander nicht in die Augen sehen. Das dürfen sie nicht erreichen, die Lügner, die alle zum Lügen zwingen." (Ebd.) Ihr Zorn wächst im Laufe des Monologs, auch ihr Mann bleibt vor diesem nicht verschont: „Was seid ihr für Menschen, ja, auch du?", „Ihr seid Ungeheuer oder Speichellecker von Ungeheuern!" (Ebd.) Die Trennung ist für sie nicht nur vorübergehend, sie wird sich einen anderen Mann suchen (vgl. S. 389). Als Gipfel der Unehrlichkeit würde sie empfinden, wenn ihr Mann behaupten würde, „es sind schließlich nur ein paar Wochen, während du mir den Pelzmantel gibst, den ich doch erst im Winter brauchen werde" (S. 389).

Der dritte Teil der Szene beginnt mit dem Eintreffen des Mannes. Das Gespräch mit ihm verläuft anders, als Judith Keith es geplant hat. Er behauptet, wie sie vorausgesehen hat, er sei „unverändert" (ebd.), im realen Gespräch widerspricht sie ihm aber nicht. Im Gegenteil werden genau die Worthülsen benutzt, die die Frau zuvor befürchtet hat: dass es nicht lange gehen wird, dass er ihr Geld schicken werde. Am Ende der Szene reicht er ihr den Pelzmantel mit den Worten: „Schließlich sind es nur ein paar Wochen." (S. 390) Der Aufbau der Szene – einzig wenn sie allein ist, kann die Frau ehrlich ihren Abscheu kundtun – zeigt, wie isoliert die Jüdin in ihrer Notlage dasteht. Sogar die intime Beziehung, die zu ihrem Mann, hat der nationalsozialistische Staat so vergiftet, dass man nicht einmal „in der letzten Stunde, die uns bleibt" (S. 388) die Wahrheit beim Namen nennen kann. Die Frau spricht während der Probe aber nicht nur aus, was sich in der Gesprächssituation mit dem Mann dann nicht sagen lässt, sie nimmt auch den tatsächlichen Verlauf des Gesprächs vorweg. Gewissermaßen schließt sie aus der Beobachtung der Realität auf die zukünftige Entwicklung der Realität – und ihre Prognose erweist sich selbst für sie als erschreckend richtig. Der Text behauptet damit auch, dass die Realitäten des nationalsozialistischen Staates schon zu Beginn das kommende Grauen angezeigt haben und widerspricht (schon 1937/38!) der später so häufig gebrauchten Behauptung, man habe nicht geahnt und auch nicht ahnen können, wozu die Nazis fähig waren. Gerade an den Szenen von *Furcht und Elend* lässt sich belegen, dass Brechts Beobachtung der Realität und die ästhetische Umsetzung dieser Wahrnehmungen vieles von der erst später zutage getretenen Brutalität der Nazis vorweggenommen haben.

Nicht nur Ehen, ganze Familien zerstört der NS-Staat, wie die Szene *Der alte Kämpfer* demonstriert. Obwohl der Fleischer Lettner „seit 29 in der

Partei" war, Nachbarn denunziert hat und der Sohn „bei der SA" (S. 424) ist, sind nun beide ins Visier der Machthaber geraten, weil der Fleischer aufgrund der hohen Preise seine Ware schwarz eingekauft hat: „Es heißt sogar, beim Juden." (Ebd.) Der Sohn wurde bereits „geholt" (ebd.), der Vater erhängt sich darauf in seinem Schaufenster mit einem Schild um den Hals: „ICH HABE HITLER GEWÄHLT!" (S. 426) Die Szene zeigt, dass sich das Mitläufertum nicht auszahlt und auch die Mitläufer im NS-Staat nicht nur während des Krieges in immerwährender Lebensgefahr standen, obwohl sie rassisch nicht ‚vorbelastet' waren und ihrem Staat ergeben dienten. In Gefahr waren sie nicht zuletzt, weil jeder fürchten musste, von Nahestehenden gewollt oder ungewollt denunziert zu werden, etwa Eltern von ihren Kinder (vgl. *Der Spitzel*), Töchter von ihren naiven Müttern (vgl. *Winterhilfe*) oder Pfarrer von Sterbenden (vgl. *Die Bergpredigt*).
Ein positives Gegenbeispiel zeigt Brecht in der Szene *Der Bauer füttert die Sau*. Hier ist es dem Staat nicht gelungen, die Familie zu zersetzen. Offen äußern hier Mann und Frau voreinander und vor den Kindern ihr Unbehagen und ihren Zorn auf den Staat: „aber der Staat ist der größte Jud" (S. 421), hält die Bäuerin fest, während der Bauer seine Sau mit „Heil Hitler" grüßt (S. 422). Von Staats wegen darf der Bauer seine Sau eigentlich nicht füttern, nicht mit dem eigenen Korn jedenfalls – das soll er abliefern und für die Tiere teures Viehfutter kaufen. Der Bauer lässt sich das nicht bieten: Heimlich füttert er nachts seine Tiere, während die Kinder ‚Schmiere stehen', was zeigt, dass der Staat nicht in die Familie eingreifen kann, wenn sie zusammenhält – eine Behauptung, die neuere Arbeiten der Geschichtsforschung inzwischen stützen, nach denen das NS-Bespitzelungssystem lange nicht so effektiv gearbeitet hat, wie immer angenommen wurde[1].
Die Demütigung deutscher Frauen, die eine Beziehung zu einem Juden haben, thematisiert die *Ballade von der Judenhure Marie Sanders* von 1935[2], die innerhalb der *Svendborger Gedichte* publiziert wurde und 1949 in die *Kalendergeschichten* einging. Brechts Verse stellen die Menschenverachtung der Nazis in der Szenerie von „mittelalterlichen Hexenverbrennungen" dar und betonen damit „den ungeheuerlichen Anachronismus, mit dem die Machthaber in Deutschland Andersdenkende und vor allem Juden ‚ausstellten' und verfolgten und ermordeten."[3] In dem vierstrophigen Gedicht führt ein anonymer Sprecher in die Thematik sachlich ein: „In Nürnberg machten sie ein Gesetz" (GBA 12, S. 16, V. 1). Dieses lege nun fest,

---

[1] Vgl. dazu Ulrich von Hehl: Nationalsozialistische Herrschaft. München 1996 (Enzyklopädie deutscher Geschichte, Bd. 39), S. 81-84.
[2] Vgl. dazu die Urfassung des Gedichts *Marie Sander, dein Liebhaber*.
[3] Knopf: Gelegentlich: Poesie, S. 154.

wer der ‚falsche Mann' (vgl. V. 3) ist – nicht nur für Marie, ihr Fall ist einer von vielen. In der zweiten Strophe wird Marie aufgefordert, mit dem Geliebten zu brechen, weil er „zu schwarzes Haar" (V. 9) habe, sie aber empfindet die Bedrohung durch die Nazis als „halb so schlimm" (V. 17), denn auch der „Mond sieht aus wie immer" (V. 18). Die letzte Strophe zeigt, dass Marie das nationalsozialistische System unterschätzt hat, ihre Beziehung zu einem Juden wurde sanktioniert: mit kahlgeschorenem Kopf muss sie nun durch die Stadt fahren. Das Haar-Motiv wird damit zum zweiten Mal innerhalb des Gedichts aufgenommen: Weil ihr Freund ‚zu schwarzes Haar' hat, büßt Marie ihres ein. Um den Hals trägt sie „ein Schild" (V. 25), das ohne Zweifel die Aufschrift ‚Judenhure' trägt. Zusätzlich bestraft wird sie durch die Reaktion der Passanten: „Die Gasse johlte" (V. 26). Der Staat, so veranschaulicht der Text, maßt sich an, Marie vorschreiben zu dürfen, welchen Partner sie sich ausgewählen darf, er greift per Gesetz in ihr Privatleben ein. Allerdings funktioniert die Sanktionierung der jungen Frau nur, weil die ‚johlende Gasse', die anonyme Masse der Mitläufer, sie mitträgt.

Das Kahlscheren von Frauen, um sie als ‚Huren' der Feinde zu brandmarken, wurde allerdings auch von anderen Kriegsparteien als Mittel zur Demütigung eingesetzt, etwa von den Franzosen während der deutschen Besatzungszeit. Eine Frau mit kahlem Kopf war für alle als ‚Nazi-Hure' bestimmbar – wie in der Filmgeschichte *Silent Witness*, die im Herbst 1944 entstand und für Hollywood geschrieben wurde. Im Mittelpunkt steht Jean Rivière, Rechtsanwalt und Anhänger de Gaulles, der nach fünfjähriger Abwesenheit in das befreite „R." (GBA 20, S. 97), gemeint ist Rouen, zurückkehrt. Seine Frau Toinette hat er seit drei Jahren nicht mehr kontaktieren können. Bei seiner Suche nach ihr stellt er fest, dass sie ihre alten Brücken abgebrochen hat: Ihre Familie hat sie seit zwei Jahren nicht mehr gesehen. Jean macht sie schließlich ausfindig. Als sie sich zum ersten Mal wiederbegegnen, hat sie einen bandagierten Kopf, woraus er schließt, sie sei verwundet worden. Bei einem überraschenden nächtlichen Besuch muss Jean aber eine bittere Entdeckung machen: Toinettes Kopf ist nicht verletzt, wie er, während sie schläft, herausfindet, sondern kahlgeschoren: „Jean bends down to kiss her. His eyes widen in horror. Toinette is without her bandage. There is no trace of a wound. Her head is cropped" (S. 102). Ohne mit seiner Frau zu sprechen, geht Jean wieder, nun mit dem Verdacht, seine Frau habe mit den Nazis kollaboriert – und mit einem oder mehreren von ihnen geschlafen. Jean beginnt am nächsten Tag zu recherchieren und trifft auf widersprüchliche Indizien, manche scheinen seine Frau entlasten, andere sprechen wiederum dafür, dass sie sich mit den deutschen Besatzern eingelassen hat. Sie selbst versucht ihm zu erklären, dass es sich bei ihrem kahlgeschorenen Kopf um eine perfide Strafe der Nazis handelt: Der deutsche Kommandant hat ihr die Haare abgeschnitten, um sie vor den eigenen Leuten zu diskreditieren: „If you don't like the Germans, I'll see to it that the French don't like you!" (S. 107) Doch die Verdachtsmomente gegen Toinette häufen sich: „All Toinette has in her favor is faith. Every shred of evidence bespeaks her guilt." (S. 113) Ihre Unschuld wird schließlich durch ein Kirchenfenster endgültig bestätigt. Abbé Morand, der Anführer des Widerstands, ließ den Künstler Toinettes Gesichtszüge in die Darstellung der Jeanne d'Arc einarbeiten. Das Kirchenfenster wird so zu „Toinette's silent witness" (S. 120) – ihrem stummen Entlastungszeugen. Trotz der ‚Hollywoodtauglichkeit' des Happy-Ends schildert die Filmgeschichte sehr beeindruckend, wie die Liebenden sich zunehmend entfremden, den Mechanismen von Misstrauen und Angst immer mehr erliegen.[4] Auch bei diesem Paar wird deutlich, dass die Kommunikation angesichts der politischen Verhältnisse versagt: Jean geht schweigend von Toinette fort, als er ihren kahlgeschorenen Schädel entdeckt, sie wiederum versucht nicht, ihre Unschuld zu beteuern, weil sie weiß, dass man ihren Worten ohnehin keinen Glauben schenkt. Der Partner erscheint, bedingt durch die politische Konstellation, nicht als ein Vertrauter, sondern als potenzieller Verräter und Feind, vor dem man sich in Acht nehmen muss.

5.2 Beziehungen in Zeiten des Krieges

Einen Einfluss auf das Verhältnis von Liebenden hat auch der Krieg. Die Phase des Getrenntseins – bedingt durch das Soldatendasein des Mannes – bedingt oftmals schwerwiegende Belastungen für das Paar. Die Stücke *Trommeln in der Nacht* und *Der kaukasische Kreidekreis* thematisieren das Heimkehrermotiv auf unterschiedliche Weise. Anna Balickes Verlobter Andreas Kragler ist zu Beginn des Stücks vier Jahre lang vermisst (vgl. GBA 2, S. 177), dennoch hält Anna fest: „Aber ich kann ihn nicht vergessen!" (S. 179) Zwar ist sie zwischenzeitlich mit dem Kriegsgewinner Murk liiert und sogar von ihm schwanger, sie betont aber mehrfach, dass sie zu ihm ein anderes Verhältnis hat als zu dem vermissten Soldaten:

> ANNA Das war ganz anders. Das war, was du nie kapieren kannst, weil das eben geistig war.
> MURK Und das zwischen uns, das ist fleischlich?
> ANNA Das zwischen uns das ist nichts!
>
> (S. 180)

---

[4] Vgl. auch James K. Lyon: Silent Witness. In: BHB 3, S. 390-395; hier S. 392f.

Als sie Kragler aber wiederbegegnet, ist er ihr so fremd, dass sie Angst vor ihm hat: „*umschlingt ihre Mutter:* Mutter! Hilfe!" (S. 192) Dann überhäuft sie ihn mit Fragen, die klären sollen, warum er nicht, wie erwartet, tot ist: „Haben dich nicht die Fische gefressen?", „Bist du nicht in die Luft geflogen?" (ebd.), „Haben sie dich nicht durchs Gesicht geschossen?" (S. 193). Kragler wiederum ist seine Verlobte unzugänglich, weil er sie nicht versteht: „Ich weiß nicht, was du meinst" (S. 192), „Ich kann dich nicht verstehen", „Ich kann nimmer gut reden mit dir. Ich habe eine Negersprache im Hals." (S. 193) Er hält fest, dass seine Rückkehr zu ihr aus einem Instinkt heraus erfolgte: „Ich bin wie ein altes Tier zu dir gekommen." (Ebd.) Sie wiederum versucht ihm zu erklären, weshalb sie ihn langsam vergessen hat:

> Du warst lang bei mir in der ersten Zeit, da war deine Stimme noch frisch. Wenn ich im Gang ging, streifte ich an dich und auf der Wiese hast du mich hinter den Ahorn gerufen. Wiewohl sie schrieben, man hätte dich durchs Gesicht geschossen und eingegraben nach zwei Tagen. Aber einmal änderte es sich doch. Wenn ich im Gang ging, war er leer und der Ahorn schwieg still.

(Ebd.)

Anna beschreibt hier, wie sie sich bemüht hat, die Erinnerung an Kragler lebendig zu halten – interessanterweise über seine Stimme, eben jener Eigenschaft, die er bei seiner Rückkehr nur spärlich gebrauchen kann (vgl. oben) –, die Zeit habe aber dennoch dafür gesorgt, dass er in Vergessenheit geriet. Die Daheimgebliebene hatte schließlich ein soziales Netz in ihrer Heimatstadt, das den Verlust des Verlobten nach und nach kompensieren konnte. Eine nicht unwesentliche Rolle spielte dabei auch der neue Heiratskandidat Murk, der zumindest Annas körperliche Bedürfnisse stillte. Kraglers Analyse: „Du hättest eine Photographie gebraucht" (ebd.), um sich besser an ihn erinnern zu können, ist falsch, eine Fotografie stand Anna zur Verfügung (vgl. S. 177, S. 227). Eine Abbildung genügt im alltäglichen Leben nicht, Kraglers körperliche Anwesenheit wäre notwendig gewesen, um Anna vor dem Vergessen zu bewahren.

Für den Soldaten dagegen stellt sich die Situation ganz anders dar: Während der schrecklichen Kriegserlebnisse, der körperlichen Entbehrungen und der Schmerzen, klammerte sich Kragler geradezu an die Erinnerung an seine Geliebte, um Kraft zum Fortfahren zu schöpfen: „Die Sonne, die brannte den Kopf aus wie eine Dattel, unser Gehirn war wie eine Dattel, wir schossen Neger ab, immer in die Bäuche, und pflasterten und ich hatte die Fliege im Kopf" (S. 213f.), „Ich verteidigte und mitunter, da fiel man, und ich hatte eine Fliege im Kopf, eine Fliege und das war meine Frau" (S. 214), „Ich hätte sterben können am zweiten oder zehnten Tag, oder nach zwanzig Tagen oder nach vierzig Tagen ... Aber da ist die Anna, die steht Frühe für Frühe hinter den Kasernen, zwischen den Hunden." (Ebd.) Die Vorstellung, zu seiner unveränderten Geliebten zurückzukehren, ist es, die ihn motiviert, allem Leid zum Trotz nach Hause zu gelangen. Dort allerdings findet er eine veränderte Situation vor, wie er Anna vorwirft: „Ich bin fort gewesen, ich konnte nicht auf dich schauen. Ich bin im Dreck gelegen. Wo bist du gelegen, als ich im Dreck gelegen bin." (S. 222) Die Liebenden finden zueinander, allerdings ist die Beziehung durch Kraglers kriegsbedingte Abwesenheit geschädigt, er wird das Kind eines anderen aufziehen müssen, dafür kann er es sich im bürgerlichen „Bett" (S. 229) bequem machen.

Eine vergleichbare Konstellation findet sich in *Der kaukasische Kreidekreis*. Aufgrund des Kriegs müssen sich die soeben Verlobten Simon und Grusche trennen; Simon hält dabei fest: „Wenn der Krieg aus ist, komm ich zurück. Zwei Wochen oder drei. Ich hoffe, meiner Verlobten wird die Zeit nicht zu lang, bis ich zurückkehre." (GBA 8, S. 24) Grusche verspricht, auf Simon zu warten: „wenn du wiederkehrst / Wirst du sagen können: alles ist wie einst" (ebd.). Doch die Umstände Grusches ändern sich: Sie rettet den kleinen Michel aus der für ihn lebensgefährlichen Situation des Umsturzes und ist fortan seine einzige Bezugsperson. Da Simon wiederum sein Versprechen, er sei in wenigen Wochen zurück, ebenfalls nicht halten kann, weil der Krieg länger dauert, muss Grusche sich in ihrer Lebenswelt arrangieren. Als vermeintlich ledige Mutter hat sie einen schweren Stand, was sie zu einer Heirat mit einem Todkranken zwingt, um sich so die augenscheinliche Legitimität des Kindes zu erkaufen. Das Ende des Krieges bedeutet für sie eine tragische Situation: Einerseits kann sie nun darauf hoffen, dass ihr Soldat endlich zurückkehren wird, andererseits ist sie aber an den Bauern gebunden, der sich bei Bekanntgabe des Kriegsendes als kerngesund herausgestellt hat. De facto führt sie keine Ehe mit ihm: „Du bescheißt mich. Du bist meine Ehefrau und bist nicht meine Ehefrau. Wo du liegst, liegt nichts, und doch kann sich keine andere hinlegen." (S. 54) Gleichzeitig gerät auch Simon, durch Alltagsereignisse langsam verdrängt, für Grusche in Vergessenheit in; einem ähnlichen Duktus wie Anna in *Trommeln in der Nacht* erzählt der Sänger davon:

> Wenn sie am Bach saß, das Linnen zu waschen
> Sah sie sein Bild auf der Flut, und sein Gesicht wurde blässer
> Mit gehenden Monden.
> Wenn sie sich hochhob, das Linnen zu wringen
> Hörte sie seine Stimme vom sausenden Ahorn, und seine Stimme wurde
>   leiser
> Mit gehenden Monden.
>
>   (Ebd.)

Das kann sie Simon bei seiner Rückkehr ebenso wenig erklären wie ihre Heirat mit dem Bauern; auch ihm gelingt es nicht, von den Kriegserlebnissen zu berichten. Es ist der Sänger, der die Gedanken der Liebenden in Worte fasst, die für sie ungehört bleiben (vgl. S. 57f.). Um Simon und Grusche am Ende doch noch zusammenzuführen, bedarf es eines außergewöhnlichen Richters wie Azdak, der Grusches Ehe mit dem Bauern unbürokratisch ein Ende setzt. Das Stück zeigt, wie Brecht im *Kleinen Organon* festhält, „die Schrecken einer Zeit, in der Mütterlichkeit zu selbstmörderischer Schwäche werden kann" (GBA 23, S. 95). Der Krieg hat in diesem Stück die Beziehung der Liebenden fast scheitern lassen – ähnlich wie in *Trommeln in der Nacht* ist auch hier der Grund, dass die Daheimgebliebene das gegebene Versprechen nicht halten kann, weil die Umstände nicht abzusehen waren, umgekehrt der Soldat aber bei seiner Rückkehr auf eine unveränderte Situation hofft. Allerdings wartet Grusche im Gegensatz zu Anna Kragler auf die Rückkehr ihres Soldaten.

Viele Soldaten, so mahnt das 1942 entstandene Gedicht *Und was bekam des Soldaten Weib?*, kommen aus dem Krieg gar nicht mehr zurück. Die volksliedartigen Strophen beginnen gleichlautend mit „Und was bekam des Soldaten Weib / Aus" (GBA 15, S. 71, Z. 2f., Z. 6f., Z. 11f. usw.), worauf Städte genannt werden, die als Stationen des Zweiten Weltkriegs oder aus dessen Vorgeschichte bekannt sind: „Prag" (Z. 3), „Oslo" (Z. 7), „Amsterdam" (Z. 12), „Brüssel" (Z. 17) „Paris" (Z. 22), „Bukarest" (Z. 27), abschließend wird als einziges Land „Russenland" (Z. 32) angeführt. Die Ortsangaben verweisen auf den zeitlichen Rahmen, der dem Gedicht zugrunde liegt und der deutlich macht, wie lange der Mann nicht mehr bei seiner Frau ist: Es handelt sich um den Zeitraum März 1939 bis 1941.[5] Von all diesen Orten erhält die Frau des Soldaten Geschenke, die aus Plünderungen stammen: Schuhe, eine Pelzmütze, einen Hut, seltene Spitzen, ein Kleid aus Seide, ein Hemd. Hinter dem letzten Geschenk, dem „Witwenschleier" (S. 72, Z. 33), verbirgt sich der Tod des Mannes. Hanns Eisler hat Brecht gegenüber Missfallen an dem Text geäußert, wie Brecht in seinem *Journal* festhielt:

> Er sagt: Und was, wenn ich meiner Mutter 1917 aus Italien ein Stück Salami heimgeschickt hab? Die Generäle nehmen sich die Klaviere und Teppiche, und der gemeine Mann hält sich ein bissel schadlos, indem er seiner Frau Schuh kauft. Das ist, was er vom Krieg hat, wenig.
>
> (GBA 27, S. 92)

---

[5] Vgl. GBA 15, S. 352f.

In einem späteren Eintrag sagt Brecht zu dem ‚möglichen Missverständnis':

> Es ist keine Anprangerung des Soldaten für Plünderungen. Was er heimschickt, ist minimal, und es ist alles, was das Volk aus dem Krieg herausholen wird. Das Thema ist, daß der Raubkrieg nicht lohnt; alle Feldzüge und Schreckenstaten bringen noch nicht so viel, das Weib zu kleiden, und sie nehmen ihr den Mann.
> (GBA 27, S. 223)

Ihren Mann im spanischen Bürgerkrieg verloren hat Theresa Carrar in *Die Gewehre der Frau Carrar*, die deshalb ihre daheimgebliebenen Söhne vor dem Krieg zu bewahren versucht. Doch der Krieg polarisiert auch die Paare, die durch ihn vorerst nicht getrennt werden. So bricht Juans Freundin mit ihrem Partner, weil er, dem Wunsch seiner Mutter gegen die eigene Überzeugung folgend, nicht an die Front geht. Selbst das Mädchen wird von der Dorfgemeinschaft deshalb sanktioniert: „Wo ich hinkomme, deutet man mit Fingern auf mich. Der Name Juan macht mich schon krank." (GBA 4, S. 316) Ihre Entscheidung, die Beziehung zu beenden, teilt sie der Mutter in Abwesenheit Juans mit, der zum Fischen hinausgefahren ist: „Sagen Sie Ihrem Sohn, ich will mit ihm nichts mehr zu tun haben. Und er braucht keinen Bogen mehr um mich zu machen aus Angst, ich könnte ihn fragen, wieso er immer noch nicht dort ist, wo er hingehört." (S. 317) Der letzte Satz zeigt auf, in welchem Konflikt Juan sich befindet: Einerseits will er sich selbst am Kampf beteiligen und würde damit innerhalb des Dorfs an Ansehen gewinnen, andererseits fühlt er sich seiner Mutter verpflichtet, die ihm die Teilnahme ausdrücklich untersagt hat, weil sie nicht noch ein Familienmitglied verlieren will. Frau Carrar unterschätzt allerdings den Druck der Gemeinschaft, dem schon ihr jüngerer Sohn José unterliegt: „Ich lasse mich nicht auslachen vom ganzen Dorf." (S. 330)

Wer sich in den Kriegswirren sein Brot verdienen muss, hat für Liebesbeziehungen nur wenig Spielraum, wie *Mutter Courage und ihre Kinder* verdeutlicht. Die Geschäftsfrau und Mutter ist aufgrund des Kriegs gezwungen, mit einem Wagen herumziehen und Waren zu verkaufen. Das unstete Leben auf Wanderschaft macht Affären oder langfristige Verbindungen sehr schwierig, wie die Beziehungen der Courage zum Koch und zum Feldprediger verdeutlichen. Den Koch, der nach dem ersten Zusammentreffen mit der Courage sehr von ihr angetan ist (vgl. GBA 6, S. 29f.), sieht sie nach einem Überfall jahrelang nicht, denkt aber offensichtlich an ihn, da sie seine Pfeife raucht und dabei über ihn sagt, er sei ein „netter Mensch" (S. 58) gewesen. In der Zwischenzeit wird sie vom Feldprediger begleitet, dem sie bei dem Überfall gegen ihr „besseres Gewissen" (S. 32) einen Mantel überlässt, um seine evangelische Robe vorm Feind zu verstecken, ihn da-

nach mit sich nimmt und ihn durchfüttert (vgl. S. 43). Sie sträubt sich aber nicht, den Seelsorger zu körperlicher Arbeit anzuhalten (wie zum Beispiel dem Holzhacken, vgl. S. 57). Denn Wunsch des Feldpredigers, die Beziehung „enger" zu gestalten (S. 59), lehnt die Courage allerdings ab, weil sie sich „Privatgeschichten" (ebd.) im Hinblick auf die Kinder nicht mehr erlauben will. Auf das spätere Angebot des Kochs dagegen, in Utrecht ein Wirtshaus zu führen, will sie gerne eingehen. Sie äußert davor eindeutig den Wunsch, sesshaft zu werden (vgl. S. 73), lehnt das Angebot aber ab, als ihr klar wird, dass der Koch ihre Tochter Kattrin nicht mitnehmen will.
Noch problematischer gestaltet sich deren Liebesleben. Vor den Männern, besonders vor Soldaten, wird Kattrin von der Mutter eindringlich gewarnt (vgl. S. 29). Obwohl die Courage ihre Tochter immer negativ darstellt, wird deutlich, dass Kattrin auf Männer anziehend wirkt: *„Im Gehen sich nach Kattrin umwendend.* Und wer ist diese einnehmende Person?" (S. 30) Die Courage blockt den Annäherungsversuch sofort ab. Da Kattrin stumm ist, kann sie ihre eigene Meinung nicht selbst äußern oder sich gegen die ‚Schutzmaßnahmen' ihrer Mutter zur Wehr setzen. Kattrin versteht die Annäherungsversuche aber, denkt über ihre Wirkung auf Männer nach und experimentiert mit ihrer Weiblichkeit: Sie probiert Yvettes Hut und ihre Schuhe an, als sie sich nicht beobachtet fühlt, und versucht, den Gang der Prostituierten nachzuahmen (vgl. ebd. und S. 32). Die Courage ist von dem Verhalten ihrer Tochter überrascht (vgl. S. 36). Sie erklärt Kattrin, dass sie mit dem Heiraten warten muss, „bis Frieden ist" (ebd.). Bei einem Gespräch des Feldpredigers und der Courage muss Kattrin dann aber mithören, wie ihre Mutter die Ansicht vertritt, dass der Krieg nie enden werde. Sie reagiert mit Wut und Enttäuschung (vgl. S. 56).
Obwohl in gefährlichen Situationen um das Wohl der Tochter besorgt, schickt die Courage Kattrin in die Stadt, denn „Sie is nicht so hübsch, daß sie einer ruinieren möcht." (S. 57) Tatsächlich wird Kattrin verwundet und kehrt mit einer Verunstaltung im Gesicht zurück. Die Courage versucht unbeholfen, ihre Tochter damit zu trösten, dass die Wunde „gar nicht tief" (S. 60) sei, ferner schenkt sie ihr die roten Schuhe. Da Kattrin die Schuhe stehen lässt, wird deutlich, dass sie ihre gesunkenen Heiratschancen begreift. Kattrin wird durch den Krieg, nicht zuletzt auch durch die Versäumnisse ihrer Mutter, der Möglichkeit beraubt, eine eigene Familie zu gründen, der einzige bescheidene Wunsch, den sie zu verwirklichen hoffte. Der Krieg, so veranschaulicht der Text, bestimmt das Leben der Betroffenen sehr tiefgreifend und wirkt sich zerstörerisch aus – umso fragwürdiger erscheint angesichts dessen die Haltung der Courage, am Krieg mitverdienen zu wollen.

6. Geschlechterverhältnis und Kunst

Das Verhältnis der Geschlechter ist nicht nur von sozialen und politischen Faktoren der realen Welt beeinflusst. Viele Vorstellungen und Bilder über Liebe, Männer und Frauen werden über die Kunst und die Medien, über Bücher und Filme, transportiert. In einigen Texten Brechts finden sich Hinweise, welche Auswirkungen die Implementierung artifizieller Liebesvorstellungen in die eigene Gedankenwelt von Mann- oder Frau-Sein bzw. Partner-Sein haben kann.

Schon im Frühwerk finden sich Hinweise darauf, dass die Liebesvorstellungen der Figuren aus Medien stammen. Angedeutet ist das bereits in Brechts erstem großen Stück *Baal*. Die Frauenfiguren, und das gilt für alle von ihnen, sind sexuell am Protagonisten interessiert, ihre Beteuerungen sind allerdings emotionaler Art und passen nie so recht in den Kontext:

> EMMI Wenn Sie wüßten: So [gemeint ist: abstoßend] war er immer. Und ich liebe ihn.
> (GBA 1, S. 31)
> JOHANNA [...] *Mit dünner Stimme, atemlos:* Hast du mich lieb? *Baal pfeift und wendet den Kopf.* Bei deiner Mutter: Sag es mir! Daß du mich lieb hast!
> (S. 38)
> SOPHIE DECHANT So bist du? ... Und ich hab dich lieb.
> (S. 45)
> SOPHIE DECHANT Du bist so häßlich, Baal. Und ich habe dich lieb.
> (S. 46)
> ANNA *scheu, an ihm* Es macht nichts. Wenn wir nur beisammen sind!
> (S. 68)
> ANNA Ich muß alles tun, was du willst, aber es ist sicher nicht gut.
> (S. 69)

Die Liebesschwüre der Damen wirken wie Klischees, als hätten sie sie in Büchern gelesen und meinten, so müsste man nach einer Liebesnacht mit einem Mann verfahren: Wenn man mit ihm geschlafen hat, muss man auch beteuern, dass man ihn liebt. Wie in Kapitel 3.3 ausgeführt wurde, rechtfertigen sie mit der vermeintlichen Liebe den Sex mit Baal, weil ihnen ihr Verhalten so weniger ‚anstößig' erscheint.

Expliziter werden in dem Stück *Trommeln in der Nacht* literarische Vorlagen als Quelle für Liebesvorstellungen genannt. Anspielungen auf literarische Gattungen, mit denen die Figuren selbst die Geschehnisse des Stücks vergleichen, finden sich durchgehend, als Vergleiche herangezogen werden der „Roman" (GBA 1, S. 177, S. 189, S. 203), die „Oper" (S. 178, S. 197), die „Hundekomödie" (S. 195), die „Affenkomödie" (S. 203), der „Zeitungsroman" (S. 209), die „Gespensterweihergeschichte" (S. 210), die „Geschichte" (S. 213, S. 214) sowie am Ende das ‚gewöhnliche' „Theater" (S. 228). Auch die Erzählmöglichkeiten der Dramenhandlung werden „von den

Figuren fortwährend selbst durchgespielt"[1], vornehmlich in den Kommentierungen des Geschehens (z.B. durch Manke, vgl. S. 203).
Was die Liebe angeht, wird behauptet, dass die Vorstellung, eine Frau müsse sich für den Geliebten ‚aufheben' und jungfräulich in die Ehe gehen, Büchern entstammt – was Brecht, wie in einem Notizbuch von 1929 festgehalten, sogar zu der ironischen Forderung veranlasste, entsprechende Werke zu zensieren: „In den Liebesgeschichten muß ausgemerzt werden, was die Geschlechtlichkeit herabsetzt und zur Enthaltsamkeit aufreizt. Besonders da man damit rechnen muß, daß die Bücher in die Hand unserer Jugend fallen können." (*Ganz ohne Zensur*; GBA 21, S. 322) In *Trommeln* widerspricht Kragler deshalb dem Kellner:

> KELLNER [...] Die Hauptsache ist ... ob sie ... ihre Lilie ... Lilie noch hat ...
> KRAGLER *Anna in den Händen, wiehert:* Was hat er gesagt? Lilie? *Der Kellner läuft hinaus.* Bleiben Sie doch, Sie Romanleser!
>
> (GBA 1, S. 194)

Über Andreas Kragler sagt Annas Vater wiederum: „Sie sind überhaupt nur aus einem Roman. Wo haben Sie Ihren Geburtsschein?" (S. 203) In der Tat verhält sich Kragler nicht so, wie man es von einem Mann in seiner Lage erwarten würde. Nach einer kurzen Phase der Enttäuschung und Wut ist er bereit, Anna zu verzeihen, dass sie nicht auf ihn gewartet hat und von einem anderen schwanger ist. Seine Liebeserklärung an seine Geliebte: „Da ich es fühle, daß ich hier kein Recht habe, bitte ich dich, aus dem Grunde meines Herzens, mit mir zu gehen an meiner Seite" (S. 196f.), klingt ebenfalls so poetisch und wie ‚aus einem Roman', dass er von den Zuhörern ausgelacht wird (vgl. S. 197). Von dieser Warte aus könnte man argumentieren: Kragler ist tatsächlich kein ‚realer Mensch', sondern Annas Vorstellung von einem Mann wie „aus einem Roman" (S. 203) entsprungen. Wegen ihm schlägt sie das Angebot einer ‚normalen' Ehe mit Murk, die auf sozialer Absicherung fußt, endgültig aus. Dass es aber eben darum in einer Ehe geht und sie das von Kragler nicht bekommen kann, das versteht sie als ‚Romanleserin' nicht. Ihre romantische Vorstellung von der Ehe basiert auf dem, was sie aus Büchern über die Liebe verstanden zu haben glaubt, deshalb durchschaut sie die Realität nicht. Kragler selbst gibt sich am Ende

---

[1] Jutta Kolkenbrock-Netz: Geschichte und Geschichten in Brechts „Trommeln in der Nacht" (1922/53). In: Geschichte als Literatur. Formen und Grenzen der Repräsentation von Vergangenheit. Hg. v. Hartmut Eggert, Ulrich Profitlich, Klaus R. Scherpe. Stuttgart 1990, S. 172-181; hier S. 175.

des Stücks „als Produkt einer literarischen Veranstaltung zu erkennen"[2]: „*Er lacht ärgerlich.* Es ist gewöhnliches Theater. Es sind Bretter und ein Papiermond und dahinter die Fleischbank, die allein ist leibhaftig." (S. 228) Einen Schritt weiter als Anna Balicke ist Polly Peachum in der *Dreigroschenoper*. Ihr wird von der Mutter vorgeworfen, naive Vorstellungen von der Liebe zu haben, als Quelle hierfür wird die Literatur genannt: „Geliebt! Diese verdammten Bücher, die du gelesen hast, die haben dir den Kopf verdreht."[3] In der Tat spricht sie von der Liebe in Klischees: die Hochzeit ist für sie „der schönste Tag unseres Lebens"[4], zur Mutter sagt sie: „Meine Liebe laß ich mir nicht rauben" und „Die Liebe ist aber doch das Höchste auf der Welt"[5], vor der Flucht ihres Mannes hält sie fest: „Rede jetzt nicht von Geschäften, Mac, ich kann es nicht hören, küsse deine arme Polly noch einmal und schwöre ihr, daß du sie nie, nie – – –"[6]. Im Lauf des Stücks wird aber deutlich, dass Polly diese Klischees einsetzt, um ihre eigentlichen, sehr rationalen Interessen hinter der Fassade eines naiven Mädchens zu verstecken.

Verstärkt ist das noch in der Polly des *Dreigroschenromans*. Hier ist es wiederum die Mutter, die in einem Gespräch mit Macheath betont, dass Polly aufgrund ihrer Lektüre von Romanen unbedarft und romantisch geworden ist: „Was das Mädchen Romane verschlingt, davon m a c h e n Sie sich keine Vorstellung!" (GBA 16, S. 54) Auch Herr Peachum führt den „*Leichtsinn*" seiner Tochter auf ihr „*Romanlesen*" (S. 119) zurück. Polly selbst vergleicht sich mit Romanfiguren wie Elvira, die gegen ihre ‚sündigen Gedanken' ankämpfen muss (vgl. S. 30f.).

Auch das Kino spielt im *Dreigroschenroman* eine nicht unerhebliche Rolle. So will die schwangere Polly ihr Kind eigentlich abtreiben. Als sie im Kino allerdings einen sentimentalen Film über eine pflichtvergessene Mutter sieht, will sie das Kind doch behalten, so stark ist der Einfluss der Kunst auf sie – bis zum Abend hat dieser aber wieder nachgelassen: „Auch Polly konnte sich nicht mehr vorstellen, wie sie ihr Kind hatte opfern wollen. War sie nicht jene verbrecherisch leichtfertige Mutter im Ballsaal? / Erst in der Nacht erholten sich die beiden Frauen von der Wirkung der Kunst." (S. 289) Mac erzählt sie später dennoch, der Film habe sie vor der Abtreibung bewahrt: „Es war der tiefgehende Eindruck eines schlichten Kunstwerkes

---

[2] Ebd., S. 176f. Vgl. auch Siegfried Mews: Trommeln in der Nacht. In: BHB 1, 86-99; hier S. S. 94.
[3] Fassung Universal-Edition, S. 36.
[4] Ebd., S. 15, vgl. S. 24.
[5] Ebd., S. 36.
[6] Ebd., S. 42.

gewesen, der sie daran gehindert hatte, eine Sünde gegen das keimende Leben zu begehen." (S. 347) In Wahrheit sind es ihre handfesten materiellen Interessen, die sie davon abhalten. Puntilas Tochter Eva aus *Herr Puntila und sein Knecht Matti* hat ihre Vorstellungen über ihre soziale Stellung und die des Chauffeurs ebenfalls aus literarischen Werken, wie das *Puntilalied* festhält:

> Des Gutsherrn Tochter mit Gewinn
> Hat 'nen Roman gelesen.
> Den hebt sie auf, denn da stand drin
> Sie ist ein höheres Wesen.
> Doch einmal sprach sie zum Schofför
> Und sah ihn seltsam an:
> Komm, scherz mit mir, Schofför, ich hör
> Man sagt, du bist auch ein Mann.
>
> (GBA 6, S. 371)

Evas Überheblichkeit gegenüber sozial Niedergestellten ist demnach durch ein Buch beeinflusst worden. Für sie bedarf es erst des Hörensagens durch andere, um überhaupt zu begreifen, dass der Chauffeur nicht nur ein Chauffeur, sondern auch ‚ein Mann' ist.[7] Der Roman hat ihre Vorstellung von der Liebe gelenkt: Ein Partner muss für sie sozial gleichgestellt sein, um für sie in Frage zu kommen. Eva ist außerdem vom Kino beeinflusst, wie eine Regieanweisung innerhalb des Stücks verdeutlicht. Als sie erstmals versucht, bei Matti Eindruck zu erwecken, heißt es: „EVA *herein, eine ellenlange Zigarettenspitze haltend und mit einem verführerischen Gang, den sie im Kino gesehen hat*"[8] (S. 326). Doch erst beim zweiten Versuch hat sie damit Erfolg:

> EVA [...] *Sie dreht sich auf dem Absatz um und will abgehen, wobei sie wieder den Gang vorführt, den sie im Kino gesehen hat.*
> MATTI *umgestimmt:* Ich denk, ich werd doch mitgehn.
>
> (S. 326)

Diese Textstelle zeigt deutlich, dass Eva das Element aus einem Film bewusst zitiert, weil sie da gesehen hat, welche Wirkung das auf Männer hat. Beim ‚Liebesexamen', das Matti später mit ihr durchführt, um ihr zu beweisen, dass sie aufgrund ihrer sozialen Herkunft zu unterschiedlich sind,

---

[7] Vgl. dazu auch den im Anhang der *Flüchtlingsgespräche* zu findenden Text *Was es mit Sodom und Gomorrha auf sich hatte*. Dort hält der Chauffeur fest, dass er für wohlhabende Frauen „kein Mann, sondern ein Schofför" sei (GBA 18, S. 325).
[8] Wie eine Schauspielerin allerdings auf der Bühne darstellen kann, dass sie den Gang vermeintlich einem Kinofilm entliehen hat, bleibt fraglich.

Geschlechterverhältnis und Kunst 183

um als Paar zu funktionieren (vgl. S. 350-355), wird das, was man aus Filmen über die Liebe lernen kann, ad absurdum geführt: Für eine Ehe kommt es auf ganz andere Dinge an als auf sexuelle Anziehung. Zu Recht hält der Richter fest, dass die Liebe, wie sie in der Kunst gezeigt wird, an den Alltäglichkeiten scheitern würde: „aber die Liebe von der Julia zum Romeo möcht eine solche Zumutung nicht überlebt haben wie Sockenflicken" (S. 352). Eben an dieser Art von Liebe orientieren sich ‚Romanleser' und verkennen daher, worauf es in Beziehungen in der Realität eigentlich ankommt.
Warum die Liebe in Filmen anders dargestellt wird, als sie in der Realität ist, versucht der Text *Über die Kunst des Beischlafs* aus den *Tuitraktaten* zu ergründen:

> In den Lichtbildtheatern zeigten ihnen [den sozial schlechter gestellten Frauen] die Tuis mindestens einmal in der Woche Frauen ihres Standes, die sich durch Hingabe an gesellschaftlich höherstehende Männer ein angenehmes Leben verschafften, jedoch muß man den Tuis hier zugute halten, daß sie die Dinge so darstellen mußten, da sie sonst kein Geld dafür bekommen hätten. Sie bekamen ihre Gehälter nicht von den Besucherinnen, sondern von den Besitzern der Theater, und diese waren um ihren Ruf besorgt. Darstellungen, nach denen die Frauen im Erwerbsleben ihre kümmerlich bezahlten Stellungen nur behaupten konnten, wenn sie sich hingaben, hätten den Ruf der Besitzer der Theater gefährdet.
>
> (GBA 17, S. 147)

Die Vorstellung, eine Frau könne sich mit einem Mann höheren Standes ein gesellschaftlich angenehmes Leben erschlafen (eine Konstellation, die bis in die heutige Zeit abendfüllenden Hollywood-Filmen zugrunde liegt, vgl. *Pretty Woman*, 1990; *Maid in Manhattan,* 2002 u.a.), wird in Brechts Text als strategische Lüge entlarvt, die Frauen suggerieren soll, dass es romantisch sei und zu einem ‚Happy End' ihrer armseligen Existenz führe, wenn sie sich Höhergestellten ‚hingeben'. In der Realität tun Frauen dies, weil sie es müssen, denn sie werden so „kümmerlich" (ebd.) für ihre Arbeit bezahlt, dass ihnen nichts anderes übrig bleibt, als sich für Sex von Männern aushalten zu lassen – oder sie müssen Sex zulassen, um ihre Arbeit nicht zu verlieren. Der Film dient so als Medium, das zur Erhaltung des Status Quo im Geschlechterverhältnis beiträgt und die eigentlichen Ursachen sexueller Ausbeutung verschleiert. Die Filmemacher wiederum sind finanziell abhängig von denen, die diese ‚Botschaft' vermittelt haben wollen. Deshalb sind sie nicht in der Lage, andere Inhalte zu produzieren als die von den Geldgebern gewünschten – was auch bedeutet, dass das (kommerzielle) Filmemachen eben eine Industrie ist und mit ‚freier Kunst' nicht viel zu tun hat.

In Filmen und Romanen wird ein falscher Eindruck von der Liebe vermittelt, aber auch der Sex wird dabei oftmals verklärt, wie der Chauffeur in dem Text *Über Liebe auf den ersten Blick*, im Anhang der *Flüchtlingsgespräche* zu finden, festhält:

> es ist nicht immer so, daß man durch eine bestimmte Persönlichkeit auf den Gedanken kommt, man will vögeln. Oft geht man auch einfach in der Frühe weg und weiß, heut ist es am Platz. An einem solchen Tag hat man ein schärferes Aug für die weiblichen Reize, weil man eben aufgelegt ist. Das kommt in den meisten Romanbücheln nicht richtig heraus. Da geht einer herum wie ein leeres Blatt, denkt nichts Schlechtes und plötzlich kommt die Liebe in sein Leben, er sieht eine, über die kann er nicht zur Tagesordnung übergehen, er ist gerührt, daß es so was Wunderbares und eventuell Reines gibt, und muß sehen, wie er sie möglichst schnell fickt.
> (GBA 18, S. 320)

Der Erzähler macht hier – wenn auch in kräftigen Formulierungen, so doch sehr amüsant – deutlich, dass seiner Ansicht nach Liebe vorrangig auf sexueller Anziehung basiert. Diese wiederum gehe von einem selbst aus und werde nicht „durch eine bestimmte Persönlichkeit" (ebd.) erst in einem ausgelöst, wie es in den Romanen immer dargestellt wird. Zuweilen muss die Kunst sogar herhalten, um die Doppelmoral der Bürgerlichen zu kaschieren, wie in einem Gespräch zwischen Kalle und Ziffel in den *Flüchtlingsgesprächen* deutlich wird: „Weil wir heute gerade beir Pornographie sind: haben Sie das bemerkt, wie tugendhaft die wird, wenn sie mit Kunst betrieben wird?" (S. 224) Die Darstellung des „pure[n] Geschlechtsakt[s]" sei zweifellos „eine Schweinerei", eine Gemälde von Leda mit dem Schwan dagegen sei „ein delikat gemaltes Stück Sodomie, an sich keine gesellschaftsfähige Gewohnheit, aber plötzlich ist dem Ganzen der Stempel der Kunst aufgedrückt und Sie könnens zur Not Ihren Kleinen zeigen" (S. 224f.). Kunst verklärt Liebe nicht nur (s.o.), sie kann auch dazu verwendet werden, sexuelle Inhalte direkt zu beschreiben, durch die Klassifizierung als Kunst aber der gesellschaftlichen Ächtung zu entgehen. Ähnliches gilt für Bücher und Filme, die sich der vermeintlichen Aufklärung der Bevölkerung widmen, in Wirklichkeit aber nur deren Neugier zum Thema Sex befriedigen, wie etwa in dem Einakter *Lux in tenebris* deutlich herausgearbeitet wird.[9]

---

[9] Vgl. Hillesheim: Die Einakter, S. 107f. / Bayerdörfer: Die Einakter, S. 255. / Hohmann: Sexualforschung und -aufklärung, S. 247-292. / Herbert Knust/Leonie Marx: Brechts „Lux in Tenebris". In: MONATSHEFTE 56 (1973), S. 117-125; hier S. 123f. Zur Kapitalismuskritik innerhalb des Stücks vgl. ebd., S. 121 und Inge Vinçon: Die Einakter Bertolt Brechts. Königstein/Ts. 1980, S. 100.

Die Literatur trägt außerdem zur Legendenbildung bei, was an zwei sehr unterschiedlichen Gedichten, *Maria* und *Das zwölfte Sonett*, gezeigt werden soll. In *Maria* wird die Weihnachtsgeschichte aus der Perspektive der Mutter geschildert:

Maria

Die Nacht ihrer ersten Geburt war
Kalt gewesen. In späteren Jahren aber
Vergaß sie gänzlich
Den Frost in den Kummerbalken und rauchenden Ofen
Und das Würgen der Nachgeburt gegen Morgen zu.

Aber vor allem vergaß sie die bittere Scham
Nicht allein zu sein
Die dem Armen zu eigen ist.

Hauptsächlich deshalb
Ward es in späteren Jahren zum Fest, bei dem
Alles dabei war.

Das rohe Geschwätz der Hirten
Verstummte.
Später
Wurden aus ihnen Könige in den Geschichten.
Der Wind, der sehr kalt war
Wurde zum Engelsgesang.
Ja, von dem Loch im Dach, das den Frost einließ, blieb nur
Der Stern, der hindurch sah.

Alles dies
Kam vom Gesicht ihres Sohnes, der leicht war
Gesang liebte
Arme zu sich lud
Und
Die Gewohnheit hatte, unter Königen zu leben
Und einen Stern über sich zu sehen zur Nachtzeit.

(GBA 13, S. 243)

Genau genommen werden zwei Geschichten erzählt, der Ablauf, wie er ‚wirklich' war, sowie die in den Jahrzehnten darauf erfolgte Idealisierung der Geschehnisse. Ein anonymer Sprecher schreibt aus zeitlicher Distanz über beide Geschichten und suggeriert, er sei bei der Geburt dabei gewesen, wisse, wie alles abgelaufen sei (nicht zuletzt deshalb hat Brecht der

Vorwurf der Blasphemie ereilt[10]). In der ‚realen' Geschichte ist die Nacht der Geburt kalt und frostig, in der Verklärung wird daraus „Engelsgesang" (V. 17). Die „bittere Scham / nicht allein zu sein" (V. 6f.) wird später idealisiert zu einem „Fest, bei dem / Alles dabei war" (V. 10f.), als seien die vielen Menschen eingeladen gewesen und nicht gegen Marias Willen Zeugen der Geburt geworden. Aus den „Hirten" (V. 12) werden in der Legende „Könige" (V. 15). Möglich wird die Verklärung „Hauptsächlich deshalb" (V. 9), weil Maria die Scham, die sie angesichts der Umstände bei der Geburt empfindet, „vergaß" (V. 6). „Vergessen machen will sie mit ihrer Umdeutung die unerbittliche Realität: das Entwürdigende der Situation, den Frost, die Tatsache, dass sie ihr Kind vor den Augen Fremder zur Welt bringen musste."[11] Der Prozess des Vergessens und der Verklärung wird vom Sprecher genau beschrieben: So „Verstummte" (V. 13) das „rohe Geschwätz der Hirten" (V. 12) zunächst, erst „Später" (V. 14) werden sie zu Königen stilisiert. Das Vergessen wird in Gang gesetzt durch das „Gesicht ihres Sohnes" (V. 21) – der bei Brecht damit explizit Marias Sohn, nicht Gottes Sohn ist[12]. Seine Eigenschaften und Gewohnheiten werden auf die Zeit seiner Geburt zurück projiziert, als habe er sie schon als gerade geborener Säugling gehabt. Weil er „leicht war" (V. 21) erscheint im Nachhinein auch seine Geburt leicht, und da er „Gesang liebte" (V. 22), wird in der Verklärung der Wind zum Gesang. Aus den anwesenden Armen, die bei der Geburt unerwünscht waren, werden geladene Gäste, weil er später „Arme zu sich lud" (V. 23). Aus den Hirten werden in der Verklärung Könige, da er später „Die Gewohnheit hatte, unter Königen zu leben" (V. 25). Bei genauer Betrachtung geht die Legendenbildung auf Kosten der Frau: Statt ihre körperliche und seelische Leistung anzuerkennen, wird alles verklärend als Großtat des Sohnes deklariert – woran sie selbst aber, dem Gedicht zufolge, nicht unschuldig ist, es durch ihr Vergessen unterstützt. Das Gedicht zeigt eindrucksvoll, wie Leistungen von Frauen durch Darstellungen in der Geschichtsschreibung oder der Literatur geschmälert werden, oftmals indirekt unterstützt durch die Frauen, die sich für eine angemessenere Beschreibung ihrer Leistungen nicht einsetzen. Dagegen setzt Brecht

---

[10] 1926, zwei Jahre nach dem Erstdruck des Gedichts im Berliner Börsen-Courier, ging eine Strafanzeige wegen Blasphemie gegen Brecht ein, die sich auf dieses Gedicht bezog. Die Anzeige wurde wegen Verjährung abgewiesen, vgl. Jan Knopf: Maria. In: BHB 2, S. 111-113; hier S. 112. Vgl. auch Jürgen Hillesheim: Von der Melancholie verlorener Irrationalität. Bertolt Brechts Weihnachtsgedicht „Maria". In: Zeitschrift für Gottesdienst und Predigt (2002), H. 4, S. 21-23; hier S. 22.
[11] Hillesheim: Von der Melancholie verlorener Irrationalität, S. 22.
[12] Vgl. auch Knopf: Maria, S. 112.

in seinem Gedicht die Frau in den Mittelpunkt: „Maria, nicht Jesus ist das Subjekt dieses Gedichts"[13].
Ähnlich fragwürdig, wenn auch zu einem ganz anderen Thema, erscheint die Verklärung in folgendem Gedicht:

Das zwölfte Sonett
(Über die Gedichte des Dante auf die Beatrice)

Noch immer über der verstaubten Gruft
In der sie liegt, die er nicht vögeln durfte
Sooft er auch um ihre Wege schlurfte
Erschüttert doch ihr Name uns die Luft.

Denn er befahl uns, ihrer zu gedenken
Indem er auf sie solche Verse schrieb
Daß uns fürwahr nichts andres übrigblieb
Als seinem schönen Lob Gehör zu schenken.

Ach, welche Unsitt bracht er da in Schwang
Als er mit so gewaltigem Lobe lobte
Was er nur angesehen, nicht erprobte!

Seit dieser schon beim bloßen Anblick sang
Gilt, was hübsch aussieht und die Straße quert
Und was nie naß wird, als begehrenswert.

(GBA 11, S. 190)

In dem Sonett ist die Rede vom großen Dichter Dante, der auf seine geliebte Beatrice, „die er nicht vögeln durfte" (V. 2), Verse von so hoher Qualität dichtete, dass man als Leser geradezu gezwungen ist, ihnen Glauben zu schenken. Obwohl seither eine lange Zeit vergangen ist – die Geliebte liegt nicht nur in der „Gruft" (V. 1), diese ist sogar schon ‚verstaubt' – gelte das folgend Festgehaltene „Noch immer" (ebd.). Trotz der demütigen Bemühungen des Dichters: „Sooft er auch um ihre Wege schlurfte" (V. 3), hat sie ihn nie erhört, so wird gleich zu Beginn klar gestellt. Dennoch hat er ihr durch seine Gedichte dauerhaft Bedeutung verliehen, ihr Name „Erschüttert [...] uns die Luft" (V. 4) bis heute. Seine Verse waren von solcher Qualität, dass die Leser geradezu gegen ihren Willen genötigt werden, den Inhalt als wahr anzunehmen, der Dichter „befahl uns, ihrer zu gedenken" (V. 5). Weil Dante „mit so gewaltigem Lobe lobte / Was er nur angesehen, nicht erprobte!" (V. 10f.), habe er die „Unsitt" (V. 9) etabliert, attraktive, aber lustlose

---
[13] Hermann Kurzke: Die Kraft der Armen, die Welt zu verwandeln. In: Frankfurter Allgemeine Zeitung, 23.12.2000. Vgl. auch Hillesheim: Von der Melancholie verlorener Irrationalität, S. 22.

Frauen, die Sex vorenthalten, „als begehrenswert" (V. 14) einzustufen. Der Liebesakt wird durch das Gedicht verklärt, denn in der Realität hat er nie stattgefunden.[14] Der Sprecher des Gedichts unterstellt dem Dichter große Macht, als habe der allein mit Gedichten die sexuelle Enthaltsamkeit der Frauen zum Maßstab erhoben. Damit wird der Literatur die Möglichkeit eingeräumt, Menschen dauerhaft in ihren Ansichten zu beeinflussen – was aber auch bedeutet, dass sie dazu beitragen kann, zweifelhafte gesellschaftliche Tugenden zu stärken. Deshalb ist das Sonett „zugleich ein Plädoyer dafür, auch die vollendetsten Dichtungen der Vergangenheit, deren Schönheit nicht in Abrede gestellt werden wird, kritisch zu mustern und sie nicht unbefragt als Vorbild zu nehmen"[15].

---

[14] Allerdings erteilt Brecht dem großen Dante durch die Ironie des Gedichts eben in diesem Punkt „eine Abfuhr für seine Kunst, die Lust in Verse zu setzen: als Ersatz für fleischliche Lust" (Loeper: Sonette, S. 231).
[15] Bergheim: Die Sonette Bertolt Brechts, S. 263.

7. Verkannter Freund oder War Brecht ein Feminist?

Nun ist bekannt, daß wir die Dinge am wenigsten in Frage stellen, die uns am vertrautesten sind. Auf genau diese Weise ist auch das hierarchische Geschlechterverhältnis verankert: Es ist ‚merkwürdig verdeckt, tief eingebettet in Normalität und kulturelle Selbstverständlichkeiten der Gesellschaft',

schrieb Mechthild Cordes 1995 zu der Frage, weshalb die patriarchalische Gesellschaftsstruktur so lange Zeit funktionieren konnte, ohne dass es zu einem „Aufstand der Benachteiligten"[1] kam.

Das lange nicht Geänderte nämlich scheint unänderbar. Allenthalben treffen wir auf etwas, das zu selbstverständlich ist, als daß wir uns bemühen müßten, es zu verstehen. [...] und wer mißtraut dem, was ihm vertraut ist?
(GBA 23, S. 81f.),

schrieb Brecht 1948/49 im *Kleinen Organon für das Theater*. Die Analogie der Argumentation verblüfft, auch wenn Brecht seine auf die Gesellschaft allgemein und nicht speziell auf das Geschlechterverhältnis bezog. Die Erkenntnis, dass soziale Strukturen durch ihre Dauerhaftigkeit oft selbstverständlich und natürlich wirken, bildet einen wichtigen Ausgangspunkt für seine theatertheoretischen Konzepte. Die Zuschauer in Brechts epischem Theater sollen das scheinbar Naturgemäße als menschengemacht entlarven, indem sie mit einem fremden Blick auf das Bekannte schauen. Um das zu erreichen, hat Brecht eine neue Spielweise entwickelt, die auf dem so genannten Verfremdungseffekt beruht. Mit bestimmten Techniken verhindern dabei die Schauspieler die Einfühlung der Zuschauer. Außerdem werden die Vorgänge auf der Bühne als Spiel bewusst gehalten, Kunst und Realität sollen nicht verwechselt werden. Die Wirklichkeit, vor allem die der Zuschauer, bleibt nach Brecht dennoch stetiger Bezugspunkt der Kunst. Die V-Effekte befreien gesellschaftliche Vorgänge vom „Stempel des Vertrauten" (GBA 23, S. 81), die Zuschauer sollen sich wundern über das vermeintlich Selbstverständliche. Die Aufgabe des Theaters bestehe darin, diesen ‚fremden Blick' auf Bekanntes zu „provozieren" (S. 82).[2] Gerade diese Elemente der Brecht'schen Theatertheorie wurden von amerikanischen Feministinnen verwertet, auch wenn sie von einer stereotypen Darstellung der Frauenfiguren in seinen Werken ausgegangen sind.[3]

---

[1] Cordes: Die ungelöste Frauenfrage, S. 65.
[2] Für eine erste Einführung in Brechts episches Theater vgl. Kugli: Kleines Organon.
[3] Vgl. z.B. Laughlin: Brechtian theory. / Mumford: ‚Dragging' Brecht's Gestus Onwards. / Varney: Performing Sexual Difference.

Andere Parallelen zwischen den Forderungen der Neuen Frauenbewegung[4] bzw. den Erkenntnissen der feministischen Theorie und Brechts Werk sind selten vereinzelt thematisiert und nie systematisch erforscht worden, würden aber einer eigenen Untersuchung bedürfen. Die folgenden Ausführungen verstehen sich als Vorschläge, die zumindest anreißen sollen, inwiefern Brechts Texte grundlegend feministische Ansichten implizieren. Gerade was die feministische Erforschung der patriarchalischen Gesellschaftsstruktur angeht, hat Brecht schon Jahrzehnte vorher die männergemachte Abhängigkeit von Frauen in allen Lebensbereichen präzise beschrieben. Die feministisch orientierte Theorie versteht unter Patriarchat „Männerherrschaft über Frauen" und verknüpft diese Definition mit der These: „Männer machen Frauen zum unterlegenen und ausgebeuteten Geschlecht und halten dieses System mit ihren Machtmitteln aufrecht, weil es ihnen Privilegien und Statusvorteile verschafft."[5] Die Elemente patriarchalischer Herrschaft sowie die Mittel, mit denen Männer soziale Kontrolle über Frauen ausgeübt haben (und heute noch ausüben), sind von der feministischen Theorie eingehend untersucht und kritisiert worden. Durchleuchtet man Brechts Texte auf diese Elemente hin, ergeben sich erstaunliche Entsprechungen.

Als ein Punkt ist die für das Patriarchat typische Trennung der Öffentlichkeit vom Privaten zu nennen, wobei die Zuständigkeit für die jeweilige Sphäre an das Geschlecht geknüpft wird: „Der öffentliche Bereich ist die Domäne der Männer, der private Bereich wird den Frauen zugewiesen."[6] Eine Konsequenz dieser Konstruktion war die Trennung der Frauen von Wirtschaft und Erwerbsleben, Bereiche, zu denen sie nur indirekt Zugang fanden – durch die Heirat mit einem Mann, der Ressourcen im öffentlichen Bereich erwirtschaften konnte. Außerdem meint der Begriff der Arbeit im patriarchalischen Verständnis ausschließlich die bezahlte Erwerbsarbeit im öffentlichen Bereich, die von Frauen privat geleistete Reproduktionsarbeit wurde und wird abgewertet.[7] Da Frauen aufgrund ihrer ‚biologischen Gebärfähigkeit' auf diese festgelegt wurden, sind sie lange Zeit prinzipiell von der Teilhabe an öffentlichen Aufgaben ausgegrenzt gewesen.

---

[4] Zur Begriffsbestimmung und Geschichte der Neuen Frauenbewegung vgl. Rosemarie Nave-Herz: Die Geschichte der Frauenbewegung in Deutschland. Bonn [5]1997, S. 53-85. / Cordes: Die ungelöste Frauenfrage, S. 90-95.
[5] Cordes: Die ungelöste Frauenfrage, S. 52.
[6] Ebd., S. 54.
[7] Zum Arbeitsbegriff siehe ebd., S. 55f. / Ute Gerhard: Die „langen Wellen" der Frauenbewegung – Traditionslinien und unerledigte Anliegen. In: Das Geschlechterverhältnis als Gegenstand der Sozialwissenschaften. Hg. v. Regina Becker-Schmidt und Gudrun-Axeli Knapp. Frankfurt a.M., New York 1995, S. 247-278; hier S. 266.

Die Texte Brechts thematisieren diese Zusammenhänge mehrfach. In der Kalendergeschichte *Die unwürdige Greisin* muss die Großmutter des Erzählers sich die Unabhängigkeit für die letzten Lebensjahre erst mühevoll erkämpfen, sie, die viele Jahre fünf Kinder mit „recht kärglichen Mitteln [...] großgezogen" und „ohne Magd" den Haushalt geführt hatte (GBA 18, S. 427). Explizit wird ihr Leben als Hausfrau und Mutter, das jahrzehntelange unbezahlte Arbeit und bittere Entbehrungen bedeutete – so hatte sie „zeit ihres Lebens für ein Dutzend Menschen gekocht und immer nur die Reste aufgegessen" (S. 429) –, vom Enkel als „Knechtschaft" (S. 432) entlarvt. Die Wahl dieses Begriffs verdeutlicht, was die für das Patriarchat typische Unterscheidung von Erwerbsarbeit und Reproduktionsarbeit für die Frau de facto bedeutete. Ausdrücklich wird auch festgehalten, dass sie von dieser harten Arbeit und den Entbehrungen „mit den Jahren kleiner geworden [war]" (S. 427), ihr körperlicher Verfall wird nicht als ‚natürlicher' angesehen, sondern mit ihrer ‚Knechtschaft', d.h. sozial begründet. Veranschaulicht wird das auch an der Figur der Frau Sarti, die durch ihre Arbeit die des großen Wissenschaftlers Galilei erst möglich macht. Sie organisiert und gestaltet die Strukturen des alltäglichen Lebens, die Galilei von den profanen Dingen entlastet, sodass er seine Energie seinen Büchern widmen kann. Das macht ihn zu einer wichtigen Persönlichkeit in den Geschichtsbüchern – während Sarti dort unerwähnt bleibt (vgl. Kapitel 4.1.5). Das Stück *Die Mutter* macht deutlich, dass Frauen die Trennung von öffentlichem und privatem Bereich im Laufe ihrer Sozialisation internalisieren, der Zugang von der privaten zur öffentlichen Sphäre aber nicht ohne weiteres geleistet werden kann. Bildung und die Emanzipation von der Vorstellung, nur Männer könnten im öffentlichen Bereich bestehen, sind hierfür unentbehrliche Voraussetzungen. Pelagea Wlassowa kostet es viel Mühe, sich den politischen Bereich zugänglich zu machen. Zu Beginn sieht sie sich in ihrer Versorgerinnenrolle aufgehen, sie ist für die „Suppe" zuständig (GBA 3, S. 263), die sie früher ihrem Mann kochte und die sie nun als Witwe ihrem Sohn Pawel hinstellt. Sie empfindet sich einzig als „eine Last" (ebd.) für den Sohn, d.h. ihre Arbeit im Haushalt erkennt sie gemäß der patriarchalischen Definition nicht einmal selbst als Leistung an. Der erste Berührungspunkt mit dem öffentlichen Bereich ist für sie die Anstellung als Haushälterin. Ihr Einstieg in die Erwerbswelt ist der Ausgangspunkt für ihre weitere Entwicklung, sie lernt, lässt sich vom Lehrer das Lesen beibringen, um der Politik gewachsen zu sein. Ihre revolutionäre Arbeit stellt sie über ihre Mutterrolle, von der sie sich zugunsten der ‚dritten Sache' mehr und mehr löst (was den Sohn irritiert, vgl. Kapitel 4.8 und 4.9). Die Arbeiterfrau ist dabei den Aufgaben im öffentlichen Bereich gewachsen und steht den Männern in keiner Weise bei der Erfüllung der Anforderungen nach. Der Vorstellung, Frauen seien auf die häusliche Reproduktionsarbeit beschränkt, weil das ihren ‚naturgegebenen' Anlagen entspräche und sie für die großen Herausforderungen des öffentlichen Bereichs ohnehin nicht geschaffen seien, wird damit entschieden widersprochen. Noch klarer wird das in den Texten dargestellt, in denen die Frau aufgrund der gesellschaftlichen Konstellation genötigt wird, in die Rolle eines Mannes zu schlüpfen, bevor sie im öffentlichen Bereich tätig werden kann. Frau Hausmann in der Geschichte *Der Arbeitsplatz oder Im Schweiße Deines Angesichts sollst Du kein Brot essen* nimmt nach dem Tod des Ehemanns in Verkleidung seine Arbeitsstelle an, weil sie als Frau keine Arbeit bekommen kann, die so gut bezahlt ist, dass die Existenz ihrer Familie abgesichert wäre. Einen Mann zu spielen, gelingt ihr gut und bleibt lange unentdeckt, obwohl sie einer Arbeit als Wächter nachgeht, die ‚selbst' an einen Mann „nicht unerhebliche Anforderungen" stellt (GBA 19, S. 347). Der Text hält ausdrücklich fest, dass „Mut, Körperkraft, Besonnenheit schlechthin von jedem, Mann oder Weib, geliefert werden können, der auf den betreffenden Erwerb angewiesen ist" (ebd.), d.h. den Aufgaben im öffentlichen Bereich wird man gerecht, wenn man sich ihnen stellt oder stellen muss – nicht aber aufgrund biologisch determinierter Eignung. Auch Shen Te in *Der gute Mensch von Sezuan* verwandelt sich zwar zunächst zaghaft und gegen ihren Willen, aber sehr überzeugend in den vermeintlichen Vetter Shui Ta, der dezidiert ‚männliche' Eigenschaften hat.

Vorrangig beschreibt die feministische Theorie zwei Methoden, mit denen das Verhalten der Frau, besonders ihr Heraushalten aus der öffentlichen Sphäre, sozial kontrolliert wird: Zum einen durch ihre materielle und rechtliche Abhängigkeit vom Mann, zum anderen durch gesellschaftlich an sie herangetragene Rollenerwartungen, die sie zumeist internalisiert hat und von deren Erfüllung ihre Akzeptanz in der Gemeinschaft abhängt.[8] Dass in Brechts Texten die wirtschaftliche Abhängigkeit der Frau vom Mann als wesentlicher Punkt ihrer Benachteiligung herausgestellt und als Ursache für den ‚Verfall der Liebe' gezeigt wird, ist innerhalb dieser Arbeit ausführlich dargelegt worden (vgl. die Kapitel 4.1, 4.6 und 4.8). Dies gilt nicht nur für Ehefrauen aller sozialen Schichten – von der Arbeiterfrau Luckerniddle in der *Johanna der Schlachthöfe* bis hin zur Gouverneursfrau im *Kreidekreis* –, sondern auch für Mütter und Töchter, die vom Einkommen des Sohnes respektive des Vaters abhängig sind (z.B. Baals Mutter, die Wlassowa, Galileis Virginia).

---

[8] Vgl. dazu Brigitte Brück/Heike Kahlert/Marianne Krüll/Helga Milz/Astrid Osterland/Ingeborg Wegehaupt-Schneider: Feministische Soziologie. Eine Einführung. Frankfurt a.M., New York 1992, S. 26 und Cordes: Die ungelöste Frauenfrage, S. 73f.

Auch die Rollenerwartungen, die speziell an Frauen herangetragen werden, um den gesellschaftlichen Status quo, die Dominanz des Mannes, zu sichern, sind von Brecht in einer Form dargestellt, die eine Entsprechung in der feministischen Literatur haben. So hält Cordes fest:

> Männliche Interessen dominieren den Familienbereich: Die ‚Legitimität' der Kinder wird durch den Vater festgestellt und kontrolliert; ‚Seitensprünge' werden je unterschiedlich bewertet und kontrolliert; für Frauen galt (und gilt in anderen Kulturen) die Forderung nach Jungfräulichkeit vor der Ehe[9].

Gerade die Kontrolle der weiblichen Sexualität – über gesellschaftliche Konventionen wie sexuelle Enthaltsamkeit vor und Monogamie während der Ehe – ist bei Brecht ein großes Thema, wie in Kapitel 4.2 gezeigt wurde (man denke an Gedichte wie die *Keuschheitsballade, Über die Verführung von Engeln* oder an die Figur der Johanna im *Baal*). Dass die bürgerlichen Werte, die Frauen ein selbstbestimmtes Ausleben ihrer Sexualität nahezu unmöglich machen, vornehmlich dazu dienen, die Vaterschaft der Männer abzusichern, wird ebenso thematisiert wie die damit verbundenen Konsequenzen für die Frau (z.B. *Trommeln in der Nacht, Von der Kindesmörderin Marie Farrar, Dunkel im Weidengrund*). Selbst die Tatsache, dass „Geburtenkontrolle und vor allem Abtreibung [...] durch männliche Ärzte, Juristen und Politiker geregelt"[10] werden, was die feministische Patriarchatsanalyse als weiteres Mittel zur sozialen Kontrolle der Frau ermittelt hat, wird bei Brecht in der *Ballade zu Paragraph 218* aufgegriffen. Die Mutterschaft als „soziale Institution [...], die an der biologischen Mutterschaft festgemacht wird"[11], wird bei Brecht ebenfalls kritisiert, wie Pia Kleber im Hinblick auf die *Mutter Courage* und den *Kaukasischen Kreidekreis* ausgeführt hat[12]. Brecht zeigt in diesen Texten, dass biologische Mutterschaft keineswegs ohne weiteres auf eine ‚gute Mutter' schließen lässt. Während etwa die Gouverneursfrau im *Kreidekreis* ihren Sohn in einer Krisensituation einfach vergisst, kümmert sich eine Fremde um das Kind, ohne auf persönliche Verluste Rücksicht zu nehmen. Die Entkoppelung von Geburt und Fürsorge für ein Kind ist in der feministischen Argumentation deshalb von Bedeutung, weil einige männliche Wissenschaftler immer wieder behauptet haben, dass biologische Mütter sich instinktiv richtig verhalten und deshalb für die Sozialisation der Kinder wichtiger seien als die Väter – weshalb diese sich öffentlichen Aufgaben zuwenden konnten und

---
[9] Cordes: Die ungelöste Frauenfrage, S. 75.
[10] Ebd., S. 74.
[11] Brück et al.: Feministische Soziologie, S. 143.
[12] Kleber: Die Courage der Mütter, S. 138-141 (Courage) und S. 143f. (Kreidekreis).

sollten.¹³ Gerade im *Kreidekreis* zeigt Brecht aber, wie Grusche und Michel langsam zusammenwachsen. Grusches Mutterliebe ist keineswegs instinktiv, vielmehr nimmt sie in dem Maße zu, in dem sie sich Gefahren aussetzen muss, um Michels Leben zu sichern. In der Konsequenz bedeutet das, dass auch ein Mann, ob der ‚biologische' Vater oder nicht, zu einem Kind ein intensives Verhältnis aufbauen kann, die Frau also keineswegs ‚biologisch' dazu vorbestimmt ist, nach der Geburt eines Kindes auch die Fürsorge zu übernehmen. Der Umstand, dass Brecht Grusche (als Frau) statt etwa Simon (als Mann) einsetzt, um sich Michels anzunehmen, sollte dabei nicht zu der Annahme führen, Brechts ‚Entbiologisierung der Mutterschaft' sei keine ‚echte', weil er die Mutterfunktion wiederum auf eine Frau überträgt. Innerhalb des Stücks ist es nur in dieser Konstellation möglich, auch die Fragwürdigkeit gesellschaftlicher Konventionen – Grusche wird durch Michel zu einer ‚ledigen Mutter' – zu erörtern, ein Mann als lediger Vater hätte diese Probleme nicht zu erwarten.

In anderem Zusammenhang wird die biologische Mutterschaft auch in *Die unwürdige Greisin* kritisch dargestellt. Hier sind es die Kinder der alten Frau, die ihre Mutter zeitlebens auf die Mutterrolle fixieren und ihr eigene Interessen und Bedürfnisse – obwohl diese nur sehr bescheiden sind – nicht zugestehen wollen. Sechzig Jahre Dienst an der Familie werden „nicht etwa als Leistung anerkannt, sondern zum Maßstab für weitere Forderungen gemacht. Die kleinbürgerliche Familienideologie erweist sich damit als ein internalisierter Unterdrückungsmechanismus, der sich als Liebes- und Fürsorgebeziehung tarnt."¹⁴ Die lebenslange Verpflichtung der Frau auf ihr Muttersein begründet ihre „Knechtschaft" (GBA 18, S. 432) und wird dazu verwendet, sie auf unbezahlte reproduktive Tätigkeiten innerhalb der Familie festzulegen.

Als Mittel zur sozialen Kontrolle von Frauen innerhalb einer patriarchalischen Gesellschaft führt Cordes zudem an: „Auch die Regeln für weibliche Schönheit und Attraktivität sind auf Männerinteressen ausgerichtet: Sie schränken [...] die körperliche Bewegungsfreiheit ein, und der Wunsch, ihnen zu entsprechen, absorbiert einen großen Teil weiblicher Energie."¹⁵ Brecht veranschaulicht das in dem Text *Über die Kunst des Beischlafs*, in dem gezeigt wird, wie Frauen dem von Männern gesetzten Schönheitsideal zu entsprechen versuchen – was insbesondere bedeutet, permanent sexuelle Signale auszusenden:

---

13 Vgl. ebd., S. 140.
14 Klaus-Detlef Müller: Brecht-Kommentar zur erzählenden Prosa. München 1980, S. 338.
15 Cordes: Die ungelöste Frauenfrage, S. 75.

Sie schminkten die Lippen rot, damit sie gut durchblutet, und etwas breit, damit sie sinnlich erschienen [...]. Da diese Frauen übrigens noch hohe Stöckelschuhe trugen, sahen sie mit ihren hervorstehenden Hinterteilen ständig aus, als verzehrten sie sich nach den Umarmungen der Käufer der Zigarren und Handschuhe und der Chefs.
(GBA 17, S. 146)

Die Attraktivität von Frauen wird ausschließlich über ihren Körper definiert, was sie, vor allem im Hinblick darauf, dass sie Männer als potenzielle Ehemänner und Versorger sehen müssen, zur geistlosen ‚Ware', zum ‚Sexobjekt' degradiert. Je besser sie sich als Produkt zu vermarkten wissen, desto größere Chancen haben sie auf dem Heiratsmarkt.
Die Tendenz, Frauen allein nach ihrem Äußeren zu bewerten oder sie wie eine Ware zu taxieren, ist bis in unsere Gegenwart zu beobachten, Spitzenpolitikerinnen etwa sehen sich öffentlichen Diskussionen über ihre Frisur statt über ihre politischen Ziele ausgesetzt[16]. Was die ‚Herstellung' dieser ‚Ware Frau' angeht, lässt sich im Vergleich zu der Zeit, in der Brecht lebte, eine geradezu pervertierte Entwicklung konstatieren. Mit allen Mitteln, von Fitnesstraining über Essstörungen, die keineswegs als harmlos zu betrachten sind (in 5 bis 10 Prozent aller Fälle endet eine Magersucht tödlich[17]), bis hin zu operativen Veränderung von Gesicht, Bauch oder Brüsten, versuchen bis heute vornehmlich Frauen, ihren Körper für den männlichen Betrachter attraktiver zu formen. Insofern ist Brechts *Über die Kunst des Beischlafs* als ein Text mit außerordentlich aktuellem Bezug zu werten, nicht zuletzt, weil in diesem die Kosmetikindustrie als Hauptbegünstigte der Situation genannt wird: die Frauen geben nämlich „oft nahezu ein Drittel ihres Gehalts für Schönheitsmittel aus" (ebd.).
Als sehr fortschrittlich, selbst von einer feministischen Warte aus, erweisen sich die Texte Brechts im Zusammenhang mit der Analyse von Prostitution. Diese wird von der feministischen und soziologischen Forschung heute als ein Phänomen verstanden, das an das herrschende, zumeist patriarchalische Normen- und Wertesystem gekoppelt ist.[18] Voraussetzungen für die Existenz von Prostitution innerhalb einer Gesellschaft ist die Dominanz des Mannes über die Frau sowie ein doppelter Maßstab, wenn es um die Be-

---

[16] Vgl. dazu Bettina Erdmann: Schema F oder: Die Frisur der Angela M. Geschlechterdemokratie in der Mediengesellschaft. Forum zum 50. Jahrestag des Deutschen Frauenrates. Zu finden unter: http://194.245.102.185/publikationen/m/2002/05/26.html.
[17] Marlene Stein-Hilbers/Marion Becker: „Wie schlank muß ich sein, um geliebt zu werden?" Zur Prävention von Eßstörungen. Hg. v. Bundesministerium für Familie, Senioren, Frauen und Jugend. Bonn 1998, S. 28.
[18] Vgl. dazu Heinser-Ueckert et. al.: Definition und Erklärungsansätze, S. 9.

wertung von männlicher und weiblicher Sexualität geht.[19] Brecht hat diesen gesellschaftlichen Kontext der Prostitution erkannt, wie die *Keuschheitsballade* vielleicht am eindringlichsten belegt. Im Gegensatz zu vielen anderen Schriftstellern hat er das ‚Milieu' in seinen Werken nicht verklärt, sondern einerseits die Nähe zum bürgerlichen Wertesystem betont (z.B. in der *Dreigroschenoper*) oder andererseits die konkrete Situation der einzelnen Prostituierten, die Folgen ihrer Tätigkeit für sie – zum Teil in drastischer Sprache – festgehalten, etwa in *Ratschläge einer älteren Fohse an eine jüngere* oder *Gedanken eines Revuemädchens während des Entkleidungsaktes*. Damit schrieb Brecht auch gegen zahlreiche Klischees an, die zu seiner Zeit in pseudowissenschaftliche Abhandlungen Eingang gefunden hatten und in der Bevölkerung weit verbreitet waren, etwa die Vorstellung, Prostituierte seien nymphoman veranlagt und empfänden beim Bedienen der Kunden Genuss (vgl. Kapitel 4.4).

Einige Werke Brechts lassen sich zudem vor dem Hintergrund der von der Feministin Christina Thürmer-Rohr begründeten Diskussion um die ‚Mittäterschaft' von Frauen am patriarchalischen System besser verstehen. Thürmer-Rohr beschreibt mit dem Begriff der Mittäterschaft

> die einfache Tatsache, daß diese Welt, deren Ordnung und Unordnung wir anklagen, ohne die Mitwirkung der Frau als aktive und passive Würdigerin des Mannes nicht wäre, wie sie ist; daß auch Frauen nicht wären, wie sie sind, wenn sie nicht den Hauptschub ihrer Kraft, Zeit und Fähigkeiten der Machtermächtigung des Mannes widmen würden[20].

Frauen werden nach Thürmer-Rohr „zu Komplizinnen von Männertaten, indem sie Männermystifizierungen weitertreiben, indem sie den Mann körperlich und psychisch präparieren für sein kleines und großes Tun und seiner Machtgewißheit den täglichen privaten Boden bereiten"[21]. Die Autorin betont, dass es keinesfalls darum gehe, den Mann aus der Verantwortung zu entlassen[22], aber Frauen solle bewusst gemacht werden, dass sie selbst zur Konsolidierung patriarchalischer Strukturen beitragen, indem sie „Loyalität mit dem Mann und seiner Gesellschaft, Zustimmung zu seiner Herr-

---

[19] Ebd.
[20] Christina Thürmer-Rohr: Mittäterschaft der Frau – Analyse zwischen Mitgefühl und Kälte. In: Mittäterschaft und Entdeckungslust. Hg. v. Studienschwerpunkt „Frauenforschung" am Institut für Sozialpädagogik der TU Berlin. Berlin 1989, S. 87-103; hier S. 89.
[21] Ebd.
[22] Christina Thürmer-Rohr: Einführung – Forschen heißt wühlen. In: Mittäterschaft und Entdeckungslust. Hg. v. Studienschwerpunkt „Frauenforschung" am Institut für Sozialpädagogik der TU Berlin. Berlin 1989, S. 12-21; hier S. 14.

schaft"[23] zeigen. Die Mittäterschaft der Frau in diesem Sinne sei nicht „ein Ausrutscher, eine gelegentliche Entgleisung, eine üble Abweichung, sondern die Norm selbst"[24]. Die Vorstellung von der Mittäterschaft der Frau ist ein Gegenkonzept zum Opferbegriff[25], bei dem die Frau als die Schwächere und Unterlegene verstanden wird, die das Geschehen passiv erduldet. Betrachtet man Brechts Texte von diesem Blickwinkel aus, eröffnen sich für zahlreiche Frauenfiguren neue Deutungsmöglichkeiten. Das weibliche lyrische Ich aus *Surabaya-Johnny* etwa trägt nach dem Konzept der Mittäterschaft eine Mitschuld an der Tatsache, dass ihr Liebhaber sie belügt und demütigt – schließlich durchschaut sie das, lässt es aber mit sich machen, fühlt sich dem Geschehen ausgeliefert, statt die Konsequenz aus seinem Verhalten zu ziehen. Ähnliches gilt für Hanna aus der *Ballade von der Hanna Cash*, die bei ihrem Jack bleibt, obwohl ein Leben mit ihm Gewalt und materielle Entbehrungen bedeutet. Überdies wird sie als Frau gezeigt, die vor der Beziehung unabhängig war und durchaus in der Lage, sie selbstständig zu versorgen.

Zur Erhaltung des patriarchalischen System tragen außerdem jene Frauen im Kleinen bei, die ihre Ehemänner bei der Vermittlung der Tochter an eine ‚gute Partie' unterstützen, so etwa Amalie Balicke in *Trommeln in der Nacht* oder Celia Peachum in der *Dreigroschenoper*. Das Handeln dieser Mütter wirkt doppelt fragwürdig, da sie als Frauen selbst die Erniedrigung, als Ware behandelt zu werden, erlebt haben, dennoch aber auf ihre Töchter einwirken, sich entsprechend der bürgerlichen Konventionen zu verhalten.

Am deutlichsten ist das Konzept der Mittäterschaft der Frau an den Geliebten Baals nachzuvollziehen. Die Figuren sind als charakterstark und selbstbewusst skizziert, dennoch nehmen sie Baals Demütigungen in Kauf und verlieren immer mehr ihre Selbstachtung, statt sich von dem Egomanen zu lösen (vgl. Kapitel 3.3). Sie werden zu Opfern, weil sie es Baal gestatten, sie zu diesen zu machen – in diesem Sinne agieren sie ‚mit-dem-Täter', scheinen mit seinem Verhalten einverstanden, statt sich diesem zu widersetzen, tragen damit zu Baals Selbstmystifizierung bei. Gerade Baals Frauen werden als finanziell von ihm Unabhängige gezeigt (schließlich hat er selbst nichts), sodass hier als Verteidigung der Frauen noch nicht einmal eine wirtschaftliche Abhängigkeit von ihm angeführt werden kann. Auch Baals Mutter stützt ihn in seinem Auftreten, anstatt ihm klare Grenzen auf-

---

[23] Ebd., S. 12.
[24] Ebd.
[25] Vgl. dazu Annette Treibel: Einführung in soziologische Theorien der Gegenwart. Opladen ⁴1997 (Einführungskurs Soziologie. Hg. v. Hermann Korte und Bernhard Schäfers. Bd. III), S. 255f.

zuzeigen, sie bestärkt ihn so in seinem übersteigerten Machtempfinden gegenüber Frauen. Darüber hinaus kommt Brecht, so stellt Pia Kleber fest, „den heutigen feministischen Recherchen" hinsichtlich eines ganz anders gelagerten Problems „erstaunlich nahe"[26]. Die Mutter-Tochter-Beziehung, von Brecht in *Mutter Courage und ihre Kinder* dargestellt, ist von der feministischen Literatur als eigenständiges Problemfeld erkannt und unter vielen Gesichtspunkten bearbeitet worden. Eine besondere Rolle spielt dabei etwa die unterschiedliche Behandlung von männlichen und weiblichen Nachkommen durch die Mutter, da das patriarchalische Wertesystem der Geburt eines Jungen einen größeren Stellenwert einräumt als der eines Mädchens, was während der Sozialisation auch in der Abwertung der Tochter durch die Mutter zum Ausdruck kommen kann.[27]

Versteht man unter Feminismus nicht die Festlegung auf einen bestimmten Analyseansatz, sondern „das Festhalten an einer kritischen Perspektive in der Analyse von Geschlechterverhältnissen"[28], welche den Fokus richtet auf „Phänomene von Macht, Herrschaft und Gewalt zwischen Männern und Frauen: Wie kommt es zu der ungleichen Verteilung von materiellen, politischen und symbolisch-kulturellen Ressourcen zwischen den Geschlechtern?"[29], muss man im Hinblick auf Brechts Werke zu dem Schluss kommen, dass sie, was die Darstellung des Geschlechterverhältnisses angeht, dezidiert feministischen Positionen zuzuordnen sind. Dabei ist für diese Arbeit, begründet durch die gewählte Methodik (vgl. Kapitel 2), nebensächlich, ob Brecht diese Sachverhalte ‚bewusst' in seine Texte integriert hat oder ob ihm das ‚nur' gelungen ist, weil er gesellschaftliche Strukturen erstaunlich präzise mit ästhetischen Mitteln nachzuzeichnen in der Lage war. Seine Texte sprechen für sich – und sie sprechen eben auch und sehr eindringlich von den sozialen Mechanismen, mit denen Frauen innerhalb patriarchalischer Gesellschaften beschränkt werden.

---

[26] Kleber: Die Courage der Mütter, S. 140, vgl. auch 140f.
[27] Adrienne Rich: Von Frauen geboren. Mutterschaft als Erfahrung und Institution. München 1979, S. 218f. Vgl. zu diesem Themenkomplex auch Angelika Burger: Töchter und Mütter. Ablösung als Konflikt und Chance. Opladen 1988. / Elizabeth Debold/Idelisse Malavé/Marie Wilson: Die Mutter-Tochter-Revolution. Vom Verrat zur Macht. Reinbek bei Hamburg 1994.
[28] Regina Becker-Schmidt/Gudrun-Axeli Knapp: Feministische Theorien zur Einführung. Hamburg 2000, S. 11.
[29] Ebd., S. 65.

8. Fazit

Die systematische Betrachtung der Texte Brechts, die sich mit dem Geschlechterverhältnis im weitesten Sinne auseinander setzen, hat verdeutlicht, dass diese Thematik im Werk des Augsburger Autors einen Stellenwert einnimmt, der bislang von der Forschung nicht zur Kenntnis genommen wurde. Die Werke belegen, dass Brecht vor allem auch nach 1933, trotz der verständlichen Präferenz für politische Inhalte, immer wieder Liebeskonzeptionen oder das Verhältnis der Geschlechter in ästhetischer Form behandelt hat.

Vorrangig setzt Brechts Kritik dabei am System der bürgerlichen Ehe an. In seinen Arbeiten erscheint diese als geschäftliche Verbindung, deren eigentliche Funktion durch romantische Verklärungen verschleiert wird. Äußerst umfangreich und aus verschiedenen Perspektiven beleuchtet Brecht in diesem Zusammenhang die Keuschheitsmoral der bürgerlichen Gesellschaft, die vor allem Mädchen und Frauen in ihrer sexuellen Entwicklung behindert. So vermitteln etwa viele der Gedichte, dass die ihnen anerzogene Scham die Frauen tiefgreifend bestimmt und ihnen dadurch ein genussvolles Ausleben ihrer Lust zeitlebens verwehrt bleibt.

Umgekehrt ist es den Männern gesellschaftlich gestattet, ihrer Libido Freiraum zu gewähren, und zwar durchaus auch außerhalb der Ehe, etwa bei Prostituierten, die als Figur häufig in Brechts Werk anzutreffen sind. Entgegen der bürgerlichen Vorstellung, die ‚Freudenmädchen' entbehrten ‚Moral', zeigt Brecht sie zumeist als raffinierte Geschäftsfrauen, die das System durchschaut haben, es sich bewusst zunutze machen und darin ihren in der bürgerlichen Geschäftswelt agierenden Kunden in nichts nachstehen. Die gelegentlich thematisierten Heiraten der Prostituierten führen zwar zur Verbesserung ihres gesellschaftlichen Status, bedingen aber einen Verlust an Unabhängigkeit oder Würde.

In unterschiedlicher Weise, von humorvoll über drastisch bis ernsthaft, setzen sich viele der Texte auch mit der Sprachlosigkeit über Sexualität auseinander, dem Fehlen einer Sprache, die Lust weder verunglimpft noch verklärt. Ohnehin plädieren einige der Werke dafür – dabei explizit die Frauen miteinbeziehend –, Sex als einen ‚Wert an sich' anzuerkennen, der nicht an romantische Liebe gekoppelt sein muss. Die monogam gestaltete, dauerhafte Lebensgemeinschaft wird vor allem unter dem Aspekt der Vergänglichkeit der Liebe problematisiert, die als natürlicher Vorgang dargestellt wird. Zusammenfassend lässt sich festhalten, dass die Liebe in den Texten Brechts als von gesellschaftlichen, d.h. von Männern gesetzten Regeln und Verboten korrumpiert und tiefgreifend deformiert dargestellt wird. Belastet werden Liebesbeziehungen zudem durch politische Systeme (wie in der NS-Zeit).

Darüber hinaus verweist Brecht in einigen Werken auf den Einfluss von Literatur und Medien auf Liebesbeziehungen. Viele der Vorstellungen, die zumeist die Frauenfiguren von der Liebe und der Ehe haben, entstammen Romanen oder dem Kino. Ausdrücklich wird gezeigt, dass es sich dabei um Verklärungen und Chimären handelt, die in der Realität eben nicht ihre Entsprechung finden. Implizit wird damit auch festgehalten, dass Literatur Menschen in ihren Meinungen beeinflusst, ihre Konzeptionen von der Liebe oder gar der Welt durch Vorstellungen mitkonstituiert werden, die sie literarischen Werken entnehmen.

Ferner beschreiben einige der Arbeiten auch die Unfreiheit der Frauen in anderen sozialen Konstellationen. So zeigen viele Texte Mütter, die finanziell von ihren Söhnen abhängig sind und daher ihr Leben nicht eigenständig führen können. In Einzelfällen sind es auch Töchter, deren intellektuelle und geistige Entwicklung vom Gutdünken der Väter abhängen.

Bemerkenswert ist zudem, dass einige der Texte ausführen, welche Konsequenzen die an die Frauen herangetragenen Rollenvorstellungen für die Männer und ihr Selbstverständnis haben: Auch sie sind eingeschränkt durch die Erwartungen der Gesellschaft, die sie erfüllen müssen, wollen sie in dieser erfolgreich bestehen.

Abschließend konnten zahlreiche Parallelen zwischen den Ergebnissen der feministischen Forschung und Brechts Darstellung des Geschlechterverhältnisses aufgezeigt werden. Begriffe wie Trennung von öffentlichem und privatem Bereich, Arbeit, Sexualität, Mutterschaft, Schönheit, Prostitution oder ‚Opfer', wie von der Neuen Frauenbewegung bzw. der feministischen Theorie definiert und kritisiert, sind in Brechts Texten nachweisbar.

Inwiefern diese Arbeit – die sich im Brecht'schen Sinne als eine ‚vorläufige' versteht (vgl. GBA 11, S. 120) – in der Lage sein wird, dass bestehende Brecht-Bild in Bezug auf seine Frauenfiguren zu verändern, bleibt fraglich, zeigt sich doch, dass es in der Wissenschaft oft lange dauert, gegen Klischees und Vorurteile anzugehen, die fest in den Köpfen verankert sind. Denn nicht zuletzt gilt auch hier:

> Dauerten wir unendlich
> So wandelte sich alles
> Da wir aber endlich sind
> Bleibt vieles beim alten.

(GBA 15, S. 294)

Literaturverzeichnis

Primärliteratur

Brecht, Bertolt: Baal [Fassung 1919]. In: GBA 1, S. 18-82.
Brecht, Bertolt: Trommeln in der Nacht. In: GBA 1, S. 175-232.
Brecht, Bertolt: Die Hochzeit. In: GBA 1, S. 241-267.
Brecht, Bertolt: Lux in tenebris. In: GBA 1, S. 291-308.
Brecht, Bertolt: Mann ist Mann. Die Verwandlung des Packers Galy Gay in den Militärbaracken von Kilkoa im Jahre neunzehnhundertfünfundzwanzig. Lustspiel [Fassung 1926]. In: GBA 2, S. 93-168.
Brecht, Bertolt: Die Dreigroschenoper (Nach John Gays „The Beggar's opera"). In: GBA 2, S. 229-308.
Brecht, Bertolt: Die heilige Johanna der Schlachthöfe. Schauspiel. In: GBA 3, S. 128-227.
Brecht, Bertolt: Die Mutter. Nach Gorki. Schauspiel [Fassung 1933]. In: GBA 3, S. 261-324.
Brecht, Bertolt: Die Gewehre der Frau Carrar. In: GBA 4, S. 305-337.
Brecht, Bertolt: Furcht und Elend des III. Reiches. In: GBA 4, S. 339-455.
Brecht, Bertolt: Leben des Galilei. Schauspiel [Fassung 1938/39]. In: GBA 5, S. 7-109.
Brecht, Bertolt: Mutter Courage und ihre Kinder. Eine Chronik aus dem Dreißigjährigen Krieg. In: GBA 6, S. 7-86.
Brecht, Bertolt: Der gute Mensch von Sezuan. In: GBA 6, S. 175-279.
Brecht, Bertolt: Herr Puntila und sein Knecht Matti. In: GBA 6, S. 283-373.
Brecht, Bertolt: Der kaukasische Kreidekreis [Fassung 1949]. In: GBA 8, S. 7-92.
Brecht, Bertolt: Der Jüngling und die Jungfrau. Keuschheitsballade in Dur. In: GBA 11, S. 13f.
Brecht, Bertolt: Von der Kindesmörderin Marie Farrar. In: GBA 11, S. 44-46.
Brecht, Bertolt: Ballade von der Hanna Cash. In: GBA 11, S. 90-92.
Brecht, Bertolt: Erinnerung an die Marie A. In: GBA 11, S. 92f.
Brecht, Bertolt: Von den verführten Mädchen. In: GBA 11, S. 108f.
Brecht, Bertolt: Die Ballade vom Liebestod. In: GBA 11, S. 110-112.
Brecht, Bertolt: Lehrstück Nr. 2. Ratschläge einer älteren Fohse an eine jüngere. In: GBA 11, S. 123f.
Brecht, Bertolt: Sonett Nr. 10. Über die Notwendigkeit der Schminke. In: GBA 11, S. 126.
Brecht, Bertolt: Sonett Nr. 15. Über den Gebrauch gemeiner Wörter. In: GBA 11, S. 128.
Brecht, Bertolt: Sonett Nr. 10. Von der Scham beim Weibe. In: GBA 11, S. 130.
Brecht, Bertolt: Es war leicht, ihn zu bekommen. In: GBA 11, S. 170f.
Brecht, Bertolt: Immer wieder. In: GBA 11, S. 171.
Brecht, Bertolt: Das dritte Sonett. In: GBA 11, S. 186.
Brecht, Bertolt: Das neunte Sonett. In: GBA 11, S. 188.
Brecht, Bertolt: Das zwölfte Sonett. (Über die Gedichte des Dante auf die Beatrice). In: GBA 11, S. 190.
Brecht, Bertolt: Liebesgewohnheiten. In: GBA 11, S. 196.
Brecht, Bertolt: Wiegenlieder. In: GBA 11, S. 206-209.

Brecht, Bertolt: Über Kants Definition der Ehe in der „Metaphysik der Sitten". In: GBA 11, S. 270.
Brecht, Bertolt: Ballade von der Judenhure Marie Sanders. In: GBA 12, S. 16f.
Brecht, Bertolt: Ballade von den Osseger Witwen. In: GBA 12, S. 17f.
Brecht, Bertolt: Die Beiden. In: GBA 13, S. 16.
Brecht, Bertolt: Mutter Sein ... In: GBA 13, S. 72f.
Brecht, Bertolt: Siehst du ihre blassen Fotzen. In: GBA 13, S. 99.
Brecht, Bertolt: Die Legende der Dirne Evlyn Roe. In: GBA 13, S. 102-104.
Brecht, Bertolt: Was brauchen den Dirnen. In: GBA 13, S. 110.
Brecht, Bertolt: Oh, holde Jungfrau. In: GBA 13, S. 116.
Brecht, Bertolt: Ich, Jüngling, sage mir. In: GBA 13, S. 151.
Brecht, Bertolt: Durch die Kammer ging der Wind. In: GBA 13, S. 151.
Brecht, Bertolt: Liebe Marie, Seelenbraut. In: GBA 13, S. 151f.
Brecht, Bertolt: Dunkel im Weidengrund. In: GBA 13, S. 152.
Brecht, Bertolt: Weil ich ihr nicht genug. In: GBA 13, S. 201.
Brecht, Bertolt: Komm Mädchen, laß dich stopfen. In: GBA 13, S. 228.
Brecht, Bertolt: Lied der verderbten Unschuld beim Wäschefalten. In: GBA 13, S. 233-235.
Brecht, Bertolt: Ballade vom Tod des Anna Gewölkegesichts. In: GBA 13, S. 235f.
Brecht, Bertolt: Maria. In: GBA 13, S. 243.
Brecht, Bertolt: Lala. In: GBA 13, S. 278f.
Brecht, Bertolt: Mittags, da rasierte ich meine Beine. In: GBA 13, S. 294.
Brecht, Bertolt: Entdeckung an einer jungen Frau. In: GBA 13, S. 312.
Brecht, Bertolt: Forderung nach Kunst. In: GBA 13, S. 312f.
Brecht, Bertolt: Sonett über einen durchschnittlichen Beischlaf. In: GBA 13, S. 341.
Brecht, Bertolt: Surabaya-Johnny. In: GBA 13, S. 344-346.
Brecht, Bertolt: Ratschläge einer älteren Fohse an eine jüngere. In: GBA 13, S. 386-388.
Brecht, Bertolt: Seit meiner Kindheit galt es ungebührlich. In: GBA 13, S. 402.
Brecht, Bertolt: Terzinen über die Liebe. In: GBA 14, S. 15f.
Brecht, Bertolt: Ballade zu Paragraph 218. In: GBA 14, S. 40f.
Brecht, Bertolt: Lied vom Fluß der Dinge. In: GBA 14, S. 64f.
Brecht, Bertolt: Marie Sander, dein Liebhaber. In: GBA 14, S. 293f.
Brecht, Bertolt: Gedanken eines Revuemädchens während des Entkleidungsaktes. In: GBA 14, S. 295.
Brecht, Bertolt: Lied der liebenden Witwe. In: GBA 14, S. 328.
Brecht, Bertolt: Nannas Lied. In: GBA 14, S. 334.
Brecht, Bertolt: Wenn sie trinkt, fällt sie in jedes Bett. In: GBA 14, S. 351f.
Brecht, Bertolt: Letztes Liebeslied. In: GBA 14, S. 383.
Brecht, Bertolt: Über den Verfall der Liebe. In: GBA 14, S. 416.
Brecht, Bertolt: Über induktive Liebe. In: GBA 14, S. 425.
Brecht, Bertolt: Allem, was du empfindest. In: GBA 14, S. 456f.
Brecht, Bertolt: Und was bekam des Soldaten Weib? In: GBA 15, S. 71f.
Brecht, Bertolt: Liebesunterricht. In: GBA 15, S. 162f.
Brecht, Bertolt: Saune und Beischlaf. In: GBA 15, S. 193.
Brecht, Bertolt: Über die Verführung von Engeln. In: GBA 15, S. 193.
Brecht, Bertolt: Schwächen. In: GBA 15, S. 223.
Brecht, Bertolt: Liebeslied aus einer schlechten Zeit. In: GBA 15, S. 286.

Brecht, Bertolt: Und das Lächeln, das mir galt. In: GBA 15, S. 287.
Brecht, Bertolt: Melindas Lied. In: GBA 15, S. 289.
Brecht, Bertolt: Viktorias Lied. In: GBA 15, S. 289f.
Brecht, Bertolt: Dreigroschenroman. In: GBA 16.
Brecht, Bertolt: Über die Kunst des Beischlafs [B 47]. In: GBA 17, S. 145-147.
Brecht, Bertolt: Wenn Herr K. einen Menschen liebte. In: GBA 18, S. 24.
Brecht, Bertolt: Wer kennt wen? In: GBA 18, S. 28f.
Brecht, Bertolt: Herr Keuner sagte: Es ist ein weitverbreiteter Unfug. In: GBA 18, S. 40.
Brecht, Bertolt: Liebe zu wem? In: GBA 18, S. 40.
Brecht, Bertolt: Liebende machen Bilder voneinander. In: GBA 18, S. 61.
Brecht, Bertolt: Von der *Großen Methode*. In: GBA 18, S. 145f.
Brecht, Bertolt: Kin-jeh über die Liebe. In: GBA 18, S. 175f.
Brecht, Bertolt: Flüchtlingsgespräche. In: GBA 18, S. 195-327.
Brecht, Bertolt: Der Augsburger Kreidekreis. In: GBA 18, S. 341-354.
Brecht, Bertolt: Die zwei Söhne. In: GBA 18, S. 357-359.
Brecht, Bertolt: Die unwürdige Greisin. In: GBA 18, S. 427-432.
Brecht, Bertolt: Die Mutter und der Tod. In: GBA 19, S. 14f.
Brecht, Bertolt: Ein gemeiner Kerl. Novelle. In: GBA 19, S. 38-44.
Brecht, Bertolt: Die Geschichte vom Mann in der anderen Kammer. In: GBA 19, S. 50-52.
Brecht, Bertolt: Die dumme Frau. In: GBA 19, S. 156f.
Brecht, Bertolt: Die Flaschenpost. In: GBA 19, S. 166-168.
Brecht, Bertolt: Abenteuer. In: GBA 19, S. 181.
Brecht, Bertolt: Die Antwort. In: GBA 19, S. 196-198.
Brecht, Bertolt: Schlechtes Wasser. In: GBA 19, S. 235-240.
Brecht, Bertolt: Die Mutter aller Seeleute der Welt. In: GBA 19, S. 291f.
Brecht, Bertolt: Der Arbeitsplatz oder Im Schweiße Deines Angesichts sollst Du kein Brot essen. In: GBA 19, S. 345-349.
Brecht, Bertolt: Silent Witness. In: GBA 20, S. 97-120.
Brecht, Bertolt: Die Frau des Richters. In: GBA 20, S. 140-142.
Brecht, Bertolt: Ein Liebhaber sagte von seiner Geliebten. In: GBA 20, S. 202.
Brecht, Bertolt: Der Liebhaber sagte von seiner Eifersucht. In: GBA 20, S. 202f.
Brecht, Bertolt: Der kaukasische Kreidekreis [Prosa]. In: GBA 20, S. 204-210.
Brecht, Bertolt: [Das Theater und die neue Produktion]. In: GBA 21, S. 307f.
Brecht, Bertolt: Ganz ohne Zensur. In: GBA 21, S. 322.
Brecht, Bertolt: [Das Aufgeben des Geschlechts]. In: GBA 21, S. 539f.
Brecht, Bertolt: [Über die Ausbeutung]. In: GBA 21, S. 584.
Brecht, Bertolt: Über das Anfertigen von Bildnissen. In: GBA 22, S. 10f.
Brecht, Bertolt: Der Messingkauf. In: GBA 22, S. 695-869.
Brecht, Bertolt: [Notizen zur Einleitung einer Stücke-Ausgabe]. In: GBA 23, S. 57f.
Brecht, Bertolt: Kleines Organon für das Theater. In: GBA 23, S. 65-97.
Brecht, Bertolt: Das Typische. In: GBA 23, S. 141.
Brecht, Bertolt: Bei Durchsicht meiner ersten Stücke. In: GBA 23, S. 239-245.
Brecht, Bertolt: Ein Umweg. („Der kaukasische Kreidekreis"). In: GBA 23, S. 403f.
Brecht, Bertolt: Vorwort zu „Trommeln". In: GBA 24, S. 15-21.
Brecht, Bertolt: Rede im Rundfunk. In: GBA 24, S. 40-42.
Brecht, Bertolt: Anmerkungen zur „Dreigroschenoper". In: GBA 24, S. 57-68.
Brecht, Bertolt: Anmerkung. In: GBA 24, S. 260-264.

Brecht, Bertolt: Der Kreidekreis. In: GBA 24, S. 341f.
Die Dreigroschenoper (The Beggar's Opera). Ein Stück mit Musik in einem Vorspiel und acht Bildern nach dem Englischen des John Gay. Übersetzt von Elisabeth Hauptmann. Deutsche Bearbeitung von Bert Brecht. Musik von Kurt Weill. Wien 1928 (Universal-Edition). [Inzwischen publiziert als Brecht, Bertolt: Die Dreigroschenoper. Der Erstdruck 1928. Mit einem Kommentar von Joachim Lucchesi. Frankfurt a.m. 2004 (SuhrkampBasisBibliothek).]
Mahagonny. Oper in drei Akten von Kurt Weill. Text von Bert Brecht. In: GBA Registerband, S. 683-735.

Sekundärliteratur

Anders, Günter: Bertolt Brecht. Geschichten vom Herrn Keuner. In: Merkur 33 (1979), S. 882-892.
Auerochs, Bernd: Erzählte Gesellschaft. Theorie und Praxis des Gesellschaftsromans bei Balzac, Brecht und Uwe Johnson. München 1994 (Theorie und Geschichte der Literatur und der schönen Künste).
Baasner, Rainer: Methoden und Modelle der Literaturwissenschaft. Eine Einführung. Berlin 1996.
Baumgart, Reinhard: Baal auf Balz. In: Der Spiegel 1982, H. 49, S. 214-217.
Baumgart, Reinhard: Selbstvergessenheit. Drei Wege zum Werk: Thomas Mann, Franz Kafka, Bertolt Brecht. München 1989.
Bayerdörfer, Hans-Peter: Die Einakter – Gehversuche auf schwankhaftem Boden. In: Brechts Dramen. Neue Interpretationen. Hg. v. Walter Hinderer. Stuttgart 1984, S. 245-265.
Bebel, August: Die Frau und der Sozialismus. Stuttgart ^{35}1903.
Beck, Götz: Zu Entstehung und Erklärung von Brechts „Baal". In: Zeitschrift für deutsche Philologie 118 (1999), Sonderheft, S. 110-143.
Becker-Schmidt, Regina/Knapp, Gudrun-Axeli: Feministische Theorien zur Einführung. Hamburg 2000.
Behrmann, Alfred: „Denn wir vergaßen ganz, daß du vergehst". Zu Brechts Sonett *Entdeckung an einer jungen Frau*. In: Gedichte und Interpretationen. Hg. v. Harald Hartung. Bd. 5: Vom Naturalismus bis zur Jahrhundertmitte. Stuttgart 1983, S. 266-276.
Berg, Günter: *Laßt Euch ruhig verführen*. Bertolt Brechts erotische Gedichte. In: Rahmenwechsel. Colóquio Brecht. Hg. v. Horst Bergmeier und Erwin Koller. Universidade do Minho 2000, S. 97-108.
Bergheim, Brigitte: Die Sonette Bertolt Brechts. In: Erscheinungsformen des Sonetts. 10. Kolloquium der Forschungsstelle für europäische Lyrik. Hg. v. Theo Stemmler und Stefan Horlacher. Mannheim 1999, S. 245-270.
Block, Richard: Baal Dancing: The Unsettling Position of Baal in Brecht's Theater of the New. In: GQu 68 (1995), S. 117-130.
Blume, Bernhard: Das ertrunkene Mädchen: Rimbauds *Ophélie* und die deutsche Literatur. In: Germanisch-Romanische Monatsschrift 35 (1954), Neue Folge Bd. 4, S. 108-119.
Blume, Bernhard: Motive der frühen Lyrik Bertolt Brechts: I Der Tod im Wasser. In: MONATSHEFTE 57 (1965), H. 3, S. 97-112.
Boie-Grotz, Kirsten: Brecht – der unbekannte Erzähler. Die Prosa 1913-1934. Stuttgart 1978.

Brandstetter, Gabriele/Neumann, Gerhard: „Über die Notwendigkeit der Schminke" – Zur Konstruktion der Geschlechterrollen in Brechts lyrischem Theater. In: Das Gedicht behauptet sein Recht. Festschrift für Walter Gebhard zum 65. Geburtstag. Hg. v. Klaus H. Kiefer, Armin Schäfer und Hans-Walter Schmidt-Harnisa. Frankfurt a.M., Berlin 2001, S. 301-319.
Brown, Russell E.: Becoming a Mother in Brecht's Plays. In: Ders.: Intimacy and Intimidation. Three Essays on Brecht. Stuttgart 1990, S. 11-78.
Brown, Thomas K.: Brecht's Thievery. In: Perspectives and Personalities. Studies in Modern German Literature. Honoring Claude Hill. Hg. v. Ralph Ley, Maria Wagner, Joanna M. Raytch und Kenneth Hughes. Heidelberg 1978, S. 70-88.
Brück, Brigitte/Kahlert, Heike/Krüll, Marianne/Milz, Helga/Osterland, Astrid /Wegehaupt-Schneider, Ingeborg: Feministische Soziologie. Eine Einführung. Frankfurt a.M., New York 1992.
Bryant-Bertail, Sarah: Women, Space, Ideology: Mutter Courage und ihre Kinder. In: BJB 12 (1983), S. 43-61.
Buck, Theo: Der Garten des Azdak: Von der Ästhetik gesellschaftlicher Produktivität im „Kaukasischen Kreidekreis". In: Brechts Dramen. Neue Interpretationen. Hg. v. Walter Hinderer. Stuttgart 1984, S. 194-216.
Bunge, Hans (Hg.): Brechts Lai-tu. Erinnerungen und Notate von Ruth Berlau. Darmstadt, Neuwied 1985.
Buono, Franco: Bertolt Brecht. 1917-1922: Jugend, Mythos, Poesie. Göttingen 1988.
Burger, Angelika: Töchter und Mütter. Ablösung als Konflikt und Chance. Opladen 1988.
Case, Sue Ellen: Brecht and Women. Homosexuality and the Mother. In: BJB 12 (1983), S. 65-74.
Charbon, Rémy: Die Naturwissenschaften im modernen deutschen Drama. Zürich, München 1974.
Clos, Annett: Bertolt Brechts *Baal* oder Kann denn Sünde Liebe sein? In: Zweifel – Fragen – Vorschläge. Bertolt Brecht anläßlich des Einhundertsten. Hg. v. Thomas Jung. Frankfurt a.M., Berlin 1999 (Osloer Beiträge zur Germanistik, Bd. 23), S. 111-124.
Constantine, David: Brecht's sonnets. In: Empedocles' Shoe. Essays on Brecht's poetry. Hg. v. Tom Kuhn und Karen Leeder. London o.J. [2002], S. 155-173.
Cordes, Mechthild: Die ungelöste Frauenfrage. Eine Einführung in die feministische Theorie. Frankfurt a.M. 1995.
Cronin, Mary J.: The Politics of Brecht's Women Characters. Brown University 1974 (Faksimile-Druck durch University Microfilms International. Ann Arbor, London 1978).
Dahle, Wendula: Eine „unwürdige" Fachdidaktik? Anläßlich der Kalendergeschichte von B. Brecht, „Die unwürdige Greisin", als Schullektüre. In: Literaturwissenschaft und politische Kultur. Für Eberhard Lämmert zum 75. Geburtstag. Hg. v. Winfried Menninghaus und Klaus R. Scherpe. Stuttgart, Weimar 1999, S. 248-257.
Dahrendorf, Ralf: Homo Sociologicus. Ein Versuch zur Geschichte, Bedeutung und Kritik der sozialen Rolle. Opladen [15]1977 (Studienbücher zur Sozialwissenschaft, Bd. 20).
Danneberg, Lutz/Vollhardt, Friedrich (Hg.): Vom Umgang mit Literatur und Literaturgeschichte. Positionen und Perspektiven nach der „Theoriedebatte". Stuttgart 1992.

Debold, Elizabeth/Malavé, Idelisse/Wilson, Marie: Die Mutter-Tochter-Revolution. Vom Verrat zur Macht. Reinbek bei Hamburg 1994.

Dreyer, Wilfried: Soziologie im kulturwissenschaftlichen Kontext. Ein Beitrag zur Kritik an der Rollentheorie aus der Perspektive der verstehenden Soziologie. Tübingen 1989.

Dülmen, Richard van: Frauen vor Gericht. Kindsmord in der Frühen Neuzeit. Frankfurt a.M. 1991.

Dümling, Albrecht: Die Mutter. In: BHB 1, S. 294-309.

Eco, Umberto: Intentio Lectoris. Anmerkungen über die Semiotik der Rezeption. In: Ders.: Die Grenzen der Interpretation. München 1992, S. 25-55.

Eco, Umberto: Die Interpretationsarbeit. In: Ders.: Die Grenzen der Interpretation. München 1992, S. 137-279.

Eibl, Karl: Sind Interpretationen falsifizierbar? In: Vom Umgang mit Literatur und Literaturgeschichte. Positionen und Perspektiven nach der „Theoriedebatte". Hg. v. Lutz Danneberg und Friedrich Vollhardt. Stuttgart 1992, S. 169-183.

Eisermann, Gottfried: Rolle und Maske. Tübingen 1991.

Evans, Richard J.: Sozialdemokratie und Frauenemanzipation im deutschen Kaiserreich. Berlin, Bonn 1979 (Internationale Bibliothek, Bd. 119).

Fenn, Bernard: Characterisation of Women in the Plays of Bertolt Brecht. Frankfurt a.M., Bern 1982 (Europäische Hochschulschriften I, Bd. 383).

Fischetti, Renate: A feminist reading of Brecht's Pirate Jenny. In: COMMUNICATIONS 14 (1985), H. 2, S. 29-33.

Frenken, Herbert: Das Frauenbild in Brechts Lyrik. Frankfurt a.M., Berlin 1993 (Kölner Studien zur Literaturwissenschaft, Bd. 5).

Freud, Sigm[und]: XVIII. Vorlesung: Die Fixierung an das Trauma, das Unbewusste. In: Ders.: Gesammelte Werke. Elfter Band: Vorlesungen zur Einführung in die Psychoanalyse. Frankfurt a.M. ^{6}1973, S. 282-295.

Frevert, Ute: Frauen-Geschichte. Zwischen Bürgerlicher Verbesserung und Neuer Weiblichkeit. Frankfurt a.M. 1986.

Frick, Werner: „Ich, Bertolt Brecht". Stationen einer poetischen Selbstinszenierung. In: Brechts Lyrik – neue Deutungen. Hg. v. Helmut Koopmann. Würzburg 1999, S. 9-47.

Frick, Werner: „... er hörte von dort Streit und Gelächter": Der Lyriker Bertolt Brecht im ‚Club der toten Dichter'. In: Brechts Lyrik – neue Deutungen. Hg. v. Helmut Koopmann. Würzburg 1999, S. 75-99.

Fricke, Harald: Methoden? Prämissen? Argumentationsweisen! Überlegungen zur Konkurrenz wissenschaftlicher Standards in der Literaturwissenschaft. In: Vom Umgang mit Literatur und Literaturgeschichte. Positionen und Perspektiven nach der „Theoriedebatte". Hg. v. Lutz Danneberg und Friedrich Vollhardt. Stuttgart 1992, S. 211-227.

Fuegi, John: Brecht & Co. Biographie. Autorisierte erweiterte und berichtigte deutsche Fassung von Sebastian Wohlfeil. Hamburg 1997.

Führich, Angelika: Aufbrüche des Weiblichen im Drama der Weimarer Republik. Brecht – Fleißer – Horváth – Gmeyner. Heidelberg 1992 (Reihe Siegen. Beiträge zur Literatur-, Sprach- und Medienwissenschaft 109).

Gallas, Helga: Psychoanalytische Positionen. In: Literaturwissenschaft. Ein Grundkurs. Hg. v. Helmut Brackert und Jörn Stückrath. Reinbek bei Hamburg 1994, S. 593-606.

Gerhard, Ute: Die „langen Wellen" der Frauenbewegung – Traditionslinien und unerledigte Anliegen. In: Das Geschlechterverhältnis als Gegenstand der Sozialwissenschaften. Hg. v. Regina Becker-Schmidt und Gudrun-Axeli Knapp. Frankfurt a.M., New York 1995, S. 247-278.

Giese, Peter Christian: Das „Gesellschaftlich-Komische". Zu Komik und Komödie am Beispiel der Stücke und Bearbeitungen Brechts. Stuttgart 1974.

Gnüg, Hiltrud: Liebeslied aus einer schlechten Zeit. In: Gedichte mit Interpretationen. Hg. v. Walter Hinck. Stuttgart 1978, S. 79-84.

Goffman, Ervin: Wir alle spielen Theater. Die Selbstdarstellung im Alltag. München 1969.

Goldhahn, Johannes: Brechts *Der gute Mensch von Sezuan*. Eine realistische Parabel, in: WB 30 (1984), S. 1657-1675.

Grimm, Reinhold: Discours de la méthode. In: FA 6 (1982), S. 197-200.

Haag, Ingrid: „Immer noch Mutter / Mehr noch Mutter jetzt ...". Brechts episches Spiel mit der Mutterimago. In: Germanica 18 (1996), S. 37-55.

Haffad, Dorothea: Zwischen eingreifendem Denken und Utopie. Zu einem Aspekt der Auffassung Brechts von der Liebe als einer „Produktion". In: Zeitschrift für Germanistik 5 (1995), S. 103-111.

Hakkarainen, Marja-Leena: Das Turnier der Texte. Stellenwert und Funktion der Intertextualität im Werk Bertolt Brechts. Frankfurt a.M., Berlin 1994 (Europäische Hochschulschriften I, Bd. 1436).

Hamm, Christine: Über Kriterien in Werturteilen und Textinterpretationen. Bertolt Brechts *Der kaukasische Kreidekreis* und *Ordinary language philosophy*. In: AB 46 (1999), S. 99-134.

Hanssen, Paula: Elisabeth Hauptmann. Brecht's Silent Collaborator. Bern 1995 (New York University Ottendorfer Series, Neue Folge Bd. 46).

Hanssen, Paula: Women of the Street: Prostitution in Bertolt Brecht's Works. In: Commodities of Desire: The Prostitute in Modern German Literature. Hg. v. Christiane Schönfeld. Rochester, Woodbridge 2000, S. 153-164.

Häntzschel, Hiltrud: Brechts Frauen. Hamburg 2002.

Hapkemeyer, Andreas: Bertolt Brecht: Formale Aspekte der ‚Hauspostille' – am Beispiel von ‚Erinnerung an die Marie A.' In: Sprachkunst 17 (1986), S. 38-45.

Häußler, Inge: Denken mit Herrn Keuner. Zur deiktischen Prosa in den Keunergeschichten und Flüchtlingsgesprächen. Berlin 1981 (Brecht-Studien 3).

Hecht, Werner: Brecht Chronik 1898-1956. Frankfurt a.M. 1997.

Hecht, Werner: Helene Weigel. Eine große Frau des 20. Jahrhunderts. Frankfurt a.M. 2000.

Hehl, Ulrich von: Nationalsozialistische Herrschaft. München 1996 (Enzyklopädie deutscher Geschichte, Bd. 39).

Heinser-Ueckert, Edith/Holter, Uta/Knörr, Jacqueline: Definition und Erklärungsansätze von Prostitution. In: Bezahlt, geliebt, verstoßen. Prostitution und andere Sonderformen institutionalisierter Sexualität in verschiedenen Kulturen. Hg. v. Uta Holter. Bonn 1994 (Kölner Ethnologische Arbeitspapiere, Bd. 8), S. 9-16.

Hennenberg, Fritz: Lieder zu Klampfe. In: BHB 2, S. 41-47.

Hermand, Jost: Aufs Körperliche reduziert. Der „arme b.b." nach 1989. In: Ders.: „Das Ewig-Bürgerliche widert mich an". Brecht-Aufsätze. O.O.u.J. (Theater der Zeit, Recherchen 8), S. 312-330.

Hillesheim, Jürgen: Es war nicht Marie A. allein. Anmerkungen zu dem wohl berühmtesten Stück der Brecht'schen Lyrik. In: Augsburger Allgemeine Zeitung, 1.10.1999.
Hillesheim, Jürgen/Wissmann, Pia: Neues über BBs Augsburger Zeit. In: Dreigroschenheft 2000, H. 1, S. 22-29.
Hillesheim, Jürgen: Baal. In: BHB 1, S. 69-86.
Hillesheim, Jürgen: Die Einakter von 1919. In: BHB 1, S. 100-111.
Hillesheim, Jürgen: Über die Verführung von Engeln. In: BHB 2, S. 417-420.
Hillesheim, Jürgen: Schriften 1913-1924. In: BHB 4, S. 16-18.
Hillesheim, Jürgen: Über die Verführung Adrian Leverkühns. Bertolt Brechts „pornografisches" Sonett und Thomas Manns *Faustus*-Roman. In: Thomas Mann Jahrbuch 15 (2002), S. 175-189.
Hillesheim, Jürgen: Von der Melancholie verlorener Irrationalität. Bertolt Brechts Weihnachtsgedicht „Maria". In: Zeitschrift für Gottesdienst und Predigt (2002), H. 4, S. 21-23.
Hinck, Walter: Die „große Helferin" im Drama Bertolt Brechts. In: Études Germaniques 44 (1989), S. 79-93.
Hohmann, Joachim S.: Sexualforschung und -aufklärung in der Weimarer Republik. Eine Übersicht in Materialien und Dokumenten. Berlin, Frankfurt a.M. 1985.
Horst, Astrid: Prima inter pares. Elisabeth Hauptmann – Die Mitarbeiterin Brechts. Würzburg 1992.
Hüppauf, Bernd: Über ein unzeitgemäßes Vergessen des Erinnerns. Bertolt Brechts Gedicht *Erinnerung an die Marie A.* In: „Die andere Stimme". Das Fremde in der Kultur der Moderne. Festschrift für Klaus R. Scherpe zum 60. Geburtstag. Hg. v. Alexander Honold und Manuel Köppen. Köln, Weimar 1999, S. 197-217.
Ignasiak, Detlef: Bertolt Brechts „Kalendergeschichten". Kurzprosa 1935-1956. Berlin 1982 (Brecht-Studien 9).
Jendreiek, Helmut: Bertolt Brecht. Drama der Veränderung. Düsseldorf 1969.
Jeske, Wolfgang: Dreigroschenroman. In: BHB 3, S. 191-220.
Jesse, Horst: Die Lyrik Bertolt Brechts von 1914-1956 unter besonderer Berücksichtigung der „ars vivendi" angesichts der Todesbedrohungen. Frankfurt a.M., Berlin 1994 (Europäische Hochschulschriften I, Bd. 1467).
Jordheim, Helge: Gefährdeter Nihilismus. Eine Analyse der Mutterfigur in Brechts „Baal". In: Zweifel – Fragen – Vorschläge. Bertolt Brecht anläßlich des Einhundertsten. Hg. v. Thomas Jung. Frankfurt a.M. 1999 (Osloer Beiträge zur Germanistik 23), S. 99-111.
Kant, Immanuel: Die Metaphysik der Sitten. In: Kant's gesammelte Schriften. Hg. v. der Königlich Preußischen Akademie der Wissenschaften, Bd. VI. Berlin 1907.
Karasek, Hellmuth: Bertolt Brecht. Der jüngste Fall eines Theaterklassikers. München 1978.
Karasek, Hellmuth: Von Brecht vollbracht? In: Der Spiegel 1994, H. 38, S. 210-214.
Kaufmann, Hans: Brecht, die Entfremdung und die Liebe. Zur Gestaltung der Geschlechterbeziehung im Werk Bertolt Brechts. In: WB 11 (1965), S. 84-101.
Kebir, Sabine: Ich fragte nicht nach meinem Anteil. Elisabeth Hauptmanns Arbeit mit Bertolt Brecht. Berlin 1997.
Kebir, Sabine: „Koketter Männlichkeitswahn" oder „Gute Teamarbeit"? Brecht und die Frauen (II). In: Frankfurter Hefte 43 (1998), H. 1, S. 51-56.
Kebir, Sabine: Ein akzeptabler Mann? Brecht und die Frauen. Berlin [2]1998.
Kebir, Sabine: Helene Weigel. Abstieg in den Ruhm. Eine Biographie. Berlin 2002.

Kebir, Sabine: Der große Vergnügungspark. In: neue deutsche literatur 50 (2002), H. 5, S. 154-161.
Kiebuzinska, Christine: Brecht and the Problem of Influence. In: A Bertolt Brecht Reference Companion. Hg. v. Siegfried Mews. Westport, London 1997, S. 47-69.
Kiefer, Klaus H.: „Erklären Sie mal das Gedicht!" Probleme mit „Baals Lied". In: GQu 67 (1994), S. 500-512.
Kishtainy, Khalid: The Prostitute in Progressive Literature. London 1982.
Kleber, Pia: Die Courage der Mütter. Am Beispiel von Bertolt Brecht. In: Verklärt, verkitscht, vergessen. Die Mutter als ästhetische Figur. Hg. v. Renate Möhrmann. Stuttgart, Weimar 1996, S. 130-144.
Knobloch, Hans-Jörg: Brecht: Der Mann, der Dichter und seine Biographen. In: Heinrich-Mann-Jahrbuch 13 (1995), S. 127-148.
Knopf, Jan: Die deutsche Kalendergeschichte. Ein Arbeitsbuch. Frankfurt a.M. 1983.
Knopf, Jan: Die mit Recht berühmte Stelle. Annäherungen mit Brechts „pornografischen" Sonetten. In: Brecht-Journal 1983, S. 20-30.
Knopf, Jan: „Trommeln in der Nacht". In: Brechts Dramen. Neue Interpretationen. Hg. v. Walter Hinderer. Stuttgart 1984, S. 48-66.
Knopf, Jan: „Sehr weiß und ungeheuer oben". In: Interpretationen. Gedichte von Bertolt Brecht. Hg. v. dems. Stuttgart 1995, S. 32-41.
Knopf: Gelegentlich: Poesie. Ein Essay über die Lyrik Bertolt Brechts. Frankfurt a.M. 1996.
Knopf, Jan: Nach Uns Nichts Nennenswertes? Zur gesellschaftlichen Apokalypse beim jungen Brecht – mit Ausblicken auf die deutsche Nachkriegsgesellschaft. In: Jahrbuch der Koreanischen Brecht Gesellschaft 5 (1998), S. 28-50.
Knopf: Figuren-Bilder in Brechts *Die Maßnahme* und *Der gute Mensch von Sezuan*. In: AB 45 (1999), S. 259-271.
Knopf, Jan: „Die mit Recht berühmte Stelle": Bertolt Brechts Sexgedichte. In: Sexualität im Gedicht. 11. Kolloquium der Forschungsstelle für europäische Lyrik. Hg. v. Theo Stemmler und Stefan Horlacher. Mannheim 2000, S. 259-272.
Knopf, Jan: Aufstieg und Fall der Stadt Mahagonny. In: BHB 1, S. 178-197.
Knopf, Jan: Der gute Mensch von Sezuan. In: BHB 1, S. 418-440.
Knopf, Jan: Gedichte 1917-1924. In: BHB 2, S. 36-41.
Knopf, Jan: Erinnerung an die Marie A. In: BHB 2, S. 78-84.
Knopf, Jan: Maria. In: BHB 2, S. 111-113.
Knust, Herbert/Marx, Leonie: Brechts „Lux in Tenebris". In: MONATSHEFTE 56 (1973), S. 117-125.
Kolkenbrock-Netz, Jutta: Geschichte und Geschichten in Brechts „Trommeln in der Nacht" (1922/53). In: Geschichte als Literatur. Formen und Grenzen der Repräsentation von Vergangenheit. Hg. v. Hartmut Eggert, Ulrich Profitlich, Klaus R. Scherpe. Stuttgart 1990, S. 172-181.
Komar, Kathleen L.: Paradigm Change: The Female Paradigm in Brecht's *Mutter Courage und ihre Kinder* and Christa Wolf's *Kassandra*. In: Euphorion 82 (1988), S. 116-126.
Köpf, Gerhard: „...und drinnen waltet die züchtige Hausfrau"? Anmerkungen zu Norm und Sympathie in Brechts Kalendergeschichte „Die unwürdige Greisin". In: Literatur für Leser 1979, S. 128-138.
Krabiel, Klaus-Dieter: Entdeckung an einer jungen Frau. In: BHB 2, S. 123-125.
Krabiel, Klaus-Dieter: Die zwei Söhne. In: BHB 3, S. 395-399.

Kruse, Joseph Anton: Liebe zwischen Tür und Angel. In: FA 13 (1990), S. 207-210.
Kugli, Ana: Mann ist Mann. In: BHB 1, S. 152-166.
Kugli, Ana: Mutter Courage und ihre Kinder. In: BHB 1, S. 383-401.
Kugli, Ana: Sonett über einen durchschnittlichen Beischlaf. In: BHB 2, S. 133-136.
Kugli, Ana: Ratschläge einer älteren Fohse an eine jüngere. In: BHB 2, S. 138-141.
Kugli, Ana: Schlechtes Wasser. In: BHB 3, S. 81-85.
Kugli, Ana: Die unwürdige Greisin. In: BHB 3, S. 355-360.
Kugli, Ana: Kleines Organon für das Theater. In: BHB 4, S. 316-330.
Kuhn, Tom: Bertolt Brecht and Notions of Collaboration. In: Bertolt Brecht – Centenary Essays. Hg. v. Steve Giles und Rodney Livingstone. Amsterdam 1998 (German Monitor 41), S. 1-18.
Kurz, Gerhard: Verwandlung von Wein in Wasser. Brechts Kritik des Christentums in *Die Hochzeit (Die Kleinbürgerhochzeit)*. In: Euphorion 78 (1984), S. 450-463.
Kurzke, Hermann: Die Kraft der Armen, die Welt zu verwandeln. In: Frankfurter Allgemeine Zeitung, 23.12.2000.
Langer, Günter: Die Rolle in Gesellschaft und Theater. Tübingen ²1996.
Laughlin, Karen: Brechtian theory and American feminist theatre. In: Re-interpreting Brecht: his influence on contemporary drama and film. Hg. v. Pia Kleber und Colin Visser. Cambridge 1990, S. 147-160.
Lehmann, Hans-Thies: Der Schrei der Hilflosen. In: Bertolt Brechts „Hauspostille". Text und kollektives Lesen. Hg. v. Hans-Thies Lehmann und Helmut Lethen. Stuttgart 1978, S. 74-98.
Lennox, Sara: Women in Brecht's Works. In: New German Critique 14 (1978), S. 83-96.
Lenz, Ilse: Neue Frauenbewegung, Feminismus und Geschlechterforschung. In: Geschlechterverhältnisse im sozialen Wandel. Interdisziplinäre Analysen zu Geschlecht und Modernisierung. Opladen 2002 (Geschlecht und Gesellschaft, Bd. 26), S. 35-66.
Linnenborn, Helmut: Bertolt Brecht: Die unwürdige Greisin. In: Der Deutschunterricht 10 (1958), H. 6, S. 100-107.
Livius: Die Anfänge Roms. Römische Geschichte I-V. München 1991 (Bibliothek der Antike).
Loeper, Heidrun: Sonette. Englische Sonette. In: BHB 2, S. 224-237.
Lucchesi, Joachim: Die Dreigroschenoper. In: BHB 1, S. 197-215.
Lug, Sieglinde: The „good" woman demystified. In: COMMUNICATIONS 14 (1984/85), H. 1, S. 3-17.
Lüthe, Rudolf: Fiktionalität als konstitutives Element literarischer Rezeption. In: Orbis Litterarum 29 (1974), S. 1-15.
Lyon, James K.: Collective Productivity – Brecht and his Collaborators. In: BJB 21 (1996), S. 1-18.
Lyon, James K.: Silent Witness. In: BHB 3, S. 390-395.
Marko, Gerda: „So erwirbt der Apfel seinen Ruhm, indem er gegessen wird ...". Bert Brecht und Marieluise Fleißer, Elisabeth Hauptmann, Margarete Steffin, Ruth Berlau. In: Schreibende Paare. Liebe, Freundschaft, Konkurrenz. Hg. v. ders. Zürich, Düsseldorf 1995, S. 171-191.
Mayer, Reinhard: The Theoretical Character of Brecht's Kalendergeschichten. In: COMMUNICATIONS 27 (1998), H. 1, S. 61-67.
McKinney, Lauren D.: Weeping in the Night: Reading Beyond Language in the Caucasian Chalk Circle. In: Modern drama 35 (1992), S. 530-537.

Meier-Lenz, Dieter P.: Brecht und der Pflaumenbaum. In: Dreigroschenheft (1996), H. 1, S. 31-37.
Mennemeier, Franz Norbert: Bertolt Brechts Lyrik. Aspekte, Tendenzen. Berlin ²1998.
Metzler Literatur Lexikon. Begriffe und Definitionen. Hg. v. Günther und Irmgard Schweikle. Stuttgart ²1990.
Mews, Siegfried: Trommeln in der Nacht. In: BHB 1, S. 86-99.
Mews, Siegfried: Der kaukasische Kreidekreis. In: BHB 1, S. 512-231.
Mews, Siegfried: Vom ertrunkenen Mädchen. In: BHB 2, S. 73-78.
Mews, Siegfried: Der Arbeitsplatz oder Im Schweiße Deines Angesichts sollst Du kein Brot essen. In: BHB 3, S. 220-227.
Millett, Kate: Sexus und Herrschaft. Die Tyrannei des Mannes in unserer Gesellschaft. München 1971.
Misch, Manfred: Für alle Liebeslagen. Zu Brechts Gedichten über die Liebe. In: Hundert Jahre Brecht – Brechts Jahrhundert? Hg. v. Hans-Jörg Knobloch und Helmut Koopmann. Tübingen 1998 (Stauffenburg Colloquium, Bd. 50), S. 99-112.
Mittenzwei, Werner: Das Leben des Bertolt Brecht oder Der Umgang mit den Welträtseln, Bd. 1. Frankfurt a.M. 1987.
Müller, Hans-Harald/Kindt, Tom/Habeck, Robert: Love – Not – Memory. An interpretation of ‚Remembering Marie A.' In: Empedocles' Shoe. Essays on Brecht's poetry. Hg. v. Tom Kuhn und Karen Leeder. London o.J. [2002], S. 56-70.
Müller, Hans-Harald/Kindt, Tom: Brechts frühe Lyrik – Brecht, Gott, die Natur und die Liebe. München 2002.
Müller, Klaus-Detlef: Brecht-Kommentar zur erzählenden Prosa. München 1980.
Müller, Klaus-Detlef: „Mann ist Mann". In: Brechts Dramen. Neue Interpretationen. Hg. v. Walter Hinderer. Stuttgart 1984, S. 89-10.
Müller, Klaus-Detlef (Hg.): Bertolt Brecht. Epoche – Werk – Wirkung. München 1985.
Müller, Klaus-Detlef: Von der Kindesmörderin Marie Farrar. In: BHB 2, S. 109-111.
Müller Nielaba, Daniel: Vergessen und Erinnern im Text. Noch einmal Bert Brechts *Erinnerung an die Marie A.* In: Poetica 29 (1997), S. 234-254.
Mumford, Meg: ‚Dragging' Brecht's Gestus Onwards: A Feminist Challenge. In: Bertolt Brecht – Centenary Essays. Hg. v. Steve Giles und Rodney Livingstone. Amsterdam 1998 (German Monitor 41), S. 240-257.
Munk, Erika: *Brecht & Company*: A Review Essay. In: BJB 20 (1995), S. 239-246.
Nave-Herz, Rosemarie: Die Geschichte der Frauenbewegung in Deutschland. Bonn ⁵1997.
Neumann, Gerhard: Geschlechterrollen und Autorschaft. Brechts Konzept der lyrischen Konfiguration. In: BJB 17 (1992), S. 101-123.
Neureuter, Hans Peter: Herr Puntila und sein Knecht Matti. In: BHB 1, S. 440-456.
Neureuter, Hans Peter: Flüchtlingsgespräche. In: BHB 3, S. 333-348.
Nickelsen, Monika: Über das Altern von Frauen in Gedichten von Männern. In: Frauen und Frauenbilder. Dokumentiert durch 2000 Jahre. Redigiert von Jorunn Valgard und Elsbeth Wessel. Oslo 1983 (Osloer Beiträge zur Germanistik 8), S. 129-146.
Nussbaum, Laureen: The Image of Woman in the Work of Bertolt Brecht. University of Washington 1977 (Faksimile-Druck durch University Microfilms International. Ann Arbor 1983).
Nussbaum, Laureen: Brecht's Revised Version of Genesis 1 and 2. A Subtext of the *Caucasian chalk circle*. In: COMMUNICATIONS 22 (1993), H. 1, S. 41-50.
Nutz, Maximilian: Geschichten vom Herrn Keuner. In: BHB 3, S. 129-155.

Osinski, Jutta: Einführung in die feministische Literaturwissenschaft. Berlin 1998.
Ostmeier, Dorothee: Die Ballade vom Liebestod. In: BHB 2, S. 101-104.
Peters, Kirsten: „Der Kindsmord als schöne Kunst betrachtet". Eine motivgeschichtliche Untersuchung der Literatur des 18. Jahrhunderts. Würzburg 2001.
Peuckert, Rüdiger: Soziale Rolle. In: Grundbegriffe der Soziologie. Hg. v. Bernhard Schäfers. Opladen ^{4}1995, S. 262-266.
Pietzcker, Carl: Die Lyrik des jungen Brecht. Vom anarchischen Nihilismus zum Marxismus. Frankfurt a.M. 1974.
Pietzcker, Carl: Einführung in die Psychoanalyse des literarischen Kunstwerks am Beispiel von Jean Pauls „Rede des toten Christus". Würzburg 1983.
Pietzcker, Carl: „Ich kommandiere mein Herz". Brechts Herzneurose – ein Schlüssel zu seinem Leben und Schreiben. Würzburg 1988.
Pietzcker, Carl: Von aufgehobener Sehnsucht. In: Interpretationen. Gedichte von Bertolt Brecht. Hg. v. Jan Knopf. Stuttgart 1995, S. 69-84.
Pietzcker, Carl: Bertolt Brechts Terzinen über die Liebe. In: studi germanici 37 (1999), S. 413-440.
Pietzcker, Carl: Die Legende der Dirne Evlyn Roe. In: BHB 2, S. 31-35.
Raddatz, Fritz J.: Ent-weiblichte Eschatologie. Bertolt Brechts revolutionärer Gegenmythos. In: Bertolt Brecht II. Sonderband aus der Reihe Text + Kritik. Hg. v. Hans Ludwig Arnold. München 1973, S. 152-159.
Raddatz, Fritz J.: Bertolt Brecht. In: Ders.: Männerängste in der Literatur. Frau oder Kunst. Hamburg 1993, S. 165-184.
Reich-Ranicki, Marcel: Ungeheuer oben. Brecht und die Liebe. In: Ders.,: Ungeheuer oben. Über Bertolt Brecht. Berlin 1996, S. 11-44.
Rey, William H.: Hohe Lyrik im Bordell. Bertolt Brechts Gedicht „Die Liebenden". In: MONATSHEFTE 63 (1971), S. 1-18.
Rich, Adrienne: Von Frauen geboren. Mutterschaft als Erfahrung und Institution. München 1979.
Ritchie, Gisela F.: Der Dichter und die Frau. Literarische Frauengestalten durch drei Jahrhunderte. Bonn 1989 (Abhandlungen zur Kunst-, Musik- und Literaturwissenschaft, Bd. 283).
Rühle, Otto: Illustrierte Kultur- und Sittengeschichte des Proletariats. Bd. 1. Autorisierter Neudruck der Erstausgabe von 1930. Frankfurt 1971. Bd. 2. Gießen ^{1}1977.
Sakellaridou, Elizabeth: Feminist Theater and the Brechtian Tradition: A Retrospect and a Prospect. In: BJB 27 (2002), S. 179-198.
Sautermeister, Gert: Zweifelskunst, abgebrochene Dialektik, blinde Stellen: Leben des Galilei (3. Fassung, 1955). In: Brechts Dramen. Neue Interpretationen. Hg. v. Walter Hinderer. Stuttgart 1984, S. 125-161.
Sautermeister, Gert: Liebesgedichte Brechts. Gebrauchswert, Lernprozesse, Tradition. In: Brecht 98. Poétique et politique. Poetik und Politik. Hg. v. Michel Vanoosthuyse. Montpellier 1999, S. 199-215.
Schier, Rudolf: Der gute Mensch von Sezuan: Eine dialektische Parabel. In: BJB 28 (2003), S. 135-153.
Schönau, Walter/ Pfeiffer, Joachim: Einführung in die psychoanalytische Literaturwissenschaft. Stuttgart, Weimar ^{2}2003.
Schöne, Albrecht: Bertolt Brecht: Erinnerung an die Marie A. In: Die deutsche Lyrik. Form und Geschichte. Interpretationen von der Spätromantik bis zur Gegenwart. Hg. von Benno von Wiese. Düsseldorf 1959, S. 485-494.

Schönfeld, Christiane: Dialektik und Utopie. Die Prostituierte im deutschen Expressionismus. Würzburg 1996 (Epistemata. Reihe Literaturwissenschaft, Bd. 165).
Schuhmann, Klaus: Der Lyriker Bertolt Brecht 1913-1933. Berlin 1964 (Neue Beiträge zur Literaturwissenschaft, Bd. 20).
Schukart, Hanns: Gestaltungen des Frauen-Bildes in deutscher Lyrik. Bonn 1933 (Mnemosyne. Arbeiten zur Erforschung von Sprache und Dichtung, H. 11).
Schulz, Genia: Die Ballade von der Hanna Cash. Lektion über die Lebenskunst. In: Bertolt Brechts „Hauspostille". Text und kollektives Lesen. Hg. v. Hans-Thies Lehmann und Helmut Lethen. Stuttgart 1978, S. 173-203.
Semrau, Richard: Die Komik des Puntila. Berlin 1981 (Brecht-Studien 7).
Siemes, Isabelle: Die Prostituierte in der literarischen Moderne 1890-1933. Düsseldorf 2000.
Sölle, Dorothee: Dialektik und Didaktik in Brechts Keunergeschichten. In: BJB 2 (1972), S. 121-130.
Stalb, Heidrun: Eheliche Machtverhältnisse. Ein Theorienvergleich. Herbholzheim 2000 (Soziologische Studien, Bd. 13).
Stein-Hilbers, Marlene/Becker, Marion: „Wie schlank muß ich sein, um geliebt zu werden?" Zur Prävention von Eßstörungen. Hg. v. Bundesministerium für Familie, Senioren, Frauen und Jugend. Bonn 1998.
Swales, Martin und Erika: Metonymic Cohabitation: On women figures in Brecht. In: GLL 53 (2000), S. 387-393.
Tabbert-Jones, Gudrun: The Construction of the Sexist and Exploiter Bertolt Brecht. In: BJB 20 (1995), S. 249-256.
Tatlow, Antony: Terzinen über die Liebe. In: BHB 2, S. 168-172.
Theweleit, Klaus: Männerphantasien, Bd. 1. Frankfurt a.M. 1977.
Thomson, Peter: From Shen Te to Shui Ta: Gendered Reading, Utopian Communism and Stalinism? In: BJB 21 (1996), S. 221-242.
Thürmer-Rohr, Christina: Einführung – Forschen heißt wühlen. In: Mittäterschaft und Entdeckungslust. Hg. v. Studienschwerpunkt „Frauenforschung" am Institut für Sozialpädagogik der TU Berlin. Berlin 1989, S. 12-21.
Thürmer-Rohr, Christina: Mittäterschaft der Frau – Analyse zwischen Mitgefühl und Kälte. In: Mittäterschaft und Entdeckungslust. Hg. v. Studienschwerpunkt „Frauenforschung" am Institut für Sozialpädagogik der TU Berlin. Berlin 1989, S. 87-103.
Töteberg, Michael: Porträt einer Mitarbeiterin. In: Merkur 30 (1976), S. 695-700.
Töteberg, Michael: Abhängigkeit und Förderung. Marieluise Fleißers Beziehungen zu Bertolt Brecht. In: Text + Kritik. Hg. v. Hans Ludwig Arnold, Bd. 64: Marieluise Fleißer. München 1979, S. 74-87.
Treibel, Annette: Einführung in soziologische Theorien der Gegenwart. Opladen [4]1997 (Einführungskurs Soziologie. Hg. v. Hermann Korte und Bernhard Schäfers, Bd. III).
Ueding, Gert: „Der gute Mensch von Sezuan". In: Brechts Dramen. Neue Interpretationen. Hg. v. Walter Hinderer. Stuttgart 1984, S. 178-193.
Varney, Denise: Performing Sexual Difference: a Feminist Appropriation of Brecht. In: BJB 26 (2001), S. 126-141.
Vinçon, Inge: Die Einakter Bertolt Brechts. Königstein/Ts. 1980.
Völker, Klaus: Induktive Liebe, extensive Mitarbeit. In: Nach Brecht. Ein Almanach 1992 vom BrechtZentrumBerlin. Hg. v. Inge Gellert, Berlin 1992, S. 76-100.
Voris, Renate: Inszenierte Ehrlichkeit. Bertolt Brechts „Weiber-Geschichten". In: BJB 12 (1983), S. 79-95.

Wapnewski, Peter: Entdeckung an einer jungen Frau. In: Ausgewählte Gedichte Brechts mit Interpretationen. Hg. v. Walter Hinck. Frankfurt a.M. 1978, S. 24-28.

Weber, Albrecht: Bert Brechts ‚Kreidekreis' und Augsburg. In: Handbuch der Literatur in Bayern. Vom Frühmittelalter bis zur Gegenwart. Hg. v. dems. Regensburg 1987, S. 523-538.

Wedel, Ute: Die Rolle der Frau bei Bertolt Brecht. Frankfurt a.M., Bern 1983 (Europäische Hochschulschriften I, Bd. 673).

Wegmann, Thomas: Marken, Medien und Management. Vorschläge zur Lektüre eines Klassikers. In: Bertolt Brecht (1898-1956). Hg. v. Walter Delabar und Jörg Döring. Berlin 1998 (Memoria 1), S. 11-29.

Weininger, Otto: Geschlecht und Charakter. Eine prinzipielle Untersuchung. München 1980.

Wiedenmann, Ursula: Frauen im Schatten. Mitarbeiterinnen und Mitautorinnen. Das Beispiel der literarischen Produktion Bertolt Brechts. In: Deutsche Literatur von Frauen. Hg. v. Gisela Brinker-Gabler, Bd. 2. München 1988, S. 393-400.

Willet, John/Lyon, James K./Mews, Siegfried/Norregaard, Hans Christian: A Brechtbuster Goes Bust: Scholarly Mistakes, Misquotes, and Malpractices in John Fuegi's *Brecht and* Company. In: BJB 20 (1995), S. 259-367.

Wilpert, Gero von: Sachwörterbuch der Literatur. Stuttgart [7]1989.

Witzler, Ralf: Bertolt Brechts „Mann ist Mann" oder von der Lust, die Identität zu verlieren. In: Der junge Brecht. Aspekte seines Denkens und Schaffens. Hg. v. Helmut Gier und Jürgen Hillesheim. Würzburg 1996, S. 144-165.

Wöhrle, Dieter: Wieviel Wahrheit verträgt eine Brecht-Biographie? In: Dreigroschenheft 2/1998, S. 60-65.

Wright, Elizabeth: The Good Person of Szechwan: discourse of a masquerade. In: The Cambridge Companion to Brecht. Hg. v. Peter Thomson und Glendyr Sacks. Cambridge 1994, S. 117-127.

Zmegac, Viktor (Hg.): Methoden der deutschen Literaturwissenschaft. Eine Dokumentation. Frankfurt am Main 1971.

Aus dem Literatur-Programm:

Littérature féminine?
Französische Romanautorinnen der dreißiger Jahre
(Forum Europäische Literatur 3)
Von Alexandra König
2005, 280 Seiten, Paperback, Euro 39,90/66,00 CHF, ISBN 3-89975-512-X

A. König untersucht Begriff und Konzept der *littérature féminine* und beleuchtet die Texte von Autorinnen der 1930er Jahre – u. a. der mit dem *Prix Renaudot* ausgezeichneten Irène Némirovsky.

Iphigenie
Metamorphosen eines Mythos im 20. Jahrhundert
(Forum Deutsche Literatur 4)
Von Christine Hermann
2005, 116 Seiten, Paperback, Euro 16,90/29,60 CHF, ISBN 3-89975-539-1

Transformationen des taurischen Iphigenie-Mythos im deutschsprachigen Literaturraum stehen im Mittelpunkt der Studie. Im Dialog mit Goethe und der Zeitgeschichte untersucht C. Hermann vier moderne Mythos-Transformationen.

Das Schicksalsdrama im 19. Jahrhundert
Variationen eines romantischen Modells (Forum Dt. Literatur 3)
Von Susanne Balhar
2004, 480 Seiten, Paperback, Euro 58,00/93,00 CHF, ISBN 3-89975-486-7

S. Balhar geht von einer bislang nicht näher untersuchten Forschungsthese aus, die einen mittelbaren Zusammenhang zwischen dem Schicksalsdrama der Romantik und dem deterministischen Drama des Naturalismus beschreibt.

Ihr Wissenschaftsverlag. Kompetent und unabhängig.

Verlagsbuchhandlung GmbH & Co. KG
Erhardtstr. 8 • 80469 München
Tel. (089) 20 23 86 -03 • Fax -04
info@m-verlag.net • www.m-verlag.net

www.ingramcontent.com/pod-product-compliance
Lightning Source LLC
Chambersburg PA
CBHW050138240426
43673CB00043B/1721